烟台大学黄海法学文库

角色商品化权制度研究

黄文婷——著

JUESE SHANGPINHUA QUAN
ZHIDU YANJIU

法律出版社
LAW PRESS·CHINA
——北京——

图书在版编目（CIP）数据

角色商品化权制度研究 / 黄文婷著. -- 北京 : 法律出版社, 2024. -- (烟台大学黄海法学文库).

ISBN 978-7-5197-9467-5

Ⅰ. D923.04

中国国家版本馆 CIP 数据核字第 2024KY1592 号

角色商品化权制度研究
JUESE SHANGPINHUA QUAN ZHIDU YANJIU

黄文婷 著

策划编辑 田亚飞
责任编辑 田亚飞
装帧设计 汪奇峰

出版发行 法律出版社
编辑统筹 法律出版社
责任校对 王晓萍
责任印制 胡晓雅
经　　销 新华书店

开本 710 毫米×1000 毫米　1/16
印张 14.75　　**字数** 204 千
版本 2024 年 9 月第 1 版
印次 2024 年 9 月第 1 次印刷
印刷 唐山玺诚印务有限公司

地址:北京市丰台区莲花池西里 7 号(100073)
网址:www.lawpress.com.cn
投稿邮箱:info@lawpress.com.cn
举报盗版邮箱:jbwq@lawpress.com.cn

销售电话:010-83938349
客服电话:010-83938350
咨询电话:010-63939796

书号:ISBN 978-7-5197-9467-5
定价:58.00 元

总　序

张卫平*

坐落于胶东半岛黄海之滨的烟台，不仅是我国的历史文化名城、最佳中国魅力城市之一，也是我国法学研究和法学教育的重镇。作为法学研究和教育的重要基地，烟台大学法学院从1984年创建以来，在法学研究和法学教育这两个方面都作出了突出的贡献。法学研究方面，在老中青三代法学家的共同努力之下，研究业绩亦令学界瞩目。尤其是在民法学研究领域，其一直处于前沿方阵之列，为我国民法学研究的一支重要力量，2016年烟台大学法学院成为中国法学会“民法典研究方阵”理事单位就是其明证。

进入21世纪20年代，齐鲁大地在政治、经济、文化各个方面进入了新的发展时期。烟台大学也迎来了新的机遇，进入了发展的高速通道。随之，烟台大学的法学事业也进入了一个崭新的发展阶段。由法律出版社推出的“烟台大学黄海法学文库”研究丛书系列正是烟台大学法学新一轮发展的表征，是烟台大学法学研究发展的必然。

“烟台大学黄海法学文库”作为一个学术展示“平台”，不仅展示了烟台大学法学工作者最新的一批法学研究成果，也体现了烟台大学法学持续发展研究的实力和潜力，必将激励和推动烟台大学法学工作者，尤其是青年教师的科研工作，不断提升其研究品质和

---

* 烟台大学“黄海学者”特聘教授、清华大学教授。

能力。

即将出版面世的“烟台大学黄海法学文库”丛书在其选题上，无一不是我国法学研究的前沿课题，反映了撰稿人对其相关研究领域中前沿问题把握的学术敏感性。在问题的提出、研究路径的选择、命题的概括及论证、研究方法和资料的运用等方面，均体现了著述人的心智和努力。如关涛教授的专著《我国典当法律制度研究》，通过回顾我国典当制度的发展史，结合现代民商法理论，对于典当实务中存在的难点问题进行了系统阐述和论证，并在此基础上，对于我国典当制度的完善提出了建设性意见；于海防教授等的专论《消费者在线权益综合保障机制研究》一书，面向网络消费领域，系统、深入地研究了消费者在线权益保障机制问题，对我国消费者在线权益保障制度的建构和实践提供了有益理论指导；毕潇潇副教授的研究作品《临时禁令制度研究》不仅为我国禁令制度的建构提供了域外制度建构、实践及理论样本，并结合我国的行为保全制度进行了阐述，是为我国相关领域研究的“解渴”之作；陈浩副教授的著作《网络即时通讯记录司法认定问题研究》关注了证据实践中的前沿问题——网络即时通讯记录证据，作者通过对这一问题的深入研究，以破解该类证据实践运用中的困境与难题。在此，笔者不能一一列举丛书中十余种专著的主题和意义，仅在此提示这套丛书的创新性、前沿性和发展性值得学界和实务界关注。

笔者注意到，这套丛书的作者主体以“80后”的青年教师为主，系清一色的法学博士，是烟台大学法学研究的生力军。他们的研究视野更加开阔，更善于吸收先进的理念和方法，思维更加活跃和灵动，研究更富有激情和热情，这无疑为“烟台大学黄海法学文库”的创新性、前沿性和发展性提供了最充分的保障。

烟台大学是我国大学中与大海“最亲密接触”的大学。在校园内，人们就能深深地呼吸到大海的气息，看到浪花的跳跃。因此，我有理由相信，烟台大学法律人也自然具有大海的胸襟和气魄，也敢于在法学研究的“大海”中搏击，在风浪中探索前行，成为我国法学研究新时代的“冲浪者”“弄潮儿”。

“烟台大学黄海法学文库”的推出，正是烟台大学法学在前行中打出的“旗语”！烟台大学法学也将在法学研究的“航程”中不断前行，高歌猛进！

笔者作为烟台大学“黄海学者”特聘教授，受法学院之托，为此书作总序，于我无疑是一件极大的幸事和荣誉，也是一种责任。

2022 年 3 月 11 日于清华园

目　　录

第一章　角色商品化权的制度概述

角色商品化权的保护源于角色商品化活动。世界上最早的角色商品化活动可以追溯至美国。20 世纪初，随着摄影技术的革新、影视行业的蓬勃发展以及好莱坞娱乐文化产业的繁荣，一系列家喻户晓的角色开始深入人心，这些角色极具个性的特征以及背后巨大的商业潜力成为商家创新商品经营模式的导火索。因此，角色商品化现象是一个时代技术、经济、文化发展的产物。

角色商品化活动起初是应用于创作中的虚拟角色。在 20 世纪 30 年代，美国的迪士尼公司创作了一系列知名度较高的卡通角色，比如米老鼠、唐老鸭、白雪公主等。上述角色有的以动物为基本原型，同时融入了人类的性格特征要素，从而生成了人物与动物相结合的一个虚拟形象。为了促销这些卡通角色，推动迪士尼的商业发展，迪士尼公司专门成立了一个部门负责对这些角色进行“二次开发和利用”（secondary exploitation），许可生产者在服装、玩具、纽扣、徽章、饮料等小件商品上使用卡通角色形象。[①] 这一经营模式推动了大量的角色商品化活动，令家喻户晓的角色通过商品促销的方式吸引消费者，使角色与商品建立了对应关系。

随着文化产业的发展，公众人物的姓名和肖像也逐渐被纳入角色商品化的营销模式。在 20 世纪 50 年代，美国演艺界和体育界的许多名人为了提高自身的名气和社会影响力，选择给某一产品或服务做广告。名人背后潜在的巨大商机成为社会商品化时代中商家营销的重要来源，致使消费者愿意购买明星代言的商品或服务。许多商家未经许可将公众人

① WIPO：*Character Merchandising*，WO/INF/107，1994.12.

物的姓名或肖像等形象特征使用在营销的商品或服务上，并且获得了巨大的商业利益。知名人士对于商家未经许可擅自使用自身形象特征的行为非常不满，就此产生了大量的法律纠纷。

随着商品经济的不断发展，可以商品化的“角色”种类越来越丰富，商品化活动的范围也在不断扩张，已经从最初的虚拟角色延伸到了名人的声音和动作等形象特征，真人扮演的虚拟角色，文学作品中虚拟角色的名称及相关元素，知名作品的名称，著名的标语和口号以及游戏界面特有的装潢等。由于能够商品化的“角色”类型愈加丰富，所以相关联的保护模式也呈现多元化和复杂化的趋势。反不正当竞争法、形象权法、知识产权法可以对角色商品化权提供不同层次的保护。反不正当竞争法通过制止仿冒、盗用他人商业价值、虚假宣传、商业诋毁、淡化等方式保护角色背后的商誉，是保护角色商品化权的最初手段。形象权法保护的则是真实人物角色的商业价值。被告未经许可对原告的姓名、肖像、照片、声音及其他形象特征的商业性使用，将构成形象权侵权。并非所有未经许可的商业使用行为都会侵犯他人的形象权，新闻报道、商业性使用、作品使用和首次销售原则将豁免被告的侵权责任。不同于人格权，形象权作为一种财产性权利，具有可继承性，不会因为形象权主体的死亡而消失。在形象权主体死亡之后，权利仍然可以存续一段时间，继承人可以对死后形象权的侵权行为提起诉讼。知识产权法中的版权[①]法和商标法也可以在某种程度上保护角色商品化权。具体而言，版权法和商标法保护的是虚拟角色、角色名称、作品标题以及其他类型的作品元素的商业价值。受保护的对象还需要满足版权法、商标法保护的基本要件。虽然反不正当竞争法、版权法、商标法和形象权法都是保护商品化角色的合理路径，但是上述法律对商品化角色的保护界限

① 不同国家对“copyright”这一词汇有不同的翻译方式。例如，美国、英国等英美法系国家将“copyright”翻译为版权，不使用著作权这一称谓。德国、法国、日本等大陆法系国家将“copyright”译为著作权，而非版权。根据我国《著作权法》第62条的规定，版权等同于著作权，这两个词汇在我国知识产权法的语境之下，可以同义替换。本书在介绍我国以及相关大陆法系国家的有关制度时，使用的是“著作权”。在介绍英美法系的相关制度时，使用的是“版权”。

并不清晰。因此，有必要从本源上厘清不同法律对商品化角色的保护。

首先，本章从角色商品化权的词源出发，结合有关的法律依据和学理依据，对角色商品化权的内涵进行归纳和总结，并根据角色的表现形式、可商品化的载体等要素对角色商品化权进行类型化分析。其次，本章将梳理国内外对角色商品化权的保护模式和路径。最后，本章还将探讨角色商品化权保护的理论依据，分析保护角色商品化权的重要意义。

第一节　角色商品化权的概念界定

“角色商品化权”或“角色商品化”这一概念源于对“character merchandising”的翻译。在界定角色商品化权的概念之前，首先要厘清“character”和“merchandising”二词的内涵。根据《牛津高阶英汉双解词典》的相关解释，“character”翻译为“角色”。在 1994 年，世界知识产权组织（World Intellectual Property Organization，WIPO）提供了一份《角色商品化权》的研究报告，将“角色”划分为 3 种基本类型：（1）“虚构的人物角色”（fictional human beings），比如詹姆斯·邦德（James Bord）或人猿泰山（Tarzan）；（2）“虚构的非人物角色”（fictional non-human characters），比如唐老鸭或米老鼠；（3）“真实的人物角色”（real persons），比如在影视作品中的演艺明星或 NBA 球星。关于“merchandising”的概念，存在不同类型的解释。《牛津高阶英汉双解词典》将“merchandising”解释为“商品促销”或者“商品销售”。具体而言，指的是能够将商品与公众人物、大学、体育俱乐部、艺术作品、重大活动等相结合来推销和宣传商品。此定义描述了角色商品化活动的本质特征，即通过一切能够“商品化的客体”（merchandising objects）营销相关的产品。将商品化活动与商品化的客体连接的桥梁恰好是一个能够“商品化的标志”（merchandising mark），可以是姓名、肖像、文字、标记、设计或虚拟人物角色。[①] 商品化是一种市场活动，并非商品本身。商品化的本意也不是销售商品，而是为了促进商品的销售，将“角色”结合特定的商品或服务，从而产生顾客吸引力。角色商品化活动的重要手段是生产、销售、广告宣传等营销策略。因此，“商品促销”的含义是“character merchandising”中关于“merchandising”的具体解释。

上述关于角色商品化权的解释都是通过相关词语在字典中的字面意思来理解的。角色商品化不单是一个经济学上的术语，更是一个法律概念。世界上还未曾有国家通过法律清晰界定什么是角色商品化权，仅世界知识产权组织在出具的《角色商品化》报告中明确了角色商品化权的概念。根据该报告的相关内容，角色商品化权指的是“虚拟角色的创造者或真实人物经过许可授权给第三方，对某一角色的重要特征（如姓名、形象或外观）所关联的商品或服务进行二次利用和开发，为潜在的消费者创造购买产品或接受服务的欲望”[②]。对于这一概念的具体解读，学界众说纷纭。有学者认为，角色商品化权是一种经过他人同意的开发和利用某种角色的权利。[③] 也有学者认为，角色商品化权是利用著名人物或虚拟人物的姓名或肖像去生产和销售各式各样的大众商品的权利。[④]

我国关于角色商品化权的概念最早是由梅慎实先生提出的。梅先生将角色商品化权界定为“著作权人使用其作品之角色印制于销售的商品上的专有权利”[⑤]。我国还有学者认为，角色商品化权将角色的“吸引力”转移至新的商品或服务，目的是进行促销，以商品化的营销方式为

---

① See https://dictionary.cambridge.org/dictionary/english/merchandising.

② WIPO：*Character Merchandising*，WO/INF/106，1994.12.

③ See Rujisenaars，Heijo：Character Merchandising in Europe，London；The Hague etc：Kluwer Law International，2003.

④ See Evans，*Gail*：*Character Merchandising*，in The New Oxford Companion to Law，edited by Peter Cane and Joanne Conaghan，Oxford University Press，2008. Published online 2009.

⑤ 梅慎实：《“角色”的权利归属及其商品化权之保护——兼论“济公活佛”角色的权利归属之争》，载《法学》1989年第5期。

手段对角色特征进行二次开发。[①] 从上述诸多的定义可以看出，角色商品化权概念的核心在于将角色与促销行为有机结合，在营销角色的同时起到宣传和推销商品或服务的良好效果，从而挖掘和二次利用角色背后蕴含的商业价值。

第二节 角色商品化权的起源与演变

一、缘起：隐私权

角色商品化权这一概念萌芽于美国的“隐私权”（right to privacy）。19 世纪末，哈佛法律评论中的一篇文章《关于隐私的权利》（*The Right to Privacy*）率先提到了什么是隐私权。撰写这篇文章的其中一位作者华伦和他的妻子的系列活动被一家报纸详细报道，这触动了他探讨隐私权的动机。华伦在这篇文章中认为，隐私权是禁止擅自公开他人的私生活、习惯、行为以及和私人生活相关事项的一种权利。隐私权是一种“个人独处的权利”，擅自公开他人隐私会令人感到窘迫和不安，同时也会干扰他人的正常生活。[②]

美国最早的关于角色商品化权的判例可以追溯至 1902 年纽约州的“罗伯逊”案。在这个案件中，原告是一名年轻漂亮的妇女，被告是一家面粉厂。未经原告同意，被告擅自将原告的肖像放置在面粉广告上，并将广告散发至商场、俱乐部等公开场合。原告认为，许多人识别出她的面孔后，嘲笑和讥讽她，她因此感到羞耻并因为惊吓过度卧病在床。因此，原告在诉讼请求中提出禁令，并要求被告赔偿身体损失和精神损害共 15,000 美元。在此案中，主审法官认为纽约州没有任何的先例能够支持原告的诉讼请求，因为纽约州没有隐私权相关的立法和判例。但是，持少数观点的法官认为，原告的诉讼请求应当被支持，因为原告就

---

① 参见吴汉东：《形象的商品化与商品化的形象权》，载《法学》2004 年第 10 期。

② See Warren & Brandeis, *The Right to Privacy*, 4 Harvard Law Review 193 (1890).

本人照片的商业价值享有财产性的权利。[①] 虽然“罗伯逊”案中没有通过隐私权来保护角色商品化权的观点，但是此案却推动了纽约州的隐私权立法。

1903 年，纽约州颁布了美国历史上第一部隐私权法，为角色商品化权的保护提供了法律依据。根据具体规定，“为了广告或商业目的，未经许可而使用自然人的姓名、肖像和照片的行为构成对他人隐私权的侵犯或轻罪”。受害人可以依据该法律向法院提起诉讼，请求禁令或损害赔偿。纽约州的这项规定，仅适用于活着的自然人，而不包括公司、其他组织和死去的人。[②] 受到纽约州隐私权法以及《关于隐私的权利》的学术理论的影响，佐治亚州在 1905 年的“帕福斯卡”一案中通过司法判例的方式确立了隐私权。在这个案例中，被告是一家保险公司，未经许可在广告上擅自使用了原告的肖像。佐治亚州的最高法院认为，被告的行为侵犯了原告的隐私权，造成了对原告的精神损害。[③] 随后，越来越多的州通过立法或判例的方式在“普通法”中确立了隐私权，并通过隐私权来保护自然人的形象商品化的法律纠纷。

二、发展：形象权

随着好莱坞探星活动的兴起，越来越多的“名人”开始关注自身形象被商品化的行为，隐私权无法充分有效地保护名人形象。不同于普通的自然人，名人的姓名和肖像早已经被媒体公开，他人未经许可的使用基本不会对他们造成精神损害，因此法院也无法依据隐私权的理论来计算和确定名人的精神损害的赔偿数额。[④] 此外，名人不介意自己的姓名和肖像被公开，他们更加在意的是许可他人商业性地使用自己的形象由此获得的经济报酬。因此，他人未经许可使用名人的姓名和肖像，名人会因此而丧失相应的商业利益。对于这一部分的损失，法院只能依据

---

① See Roberson v. Rochester Folding Box Co. , 171 N. Y. 538, 64 N. E. 442 (1902).

② See *New York Civil Rights Law*, Sections 50 - 51.

③ See Pavesich v. New England Life Insurance Co. , 122 Ga. 190, 50 S. E. 68 (1905).

④ 参见李明德：《美国知识产权法》(第 2 版)，法律出版社 2014 年版，第 693 页。

“形象权”（right of publicity）的理论来确定。

“形象权”是美国角色商品化权制度中一个重要的组成部分，这一概念起源于1953年的“海伦”案。主审这个案子的法官弗兰克首次提出用“形象权”来保护自然人的姓名和肖像中所蕴含的商业价值。[①] 自1953年的“海伦”案开始，形象权不再依托于隐私权理论，实现了从附属到独立的巨大转变。法官弗兰克认为：“每个人除了隐私权，还应就其姓名或肖像的形象价值享有权利。这是一种允许他人独占性使用自己形象特征的权利，而且此种授权可以是毛授权，即不与营业或商誉一并转让的授权。”隐私权是一种“独处的权利”，旨在保护个人情感所受到的伤害，比如精神损害。然而，隐私权难以从制度上根本弥补个人的财产损失。同时，隐私权具有人身属性，无法自由许可、转让和继承。不同于隐私权，形象权作为一种“财产性权利”，能够保护他人身份中的商业价值以及填补他人身份价值遭受侵犯所产生的经济损失。[②] 形象权可以通过合同等方式自由转让或许可，甚至还可以继承。

学术界著名的知识产权教授尼莫（Nimmer）在《论形象权》的文章中进一步阐述了形象权的基本概念。尼莫教授认为，“广告、电视和广播等主流媒体的兴起，为名人形象的商业化利用创造了充分的条件”。然而，隐私权的概念难以满足好莱坞时代的需求，名人确实“需求和需要”隐私，但他们更在意的是自身形象中的经济价值，以及如何控制自己形象中的商业利益。名人不允许他人未经自己的许可，未向自己支付报酬而公开使用自己的姓名、肖像或其他形象要素。形象权的本质正是名人背后的商誉。[③] 形象权既可以保护名人的形象，也可以保护非名人的形象。但是，名人身份中的市场价值要远远超出普通人身份中的市场

---

① See Haelan Laboratories, Inc. v. Topps Chewing Gun, Inc., 202 F. 2d 868 (2nd Cir. 1953).

② See Haelan Laboratories, Inc. v. Topps Chewing Gun, Inc., 202 F. 2d 868 (2nd Cir. 1953); Restatement (Third) of Unfair Competition Section 46 cmt b (1995).

③ See Melville Nimmer, *The Right of Publicity*, Law & Contemporary Problems 203 (1954).

价值。[①] 例如，美国联邦第九巡回上诉法院在 1992 年“怀特”案中提到，“电视和其他媒体的出现，令名人的身份具有了不小的市场价值，名人也花费大量的精力和财力设法利用自己的身份来获取利润。广告营销者也利用名人来推销他们的产品。名人的名气越大，识别出他的人就越多。那些深受大众喜爱的名人身份，不仅对广告宣传者具有巨大的吸引力，也最容易引起大众的注意，甚至不必借助明显的手段”[②]。

美国联邦最高法院于 1977 年裁判的“萨其尼”案也对形象权的发展产生了重要影响，对形象权的保护范围进行了扩张解释。该案的原告是一位杂技表演者，他在俄亥俄州的一家集市上表演“人体炮弹”的节目。被告则是当地的一家电视台，在杂技表演者不同意的情况下录制了表演的全过程，并在晚间新闻中报道。原告诉称被告侵犯了自己的形象权，而被告抗辩自己享有新闻报道的权利。俄亥俄州的最高法院认为，原告对自身表演活动享有形象权，有权控制对自身表演的商业性使用，但是，被告的新闻报道使用并不是对原告表演的商业性使用。因此，这里不存在对原告形象权的侵犯。然而，美国联邦最高法院推翻了俄亥俄州最高法院的判决。美国联邦最高法院认为，原告在他的表演中投入了时间和精力，享有控制自身形象价值的权利。被告未经许可播放原告的表演，相当于剥夺了原告获得观看表演的门票费的权利，盗窃了原告形象背后的商誉，严重侵犯了原告表演的经济价值。[③]

美国的很多州逐渐通过立法或判例法的方式创立了形象权制度。根据数据统计，目前有 47 个州提供了对形象权的保护。其中，有 28 个州通过判例法的方式确立了对形象权的保护，如夏威夷州和佐治亚州。同时，也有 25 个州通过立法的方式提供形象权保护，如纽约州、华盛顿州、得克萨斯州等。其中，也有一些州通过立法和判例法相结合的方式保护形象权，如加利福尼亚州、威斯康星州和田纳西州。[④] 但是，美国

---

① 参见李明德：《美国知识产权法》（第 2 版），法律出版社 2014 年版，第 701 页。

② White v. Samsung Electronics American, 971 F. 2d 1395 (9th Cir. 1992).

③ See Zacchini v. Scrips-Howard Broadcasting Co. , 433 U. S. 562 (1977).

④ See http://rightofpublicity. com/statutes, last visit in April 2024.

国会始终没有制定一部联邦层面的形象权法典，形象权仅是州法层面的法律。

到了1995年，美国法学会编纂的《反不正当竞争法重述》（第3版）将未经他人许可而使用他人的姓名、肖像或其他身份标记归纳为“盗取他人的商业价值”。[①] 其中，还规定了形象权的主体可以向法院诉请禁令或金钱损害赔偿。此外，当自然人的姓名或肖像既符合形象权的保护，又享有商标权时，《兰哈姆法》（Lanham Act）第43条第1款可以从制止仿冒商标的角度来保护自然人的姓名或肖像。有些州甚至还规定可以保护自然人死后的形象权（posthumous right of publicity）。例如，《加利福尼亚民法典》第3344.1条规定：“自然人生前的形象权在死后可以继续获得70年的保护，并且可以自由地转让、许可和继承。”又如，《纽约州民权法》第50条规定：“人死后的形象权可以最多再保护40年。”但前提条件是自然人在死亡之时自然人形象已经具备商业价值，法律不保护死后才产生商业价值的形象。

受美国角色商品化权制度的影响，20世纪六七十年代，日本引入了美国判例法中逐渐成熟的形象权制度，这是角色商品化权制度在日本司法实践中的开端。与美国不同，日本的商品化权制度并非来自隐私权，而是源于对演艺明星的姓名与肖像等人格标识的商业性使用的保护。[②] 例如，在1976年的“马克·莱斯特案”中，当演员的姓名和肖像被擅自商业化利用时，法院会以侵犯姓名权或肖像权为由进行裁判。[③]

三、衍生：角色权

随着商品经济的多样化，角色商品化权的保护客体也出现了扩张趋势，不再局限于自然人的形象特征，而是会涉及虚拟角色、标语、

---

① See Restatement (Third) of Unfair Competition, Section 46 - 49 (1995).

② 参见陶乾、曹芳：《论影视作品角色造型商品化权益的保护》，载《山东科技大学学报(社会科学版)》2020年第2期。

③ 参见张鹏：《日本商品化权的历史演变与理论探析》，载《知识产权》2016年第5期。

口号、作品名称以及作品中的角色名称等。但是，形象权无法保护“唐老鸭”或“米老鼠”等虚拟角色。例如，法院在“Bayer v. Ralston Purina Company”案[①]和“Ghost Rider”案[②]中，均不承认虚拟角色或不具有生命体征的动物享有形象权。虚拟角色的商品化权问题则需要通过“角色权”（right in character）的理论去解决。

在美国，角色权又称为“虚拟角色商品化权”，是一个与版权、商标权以及反不正当竞争法相互交叉的边缘性权利。[③] 这项权利仅仅是美国学者提出的一个学理上的概念，并非一项法定的权利。有学者认为，角色权是版权法框架之下延伸出来的一种权利，与“推销和许可作品中的虚拟人物角色相关”。[④] 还有学者认为，虚拟角色商品化权与“商标商品化”（trademark merchandising），“促销商品化”（promotional merchandising）密切相关。商标商品化是指“将角色作为商标贴附于某个商品上，用于吸引消费者，暗示由某商家授权，用于识别和区分商品的第二来源”。促销商品化是指“通过广告和宣传的方式促销商品或对角色进行市场调研、新产品开发、角色生产和营销等”。另有学者认为，虚拟角色商品化权保护的是角色代言的商业模式或与角色相结合的“被商品化的产品”（merchandised products）。[⑤]

美国关于虚拟角色的保护，无论是从版权法的角度，还是从商标法或反不正当竞争法的角度都起源于判例法。虚拟角色的版权保护主要涉及“可视化的角色”和“非可视化的角色”。根据角色呈现的方式不同，可视化的角色分为“影视作品角色”和“卡通角色”。非可视化的

① See Bayer v. Ralston Purina Company, 484 S. W. 2d 473 (Mo. 1972).

② See Gary Friedrich Enterprise, LLC v. Marvel Enterprises, Inc., 713 F. Supp. 2d 215 (S. D. N. Y. 2010).

③ 参见冯颢宁：《商品化权“新型知识产权说”之证伪——基于权益区分理论的解构》，载《电子知识产权》2016年第5期。

④ 参见邓朝霞：《虚构角色的商品化权之批判性思考：中美比较视角》，载《电子知识产权》2022年第4期；何英、焦洪涛：《关于角色商品化权法律保护的思考》，载《华中理工大学学报（社会科学版）》2000年第5期。

⑤ See Irene Calboli, *The Case for a Limited Protection of Trademark Merchandising*, 2011 University of Illinois Law Review 865 (2011).

角色主要指的是“文学作品中的角色”，该类角色出现在小说、诗歌、剧本等文学作品中，通过文字的形式描述角色的形象特征。美国法院关于文学角色的版权保护标准不尽相同。美国联邦第二巡回上诉法院采用“充分描述测试”的标准来判断角色本身是否能获得版权的保护；[①] 而美国联邦第九巡回上诉法院则采用“故事叙述”的标准。[②] 这两个标准在司法实践中都略有争议。卡通角色的版权保护没有文学角色那么苛刻，大量的判例表明卡通角色可以通过美术作品或图形作品进行保护。影视作品角色兼具文学角色和卡通角色的双重属性，法院并没有对影视作品角色保护形成统一的标准。[③] 在既有的判例中，有的法院采取“唤醒模式”（evocation test）来解决问题，即只要公众在看到某一虚拟的影视角色特征时，能够联想到特定的知名人物的形象，该知名人物就可以获得形象权的保护。例如，一个金发碧眼的机器人，身穿礼服，举止和谈吐非常像一位知名的主持人，使公众一看便能够立即联想到某个特定的节目主持人。在这种情况下，上述装扮的机器人的设计侵犯了该知名主持人的形象权，“唤醒”了该知名人物的某些边缘性的形象特征。[④]

1946 年，美国联邦商标法与反不正当竞争法一同被《兰哈姆法》所编纂。尽管《兰哈姆法》修改过多次，但是该法法条从未提及角色商品化权，美国联邦最高法院未曾使用《兰哈姆法》来解决角色商品化权的侵权纠纷。一直到 20 世纪 70 年代，商标权人意识到商标商品化的经济价值，开始对角色相关的标识主张排他性的权利。[⑤] 例如，在“Boston Hockey”案中，被告未经许可，复制、生产和销售了原告波士顿曲棍球联盟的队徽。美国联邦第五巡回上诉法院认为，原告获得救济

---

① See Nichols v. Universal Pictures, Corp., 45 F. 2d 119 (2nd Cir. 1930).

② See Warner Bros. Picture, Inc. v. Columbia Broad. Sys., 216 F. 2d 945 (9th Cir. 1954).

③ 参见刘亚军、曹军婧：《虚拟角色商品化权法律保护刍议——美国实践的启示》，载《当代法学》2008 年第 4 期。

④ See White v. Samsung Electronics America, Inc., 971 F. 2d 1395 (1992).

⑤ See Stacey L. Dogan & Mark A. Lemley, *The Merchandising Right: Fragile Theory or Fait Accompli*, 54 Emory Law Review 461 (2005).

的前提是存在商标侵权中的混淆。混淆的标准要求被告生产和销售了原告的商业标识，并且造成了消费者对商品或服务来源的混淆，而不包括消费者对商品或服务的“赞助”（sponsorship）和“关联”（affiliation）的混淆。[①] 同时，原告必须认识到了商标混淆，即明确知晓消费者确实对商品或服务的来源产生混淆。此案被认为是商标商品化的第一案，同时也成为商标法保护角色商品化权的开端。直到1975年在“National Football League Properties”案中，法院才放宽了混淆要件的标准。该案涉及被告非法销售带有原告运动球队标识的商品。该案与“Boston Hockey”案不同，法院认为混淆不仅是消费者对商品来源的混淆，还应当扩大解释为消费者对商品许可或关联上的混淆。即使公众意识到原告没有生产涉案的商品，但如果能够相信原告为商品提供了赞助或代言，被告生产或销售了带有原告的商业标识的商品，也会符合商标法中的混淆。[②] 自1996年美国《联邦商标反淡化法》（Federal Trademark Dilution Act）颁布以来，一些法院开始通过淡化理论解决未经授权使用驰名形象的商品化纠纷问题。[③] 2011年，知识产权学者卡尔·博利曾提议将角色商品化权纳入美国现有的商标法和反不正当竞争法的保护体系，当角色的形象特征与促销商品相结合，具备识别商品来源的功能特征时，角色才能受《兰哈姆法》的约束。[④]

类似的判例在欧盟的法律制度体系中亦有体现。欧盟商标法中也没有明确强调角色商品化权的定义。欧盟仅有的讨论商标商品化的案例为“Arsenal v. Reed”[⑤]。在此案中，被告未经许可在其销售的非官方围巾上使用了原告的商标。虽然被告在商品上注明商品与原告的商标不存在

---

① See Boston Professional Hockey Association v. Dallas Cap and Emblem Mfg., Inc., 510 F. 2d 1004 (5th Cir. 1975).

② See National Football League Properties, Inc. v. Consumer Enterprise, Inc., 327 N. E. 2d 242 (Ill. App. Ct. 1975).

③ See Audi AG v. D'Amato, 469 F. 3d 534 (6th Cir. 2006); Texas Tech Univ. Spiegelberg, 461 F. Supp. 2d 510 (N. D. Tex. 2006).

④ See Irene Calboli, *The Case for a Limited Protection of Trademark Merchandising*, 2011 University of Illinois Law Review 865 (2011).

⑤ See Case C-206/01 [2002] ECLI: EU: C: 2002: 651.

任何联系，但原告还是在英格兰和威尔士的高级法院提起商标侵权之诉。原告诉称，被告在围巾上使用原告的商标会导致消费者会混淆商标的来源、授权或商业联系。法院在处理此案纠纷时，提到了几个关键点：第一，被告对原告商标的商品化使用是结合了相关的商品，因此，具备商标侵权诉讼的前提；第二，被告在非官方围巾上使用原告的商标会给消费者留下一种印象，即原告和围巾之间有至关重要的商业联系，至少当围巾销售后，消费者会认为原告是被告围巾的源头；第三，被告的使用会损害原告保障商品来源的主要功能，即使这种混淆是售后的混淆。

反不正当竞争法和商标法在保护虚拟角色上没有太大的差别。反不正当竞争法比商标法的保护范围更广，可以对未注册的商业标识提供法律保护，毕竟并非所有的知名形象或角色会被注册为商标。获得商标法保护需要满足两个前提条件：第一，虚拟角色具有“第二含义”（secondary meaning），即角色与商品或服务存在固定的联系，角色所代表的含义已经不再是角色本身的含义，而是指其成为消费者识别特定的商品或服务的来源。若该角色与商品或服务的联系较为模糊，存在与多个商品或服务联系的可能性，则不具备第二含义。例如，在“Universal City Studios v. Nintendo”案中，电影公司、翻拍电影的公司、电影作品蓝本作者的继承人以及多个主体都对“狮子王”的角色名称享有权利。由于该角色与多个权利人存在联系，很难获得第二含义，无法成为识别商品或服务来源的标识，因此不能获得商标法的保护。[1] 第二，被告未经许可使用虚拟角色对公众造成了混淆。“混淆”的要件，涉及两种不同的诉讼类型：一是与他人的商标构成混淆，混淆商品或服务来源的商标侵权诉讼；二是与他人未注册的商标、商号、商业外观等标识构成混淆的“仿冒之诉”。仿冒之诉属于反不正当竞争法规制的范畴。原告还可以适用反不正当竞争法的其他规定，比如关于盗用，淡化，诋毁商誉，虚假广告等的规定规制角色商品化权，这些将在本书第二章详细

---

① See Universal City Studios, Inc. v. Nintendo Co., Ltd. 578 F. Supp. 911 (1983).

介绍。

受美国角色权的影响，日本的司法实践亦将角色商品化权的内涵和外延不断丰富，角色商品化权的保护范围已经从最初的真实人物的姓名和肖像，扩展至物之影像、名称，虚拟角色的名称，虚拟角色的形象等范畴。日本学界将“物之影像的商品化权”称为“物的商品化权”，将客体限定在不具有生命体征的物上。① 例如，在“长尾鸡案”中，原告通过品种改良培育了长尾鸡的品种，被告将长尾鸡摄影后的照片制作成明信片销售。法院认为，被告的行为侵犯了原告的所有权。② 有学者认为，法院的判决结果实则是对“物的商业化利用”进行保护，是对“物的商品化权”的司法确认。③ 关于虚拟角色的形象以及名称的商品化使用问题，日本通过商业标识法和反不正当竞争法进行交叉保护。如果一个虚拟角色能够帮助识别商品或服务的来源，成为一种商业标识，从防止混淆，品质保障，商标保护以及制止不正当竞争的角度可以给予该虚拟角色一定的法律保护。例如，在“NFL 标识案”中，原告通过商品化的方式将自己的足球队的名称以及队徽通过特定的经营商进行生产和销售。被告未经原告的许可，擅自销售带有原告球队名称及队徽的商品。法院裁判认为，原告对特许经营者有着严格的选择，对商品的质量、宣传广告的方式等严格把控，因此擅自使用该商业标识的行为，构成了对他人知名标识的混淆。同时，被告通过“搭便车”（free riding）而转移顾客吸引力的行为，构成了对于商誉的不当利用。④

除了保护虚拟标识，日本的法院还将商品化的保护扩展到了卡通角色。法院对于知名的卡通角色给予反不正当竞争法的保护。有些学者认为，虚拟角色的商品化权不应局限于虚拟角色的名称和形象，还应当扩展到作品名称、游戏名称、电影名称等。但是，日本的司法实践对“名称类”的商品化权保护持否定性态度。有观点认为，作品名称、游戏名

① 参见蒋利玮：《论商品化权的非正当性》，载《知识产权》2017 年第 3 期。
② 参见张鹏：《日本商品化权的历史演变与理论探析》，载《知识产权》2016 年第 5 期。
③ 参见［日］田村善之：《不正当竞争法概说》，有斐阁 2003 年版，第 525 页。
④ 参见张鹏：《日本商品化权的历史演变与理论探析》，载《知识产权》2016 年第 5 期。

称往往仅表明作品的内容，无法作为一种承载商誉的商业标识。因此，“名称”不具有识别商品或服务来源的功能，无法成为虚拟角色商品化权的客体。①

然而，受美国形象权概念的影响，日本实务界无法认同“物的商品化权”和“虚拟角色商品化权”概念。针对商品化权的内涵和外延以及保护对象，日本对于采取美国的形象权和角色权的二元结构还是商品化权的一元结构始终存在较大的争议。直到 2012 年，日本最高法院通过“赛马名称案”和“粉红女郎案”才明确了角色商品化权的客体范围，从而将商品化权的保护对象限定为自然人的人格标识。

首先，“赛马名称案”否定了“物之影像商品化权”。在该案中，原告是知名赛马的所有权人，被告是一家游戏软件开发公司，被告未经原告的许可将赛马的名称和形象作为游戏元素使用，原告主张被告侵犯其物的商品化权。法院认为，对物的所有权仅限于对该物有形一面的支配，不包括对此物无形一面的控制。对于物的名称的保护，除非有关知识产权的特别法律能给予一定范围的排他性保护，否则在没有任何法定权利保护的前提下，司法不能创设新的权利。② 因此，自“赛马名称案”开始，无论是物本身的商品化还是物之名称的商品化，都难以获得商品化权的保护。

其次，日本商品化权的保护对象排除了非人类的角色。以“粉红女郎案”为例，该案原告是粉红女郎女性演艺组合，被告为一家杂志出版公司。被告未经原告许可，将 14 幅原告演出的舞蹈照片进行剪辑，并通过画册的方式出版。原告起诉被告侵犯了原告商品化权并主张损害赔偿。法院驳回了原告的主张，认为原告的照片仅占整个画册的很小一部分（200 页中的 3 页），而且被告在每一幅原告的照片下提供了说明，因此不侵犯原告的商品化权。③ 法院还提到，自然人的姓名和肖像属于

① 参见张鹏：《日本商品化权的历史演变与理论探析》，载《知识产权》2016 年第 5 期。

② 参见张鹏：《日本商品化权的历史演变与理论探析》，载《知识产权》2016 年第 5 期。

③ 如果将肖像本身作为商品营销使用，或将肖像用到商品或广告上吸引消费者，构成侵犯商品化权。

表征性的人格特征，自然人的人格权不能被他人随意利用。当肖像具有促进商品销售的顾客吸引力时，肖像可以归类为人格权的一部分。但是，如果将肖像用于时事新闻报道、评论等，不构成对商品化权的侵犯。因此，商品化权只保护自然人的形象特征，不保护虚拟角色的商品化。

综上所述，日本的商品化权更类似于美国的形象权，以保护真实的人物形象为核心，不保护虚拟角色的形象以及物的形象。但是，两者也存在明显差异。第一，权利的性质不同。美国的形象权是一种财产权，而日本的商品化权是一种人格权。第二，美国的形象权有州层面的专门立法，而日本的商品化权仅仅是学理上和判例中的概念，并无立法层面的确权。由此可见，虽然日本借鉴了美国的形象权制度，但是在司法实践中却适用传统的人格权理论来解决自然人商品化权的纠纷。① 日本的商品化权是人格权的下位概念，但是区别于传统的人格权保护人格利益，商品化权保护的是具有经济利益的人格标识。

四、我国角色商品化权的引入和发展

20 世纪 80 年代末，受到日本法学研究的影响，“商品化权”这一概念传入我国，引发了法学界的热烈讨论。我国关于商品化权的研究最早出现在 1989 年梅慎实先生发表的文章《“角色”的权利归属及其商品化权之保护——兼论“济公活佛”角色的权利归属之争》中。此文讨论了上海音像公司和中国唱片社未经许可，将影视剧《济公》中的“济公”形象使用在磁带封面上的问题。② 梅先生认为，“济公”是一种角色，不同于扮演者自身的肖像。角色是影视作品中虚构的人物、动物、机器人等。这些角色的使用权属于创造该角色的人，只要满足独创

① 美国的形象权被认为是一种财产权，而非人格权，但是日本套用人格权的理论来解决自然人的商品化权。

② 参见梅慎实：《“角色”的权利归属及其商品化权之保护——兼论“济公活佛”角色的权利归属之争》，载《法学》1989 年第 5 期。

性和可分离性[①]，即可获得著作权的保护。[②]

从我国关于商品化权的发展进程来看，司法实践领域最早的关于角色商品化权的讨论可见于 1997 年的“三毛形象纠纷案”。原告是创作“三毛”漫画形象的作者的继承人，享有三毛作品的使用权和获得报酬的权利。被告是一家企业，未经原告的许可，擅自将“三毛”的角色形象注册为商标，并在户外广告、职员名片、报刊以及企业铭牌上宣传和推广使用。原告起诉至法院，认为被告侵犯了他的著作权。法院认为，“三毛”的漫画形象为作品的著作权人享有，原告作为继承人，享有在著作权保护期限内对作品的使用权和获得报酬权；被告以三毛的形象注册图形商标，侵犯了原告的在先权利，该商标应当不予注册。虽然法院将此案件的性质界定为著作权与商标权的权利冲突，以《著作权法》和《商标法》为法律依据，但学界还是以侵犯角色商品化权来定性此案并进行讨论。[③]

我国现行的法律规定并无“形象权”、“角色权”或者“角色商品化权”的说法，主要采用商标法、著作权法、反不正当竞争法和民法相结合的方式保护角色商品化权。虽然法院没有明确提到商品化权的相关术语，但可以通过 2001 年修正的《商标法》第 31 条中的“在先权利”对作品中的知名人物角色提供商品化权保护。[④] 这一条款还包括了将他人姓名注册商标的情形，这种行为构成了对他人姓名权的侵犯。但是，这里未提及将他人声音或其他身份标识注册为商标的规定。我国《民法典》第 1012 条和第 1014 条规定，自然人享有姓名权，他人不得干涉、盗用和假冒，否则构成侵犯他人的姓名权或名称权。然而，《民法典》中的侵犯姓名权和商标法意义上的使用他人姓名不同，因为并非将他人

---

① 可分离性指的是角色可以与作品分离，独立地受著作权保护，并非以作品中的一部分出现。

② 参见梅慎实：《“角色”的权利归属及其商品化权之保护——兼论“济公活佛”角色的权利归属之争》，载《法学》1989 年第 5 期。

③ 参见刘亚军、曹军婧：《虚拟角色商品化权法律保护刍议——美国实践的启示》，载《当代法学》2008 年第 4 期。

④ 参见北京市高级人民法院行政判决书，（2011）高行终字第 374 号。

姓名用作商标。况且《民法典》对姓名权的保护存在于人格权编，不属于保护自然人形象中的商业价值的范畴。同时，我国法院在 2015 年的“功夫熊猫”案中，首次提到了商品化权一词，并采用相同的做法，将商品化权纳入“在先权利”的框架之下。① 《最高人民法院关于审理商标授权确权行政案件若干问题的规定》（以下简称《商标授权确权规定》）进一步明确了商品化权问题。对于具有较高知名度的作品名称和角色名称，如果将这类名称作为商标使用在相关商品上容易导致相关公众误认，当事人可以主张《商标法》中的在先权益。② 这是最高人民法院首次以司法解释的形式表明对商品化权的态度。但是，《商标授权确权规定》仅仅是对知名作品的名称和角色名称提供了商品化权保护，未能解决与真实人物相关的商品化权、其他类型的具有知名度的虚拟角色的商品化权等问题。

自商品化权的概念传入我国，学术界和司法界对于商品化权的本土化讨论也从未停。我国很多学者认为商品化权就是美国判例法概念中的形象权；也有学者认为商品化权是日本对“character merchandising”的误译，应当理解为“角色促销权”；③ 还有学者将商品化权表述为“公开权”“公开形象权”“姓名肖像广告权和宣传权”等多种称谓。④ 30 多年过去了，从现有的法律文件中，我们并没有发现有关商品化权的规定有很大的进展，涉及商品化权的争议没有彻底解决。⑤ 在司法实践

① 参见北京市高级人民法院行政判决书，(2015) 高行（知）终字第 1969 号。

② 《最高人民法院关于审理商标授权确权行政案件若干问题的规定》第 22 条第 2 款规定：“对于著作权保护期限内的作品，如果作品名称、作品中的角色名称等具有较高知名度，将其作为商标使用在相关商品上容易导致相关公众误认为其经过权利人的许可或者与权利人存在特定联系，当事人以此主张构成在先权益的，人民法院予以支持。”

③ 参见刘银良：《角色促销：商品化权的另一种诠释》，载《法学》2006 年第 8 期。

④ 参见王利明、杨立新主编：《人格权与新闻侵权》，中国方正出版社 1995 年版，第 427～428 页；薛红：《名人的“商标权”——公开形象权》，载《中华商标》1996 年第 3 期；[美] 凯文 · S. 马克斯：《（姓名、肖像）公开权案件中版权模式的评价》，梅慎实译，载《环球法律评论》1989 年第 2 期。

⑤ 我国司法实践处理涉及商品化权的纠纷主要适用的法律有《商标法》《著作权法》《反不正当竞争法》。自 1990 年开始，我国的《商标法》已经修正了 4 次，《商标法修订草案（征求意见稿）》在 2023 年公开征求意见，《著作权法》修正了 3 次，《反不正当竞争法》已经修订（正）2 次，《反不正当竞争法（修订草案征求意见稿）》于 2022 年公开征求意见。

中，法院也出现了同案不同判的做法，引发了社会的激烈讨论。因此，我们仍然有必要进一步探讨角色商品化权的内涵、外延以及保护的客体。

角色商品化权的客体，指的是角色商品化权的保护对象，也称为“角色商品化权的权利范围”。角色商品化权的客体，依赖于具体的形象特征。美国将角色商品化权的保护对象分为真实人物形象和虚构角色形象，并给予不同的权利保护。真实的人物形象可以是自然人的局部形象特征，也可以是整体形象。局部形象特征包括自然人的姓名、肖像、声音、签名、表演形象等要素。整体形象可以是姓名、肖像、声音、签名等要素的有机组合。虚拟角色形象可以通过作品或商誉的形式来得到体现，分别适用版权法或商标法上的客体保护规则。

我国学者对角色商品化权的客体有着不同的理解。根据保护对象的范围，形成了狭义说、中义说和广义说 3 种观点。狭义说包含两种不同的观点。第一种观点是将保护对象局限于自然人的形象，这种“形象”指的是某人在公众中的形象，可以通过“形象权”来控制自然人形象的商品化权。[①] 第二种观点是将保护对象限制在虚拟角色的形象上，排除了真实的人物形象。认同此观点的学者认为，角色商品化权保护的是带有商业目的促进商品或服务销售的虚拟角色形象，应当通过“角色权”去保护它。[②] 中义说是将保护对象扩展至一切可以商品化的具有生命特征的形象，包括真实人物形象、虚拟角色形象和表演者的艺术形象等。[③] 广义说则是把保护对象界定为一切可以商品化的对象，无论是否有生命特征，包括真实人物形象、虚拟角色形象、表演者的艺术形象以及可以商品化的作品片段、标记等。[④] 有学者认为，商品化权的实现其实是人类或动物形象、著名作品的名称或片段以及广为人知的标志被商业化使用的过程。当消费者看到商品或服务上宣传的某种角色形象、作

---

① 参见李明德：《美国形象权法研究》，载《环球法律评论》2003 年第 4 期。

② 参见郭玉军、甘勇：《论角色商品化权之法律性质》，载《知识产权》2000 年第 6 期。

③ 参见郑成思：《商品化权刍议》，载《中华商标》1996 年第 2 期。

④ 参见薛红：《名人的“商标权”——公开形象权》，载《中华商标》1996 年第 3 期。

品名称、片段或标志时，会联想到它们背后的抽象概念。倘若这个抽象概念吸引了消费者，那么商品化权的客体就恰好是角色背后的“商誉”。①

不同于美国和日本以保护名人的人格标识为基础，我国商品化权的保护的开端是作品中的虚拟角色。从某种程度上讲，我国的商品化权的研究对象以虚拟角色为起点，类似于美国学理概念上的角色权或虚拟角色商品化权。然而，在梅慎实先生的文章《“角色”的权利归属及其商品化权之保护——兼论“济公活佛”角色的权利归属之争》发表之后，我国的学者对于什么是商品化权，商品化权保护的到底是虚拟角色还是真实的人物角色，还是存在较大的争议。迄今为止，对于角色商品化权的内涵和外延的界定，学界并无定论。甚至在很长的一段时间内，许多学者将商品化权等同于保护商业人格标识的形象权，这一观点类似于在美国的形象权制度或日本的商品化权制度的基础上，将两者混合使用。之所以会有关于商品化权的不同定义，从本质上看，是因为学者对商品化权保护对象的认知不同。下面就针对几种代表性的观点进行梳理。

（一）形象权说

持此学说的学者认为，角色商品化权即形象权。代表性的观点主要来自郑成思先生的文章《商品化权刍议》。郑成思先生认为商品化权就是形象权，是一个处于民法与版权之间，以及在商标权、商号权、商誉权之间的边缘性权利。对于“形象”应当进行广义的理解，形象既包括真人的形象，也包括虚构人的形象、创作出的人及动物形象、人体形象等。对上述这些形象进行商业性使用的权利统称为形象权。② 郑先生的观点实则是以美国的形象权制度为基础，对形象权原本的内涵和外延做了适度的扩张，将“虚拟角色商品化权”也纳入形象权的制度保护中。

此外，吴汉东教授认为形象权保护的是“知名形象”，既包括知名

① 参见刘春霖：《商品化权论》，载《西北大学学报（哲学社会科学版）》1999 年第 4 期。
② 参见郑成思：《商品化权刍议》，载《中华商标》1996 年第 2 期。

的真实人物形象，也包括知名的虚构角色形象。真实的人物形象是自然人在公众面前表现个性特征的人格形象，通过姓名、签名、声音、照片等来表现相应的自然人。虚构角色形象即作品中塑造的具有个性特征的艺术形象，并非真实存在的人物，它包括文学角色、视听角色、卡通角色以及动物等。[①] 此观点与郑成思先生的观点比较相似，但强调形象须达到一定的知名程度，才能获得形象权的保护。

不同于前面两位学者的观点，李明德教授认为形象权排除了虚拟角色商品化权，形象权仅适用于真实的人物形象。这一观点与美国的形象权的概念完全一致。李明德教授认为形象权是“人们对于自己的身份进行商业性使用的权利”。其中的“身份”，包括人的姓名、肖像和声音等。其中的“商业性使用”，包括自己的商业性使用和许可他人的商业性使用，例如许可他人在广告上使用自己的肖像或姓名。形象权是一种与自然人相关的权利，因此，公司、法人或其他组织，以及作品中的虚构人物和卡通角色，都不具有形象权。[②]

（二）公开权说

此学说是源于对“right of publicity”一词的不同翻译。王利明教授将“right of publicity”翻译成公开权，而不是形象权。公开权指的是“一个人对自己的姓名、肖像和角色所拥有、保护和商业利用的权利。所有人都对自己的姓名、肖像享有开发利用，并阻止他人以营利目的非法利用的权利”[③]。刘银良教授认为，将“right of publicity”翻译成公开权或商业公开权更为合适。原因如下：第一，英文单词“publicity”并无形象的含义；第二，并非所有的人格要素都可以纳入形象的范畴，比如把姓名和声音归入形象比较牵强，未必符合形象的传统含义；第三，形象权脱胎于隐私权，是隐私权的发展，更与隐私权相矛盾，用“公开”更能与“隐私”相对应；第四，该权利对于形象等人格特征的

---

① 参见吴汉东：《形象的商品化与商品化的形象权》，载《法学》2004 年第 10 期。

② 参见李明德：《美国形象权法研究》，载《环球法律评论》2003 年第 4 期。

③ 王利明、杨立新主编：《人格权与新闻侵权》，中国方正出版社 1995 年版，第 427～428 页。

保护不是绝对的，它所禁止的仅是对形象等人格特征的商业性公开，而鉴于对自我表达的保护，该权利并不能限制他人对形象等人格特征的表达性公开或传播性公开，因此形象权的表述不一定合适。①

（三）人格权说

杨立新教授将商品化权归纳为“民事主体对标表其人格特质的形象人格利益独占享有、使用以及获取相应利益的具体人格权。形象利益包括自然人的面部形象、自然人的整体形象、自然人的身体形象、法人或其他组织的标志性建筑、地理特征或其他可视性的要素等等”②。此学说将民事主体的形象价值界定为两种类型：第一种类型是自然人的形象价值，第二种类型是法人或其他组织的形象价值。

有的学者认为不需要区分自然人的形象价值和非自然人的形象价值，可以直接将自然人、法人和其他组织的人格所包含的经济利益统称为商事人格权。商事人格权指的是“民事主体具有商业价值的特定人格利益”。这种特定的人格利益通常表现为作为商事主体的自然人和法人所拥有的商号、商誉、商业秘密、商业信用等人格利益以及自然人的姓名、肖像、声音等用于商业用途的人格利益。因为这些人格利益都包含经济价值，所以是具有商业价值的人格利益。③

还有的学者将把名人的肖像、姓名、声音等人格要素使用在商品或服务上的现象称为人格权的商品化。④ 人格权能否商品化在学界存在争论。赞同人格权商品化的学者认为，商品化利用能够体现人格权的积极权能；而反对人格权商品化的学者认为，人格权是民事主体对人格要素享有的精神利益，不可能被商业化利用。⑤ 无论是商事人格权，还是人

① 参见刘银良：《角色促销：商品化权的另一种诠释》，载《法学》2006 年第 8 期。

② 杨立新、林旭霞：《论形象权的独立地位及其基本内容》，载《吉林大学社会科学学报》2006 年第 2 期。

③ 参见程合红：《商事人格权论——人格权的经济利益内涵及其实现与保护》，中国人民大学出版社 2002 年版，第 13 页。

④ 参见黄芬：《人格要素的财产价值与人格权关系之辨》，载《法律科学（西北政法大学学报）》2016 年第 4 期。

⑤ 参见房绍坤、曹相见：《标表型人格权的构造与人格权商品化批判》，载《中国社会科学》2018 年第 7 期。

格权的商品化，这些观点与日本学界和实务界近期对于商品化权的看法是一致的。在日本，有的学者认为商品化权需要从民法上的人格权的理论出发，为自然人的人格要素的财产性价值提供制度保障。例如，在2012年的“粉红女郎案”中，日本最高法院指出角色商品化权的权利性质可以归类为“自然人人格权的一部分”。①

（四）虚拟角色商品化权说

该学说继承了美国关于“角色权”一词的理解，排斥一切自然人的形象价值，仅涵盖非自然人的形象价值，比如文学作品中的虚拟角色、卡通角色、影视角色、动物形象等客体。郭玉军教授认为，商品化权保护的是角色的形象以及角色的姓名或名称、装束、声音、动作等容易被人辨认的特征，比如孙悟空手搭凉棚远眺的动作或阿童木的姓名等。角色商品化权是以商业性为目的将虚拟角色的一部分或全部的角色特征进行使用来促进商品或服务销售的权利。②

有学者对虚拟角色的内涵和外延适当扩张，将一切具有商业价值的形象要素都纳入该权利，不将虚拟角色的商品化权局限于“角色”本身。刘春霖教授认为，所谓的商品化权就是对能够创造商业信誉的人物或动物角色、形象，著名作品的片段或名称，甚至是广为人知的标志或它们的结合进行商业性使用的独占权。③ 另有学者认为，“商品化权是将具有商业价值的真实人物形象、虚拟角色及其他因素付诸商业性使用，吸引大众注意力，以达到商业促销目的而形成的权利”。还有的学者认为，“商品化权是能够创造大众需求的语言、名称、题目、标记或上述的结合用于商品上使用或许可他人使用的权利”④。

目前，我国的司法实践认同此观点。比如在“詹姆斯邦德案”⑤、

---

① 参见张鹏：《日本商品化权的历史演变与理论探析》，载《知识产权》2016年第5期。

② 参见郭玉军、甘勇：《论角色商品化权之法律性质》，载《知识产权》2000年第6期。

③ 参见刘春霖：《商品化权论》，载《西北大学学报（哲学社会科学版）》1999年第4期。

④ 杨素娟、杜颖：《商品化权议》，载《河北法学》1998年第1期。

⑤ 参见北京市高级人民法院行政判决书，（2011）高行终字第374号。

"功夫熊猫案"[①]、"冰雪奇缘案"[②]、"蜡笔小新案"[③] 等案件中，法院认可了知名角色的姓名、知名作品的名称可以获得虚拟角色商品化权的保护。在"葵花宝典案"[④] 中，不仅法院为著名的武林秘籍"葵花宝典"提供商品化权保护，亦有学者认为知名作品中的道具等元素可以获得商品化权的保护。

(五) 角色促销权说

有学者认为，商品化权或角色商品化是日本人对"character merchandising"和"merchandising right"的错误翻译。"merchandising"的本意应当是商品促销，即"通过协调生产、销售以及利用广告、展览和销售策略的方式促进商品的销售"。商品促销本质上是通过商业化的活动将相关的商品推销出去，并非真正地将某种商品或服务商品化。角色商品化的核心在于利用角色的吸引力向消费群体促销商品或服务，并不是将某种角色"商品化"。商家销售的并不是角色的形象特征，而是角色所附着的商品或服务。因此，"merchandising"应当被翻译成"促销"，而非"商品化"。[⑤]

本书认为，商品化的经营模式始终与社会经济的发展水平相适应，与消费者的理念转化相关联。随着商品化权保护范围的不断扩张，商品化权保护的对象已经从最初的真人形象的人格要素，发展至虚拟角色、知名角色的姓名或名称。从本质上观察，无论角色商品化权呈现的方式如何，商品化的角色是一种商业标识，法律保护的就是角色背后的商誉。

---

① 参见北京市高级人民法院行政判决书，(2015) 高行 (知) 终字第 1969 号。

② 参见北京知识产权法院行政判决书 (2017) 京 73 行初 5929、5931 ~ 5942、6807 ~ 6820、7371、7992 ~ 7999 号。

③ 参见北京市高级人民法院行政判决书，(2011) 高行终字第 1427 号。

④ 参见北京知识产权法院行政判决书，(2015) 京知行初字第 6058 号。

⑤ 参见刘银良:《角色促销：商品化权的另一种诠释》，载《法学》2006 年第 8 期。

第三节 角色商品化权的基本类型

在关于角色商品化权的分类体系中，角色商品化权的基本类型划分依据是角色呈现的形象。美国的学者将角色商品化权划分为形象权和角色权。形象权对应的是真实人物的角色，包括自然人的形象特征或演员的表演形象；角色权所保护的是虚拟的角色，既可以是文学作品中的虚构角色，也可以是影视作品中的卡通角色或动物角色。日本将角色商品化权划分为人格商品化权和物之影像商品化权，人格商品化权相当于美国的形象权，物之影像商品化权类似于美国的角色权。

在我国，有学者将角色商品化权归纳为真人的商品化权、虚构角色的商品化权、著名作品名称的商品化权和标志的商品化权。真人的商品化权指真人的姓名、肖像或姓名和肖像的结合被商业性利用的权利。一般来说，真人能产生商品化权的仅限于名人，普通人完全可以通过民法上的姓名权、肖像权或隐私权保护自己，只有名人才可能在形象要素的商业性使用的过程中吸引顾客，产生信誉。虚构角色的商品化权也只存在于知名作品的著名角色上，如动画片《猫和老鼠》中的汤姆和杰瑞。著名作品名称的商品化权适用于广为人知的作品名称或其中的著名片段，唯有作品达到一定的知名度，作品的名称或片段才能产生商品化权。类似地，能够产生商品化权的标志必须也是广为人知的，如奥运会中的广为流传的奥运五环标志。①

迄今为止，关于角色商品化权较为权威的分类方式体现在世界知识产权组织的《角色商品化权》报告中。根据角色类型的不同，世界知识产权组织将角色商品化权划分为 3 种类型：虚拟角色商品化权（merchandising of fictional character）、人格商品化权（merchandising of

---

① 参见刘春霖：《商品化权论》，载《西北大学学报（哲学社会科学版）》1999 年第 4 期。

real persons）以及形象商品化权（image merchandising）。[①]

一、虚拟角色商品化权

虚拟角色商品化权主要针对文学作品中虚构的人物、卡通动画角色、艺术作品中的虚构角色（达·芬奇画作中的蒙娜丽莎或者世界自然基金会的大熊猫图标）、电影作品中的虚构角色（鳄鱼邓迪或金刚）。文学作品中的角色通常由语言文字描述，需要读者的联想才能理解角色形象，角色的名称、作品的标题等，因为缺乏独创性而无法受到版权的保护，但是，角色的本身在特定条件下可以受到著作权的保护。不同于文学作品中的虚拟角色，卡通角色、艺术作品中的角色以及电影作品中的角色具有一定的可视化形态，可以视为美术作品或图形作品获得版权法的保护。虚拟角色商品化权是一种“财产权”，包括使用虚拟角色的权利，从使用虚拟角色中获得收益的权利以及处分虚拟角色的权利。在日常生活中，虚拟角色的商品化活动比真实人物的商品化活动更为普遍。虚拟角色商品化权涉及的是在商品或服务的营销或广告中使用虚拟人物的名称、形象和外观等基本特征。角色的创作人赋予了角色本身一些具有人格属性的特征，致使角色具有巨大的商业价值，更容易在营销或商业宣传的过程中被二次开发和利用。[②]

二、人格商品化权

人格商品化权涉及的是真实人物形象的商品化，指的是在商业活动中使用自然人的姓名、声音、肖像等人格特征。通常来说，形象能够商品化的真人往往是知名人士，如电影或音乐行业的著名人物、体育明星等。因此，知名人士的商品化权又称为声誉商品化权（reputation merchandising），因为商品化活动所涉及的是名人背后的声誉。消费者注重的也并不都是商品或服务的本身，有些更注重商品和服务有知名人

① See WIPO：*Character Merchandising*，WO/INF/106，1994. 12.

② See WIPO：*Character Merchandising*，WO/INF/107 – 108，1994. 12.

士代言且包含名人姓名或肖像。名人效应因此成为商家营销或广告宣传的工具，能够在很大程度上吸引潜在的消费者。人格商品化权或声誉商品化权与美国的形象权制度是完全对应的。美国有些承认形象权的州，限定形象权的主体为知名人士，而不包括普通的社会公众，因为普通人很难具备商业化的潜质；但大部分的州已经将形象权的主体从名人扩大到了非名人。①

三、形象商品化权

形象商品化权指的是商业化利用影视作品中的真人扮演的虚拟角色形象，比如六小龄童扮演的“孙悟空”或安吉丽娜·朱莉扮演的“《沉睡魔咒》中的女巫”。② 形象商品化权和人格商品化权均涉及真实的人物，但两者的区别在于前者指向的是由真人扮演的虚拟角色，形象价值通过真人扮演的角色表现出来，而后者指向的仅仅是真人的真实的面貌和形象特征。

一般情况下，公众难以区分真人与其所扮演的角色，只有当扮演的角色达到了一定的知名度，与真实的人物之间存在身份对应关系或者指代效应，具有可识别性（identification）时，才符合形象商品化权的前提条件。具体来说，如果虚拟角色能够成为演员扮演的形象载体，社会公众能够从该虚拟角色联想到演员的形象，那么对演员所扮演的虚拟角色的商业性利用，可能会侵犯演员的形象权。③ 角色的知名度越高，演员所扮演的虚拟角色本身与演员的关系越紧密，该角色标识演员的身份的能力就越强。④

---

① See WIPO：*Character Merchandising*，WO/INF/108，1994. 12.

② See WIPO：*Character Merchandising*，WO/INF/108 - 109，1994. 12.

③ See Loftus v. Greenwich Lithographing Co. , 182 N. Y. S. 428 (1st Dep. 't 1920).

④ 参见马波：《美国形象权法律制度研究》，知识产权出版社 2012 年版，第 263 页。

第四节　角色商品化权的理论依据

角色商品化权的发展能够促进创新，保护人们自身创作的劳动成果，防止欺诈消费者以及禁止不当得利。角色商品化权的保护理论具有多元性，最常见的有关角色商品化权的保护依据即劳动成果理论和不当得利理论。除此之外，激励理论、禁止仿冒理论、消费者保护理论、经济分配理论也能从不同视角解释角色商品化权存在的合理性。因此，对于角色无论是真实的人物形象还是虚拟的作品角色的保护，都需要从法律视角、经济学视角、道德视角以及消费者保护的视角综合考量。

一、劳动成果理论

劳动成果理论最早是由著名的学者洛克（Lockean）提出，是专门用来分析和解释财产权保护的一种哲学理论。因此，劳动成果理论又称为洛克劳动学说（Lockean Labour Considerations）。洛克在他的著作《政府论》（下篇）中曾提到："每一个人对其自身拥有财产，每一个人所付出的劳动也属于个人财产不可或缺的一部分。"[①] 洛克认为，一个人的劳动成果和付出属于他的个人财产，因此，他理应得到劳动所得的产物。当他人窃取一个人的劳动果实并干预此人的劳动付出时，法律应当介入为付出劳动成果的人提供救济。根据洛克的理论，名人通过投入精力和资本打造出来的形象是包含经济价值的，此种价值应当归属于名人本人，因为形象价值完全是通过名人自身创造出来的。[②]

虽然该理论主要适用于有形财产权，但对于无形财产权同样适用。麦肯锡（McCarthy）教授认为，"个人的形象身份特征是法律承认的财

---

① ［英］洛克：《政府论》（下篇），叶启芳、翟菊农译，商务印书馆1964年版，第19页。

② See Wendy J. Gordon, *A Property Right in Self-Expression: Equality and Individualism in the Natural Law of Intellectual Property*, 102 Yale Law Journal 1533 (1993).

产，任何人不能侵占或窃取这些财产。任何人对于他所创造的形象特征都享有自然权利。每一个人对自己的身份信息有商业利用的控制权，可以按照自己认为合适的方式来控制自己的财产。个人的身份信息属于劳动果实，未经本人同意不能没有播种而收割”①。美国 1953 年的“海伦”案也强调了劳动成果理论的必要性和重要性。该案的主审法官弗兰克认为，形象权不同于具有人身专属性和非转让性的隐私权，形象权是一种财产性权利，可以自由许可和转让。同时，形象权被定位为一种财产权利，是形象权背后的商业价值（pecuniary worth）发挥了充分的作用。然而，德国的学者并不倾向将角色形象或个人的身份信息定义为一种财产。由于《德国民法典》明确将财产界定为土地和动产两大类，排除了无形财产，并且严格区分能够自由转让的经济权利和与生俱来的人格权，因此，法官通常不承认角色形象的财产属性。②

美国著名学者尼莫还进一步阐述了角色商品化权的财产价值理论。尼莫认为，“一个人的形象本身没有任何经济价值，但是权利人可以通过自己的努力，花费大量的时间、精力、投入和资本使得形象能够在公众之中广泛传播。由于这些付出，其有权享有劳动成果。毫无疑问，当一个人的姓名、肖像用于商品广告或者吸引观众注意力时，那么这个人就应当对这种利益享有财产权，因此有权来控制这种财产价值”③。尼莫的观点获得了不少学者和法官的赞同，逐渐成为美国学术界和司法界的主流观点。在法院的判决中，法官经常会提到具有商业价值的名声是一个人在特定的领域有意识地持久努力的结果，法律应当保护名人背后的经济价值。④ 例如，在“Uhlaender”案中，法官提到，一个名人必须

---

① J. Thomas McCarthy, *The Right of Publicity and Privacy* (second edition), A Thomson Reuters Business, 2009, p. 3.

② See Moorgate Tobacco Co. Ltd. v. Philip Morris Ltd. [No. 2] (1984) 156 CLR 414, 444 – 4455.

③ David E. Shipley, *Publicity Never Dies; It Just Fades Away: The Right of Publicity and Federal Preemption*, 66 Cornell Law Review 673 (1981).

④ See Roberta R. Kwall, *The Right of Publicity vs the First Amendment: A Property and Liability Rule Analysis*, 70 Indiana Law Journal 47 (1994); Michael Madow, *Private Ownership of Public Image: Popular Culture and Publicity Rights*, 81 California Law Review 127 (1993).

经过多年的投入和激烈的竞争才能使他的公众形象具有市场价值。这种体现在姓名或肖像等人格特征上的形象价值恰好是他的劳动成果，是一种受保护的财产权。[①]

但是，尼莫的观点也受到了一些学者的质疑。名人形象的产生需要经历复杂的社会演变过程，形象价值的产出往往离不开角色本身、媒体、公众以及资本运作主体。角色的市场价值并非完全是个人劳动的结晶，而是许多社会活动的产物。洛克的劳动成果理论给予了个人超出投入劳动的回报价值。特别是对于明星和名人来说，他们的形象价值大多源于娱乐文化产业模式的推动。美国法学家康博（Coombe）曾经对明星形象的发掘过程进行过调研。他认为，明星的形象犹如文化产品一样，是被创造出来的产物。如果没有各种社会资源和技术的辅助，明星形象很难在社会立足和广泛传播。大众能够看到的明星的声誉和形象价值是由许多主体参与才造就的，比如通过工作室、传媒、公共关系代理人、摄影师、导演、编剧等社会角色。由此来看，明星的形象价值不能完全归功于明星本人的劳动；相反，明星的形象价值实为一种社会劳动共同努力的产物。[②] 同时，有些名人形象价值的产出过程可能根本没有任何劳动付出，能够产出仅仅是由于一些重要的偶然因素，比如运气、机遇或丑闻。[③] 例如，英国的王室成员从一出生就备受瞩目，具有一定的知名度，该成员的形象因而具有一定的价值。即使该王室成员未曾对他的形象进行过任何前期的投入，这种形象价值也是与生俱来的，并非后天劳动的成果。[④]

二、不当得利理论

不当得利理论将以牺牲他人为代价而获得不公正的财富作为基本理

① See Uhlaender v. Henricksen, 316 F. Supp. D. Minn. 1970.

② 参见［澳］胡·贝弗利－史密斯：《人格的商业利用》，李志刚、缪因知译，北京大学出版社2007年版，第341页。

③ See Fred Weiler, *The Right of Publicity Gone Wrong: A Case for Privileged Appropriation of Identity*, 13 Cardozo Arts and Entertainment Law Journal 223 (1994).

④ 参见马波：《美国形象权法律制度研究》，知识产权出版社2012年版，第175页。

念。这一理论同样也适用于知识产权领域，该领域的不当得利即通过盗用或侵犯别人在思想、表达、信息、图像或设计上的合法权利而从中获利的行为。不当得利理论可以类推适用到角色商品化权。① 支持这一理论的学者认为，形象价值具有财产属性，非法占有他人的形象价值是一种不公平、不公正的行为，不仅会遭受道德的谴责，而且会违反法律的规定。因此，法律禁止通过"搭便车"的行为盗取他人形象背后的商誉来获得不正当的利益。② 美国在许多判例中都采用这一理论来保护角色商品化权。例如，美国联邦第一巡回上诉法院在"WCVB－TV"案中指出，法律对于无形财产利益的保护并非一个道德层面的问题，而是在权衡相关竞争利益后做出的抉择，保护的目的是防止他人通过不正当的方式获取别人应得的财产利益。③ 另外，在"Moore"案中，法院提到，"整个社会非常重视人际关系中的公平正义，同时谴责任何一个人以牺牲别人的利益为前提而不当获取自己的利益，这将致使人与人在社会交往中地位不平等"④。由此看出，不当得利理论背后的目的就是矫正社会的不公平。该理论的本质是平等，任何人必须通过公平的方式获取财产。具体而言，形象价值是一种财产，他人在未经许可的前提下，非法获取这种财产，会导致社会利益的不平衡，需要通过法律矫正来恢复原告和被告之间已经破坏的法律关系。⑤

不当得利理论在解释角色商品化权的保护依据时存在循环论证的逻辑问题。不当得利适用的前提是存在侵犯他人的合法权利或权益的行为。也就是说，首先需要证明角色的形象利益是符合公平理念的，是法律上的合法利益，只有这样该利益才能受到此理论的保护。但是，美国

---

① See Restatement (Third) of Restitution and Unjust Enrichment, Section 1 and Section 42.

② See Zacchini v. Scrips-Howard Broadcasting Co., 433 U.S. 562 (1977). 美国联邦最高法院在"Zacchini"案中通过不当得利理论来保护形象价值。法院在判决中提到，保护形象权的一个理论依据是窃取商誉构成不当得利。

③ See WCVB-TV v. Boston Athletic Association, 926 F.2d 42, 45 (1st Cir., 1991).

④ Moore v. Regents of the University of California, 51 Cal.3d 120, 174 (1990).

⑤ 参见马波：《美国形象权法律制度研究》，知识产权出版社 2012 年版，第 199～203 页。

众多的判例并没有解释角色形象的正义性和合法性，而是直接承认了不当得利理论保护角色商品化权的必要性，从而论证角色商品化权的合理性，这使逻辑推理陷入了循环论证的误区。因此，该理论并非解释角色商品化权的有力依据。①

三、激励理论

激励理论又称为“鼓励机制说”。激励理论是美国主流的一种知识产权保护学说，主要适用于版权法和专利法领域。美国《宪法》中的“版权和专利条款”就是这一理论的直接体现。这一条款的具体规定是“为了促进科学和实用技术的发展，国会有权保障作者或发明者在有限的期间内就他们各自的作品和发现享有专有权利”②。激励理论的宗旨体现在“促进科学和实用技术的发展”。激励理论是对自然权利理论的批驳。根据美国联邦最高法院1966年的“格拉汉姆”案，知识产权是一种排他性权利，并非与生俱来的自然权利。知识产权是根据一个国家的社会需求，通过法律制度的设计而产生，设立知识产权的目的在于鼓励人们产出更多的创新、发明和知识。③

激励理论不同于劳动成果理论。前者侧重于通过政策来激励劳动和产出，而后者侧重于对真实的劳动付出给予一定的回报。例如，美国联邦最高法院在“萨其尼”案中指出：“对于形象权的保护更多的是出于补偿表演者为其行为所花去的时间和精力，这种保护为表演者投入制作公众感兴趣的表演的经济动因。”④ 同时，在“Lugosi”案中，主审法官认为：“当一个人的形象遭受非法商业利用时，需要通过法律的武器来保护形象中的经济价值，这样才能促进此人投入更多的时间和资源来

---

① See Daniel Gervais and Martin L Holmes, *Fame*, *Property*, and *Identity*: *The Scope and Purpose of the Right of Publicity*, 25 Fordham Intellectual Property, Media and Entertainment Law Journal 181 (2014).

② 美国《宪法》第1条第8款第8项。

③ See Graham v. John Deere Co., 383 U.S. 1, 148 U.S.P.Q. 459 (1966).

④ Zacchini v. Scrips-Howard Broadcasting Co., 433 U.S. 562 (1977).

提高自身的形象去获得公众的认可。"[①] 美国知识产权学者马克·莱姆利（Mark Lemley）认为，角色商品化权存在的必要性是鼓励人们对公众形象投入资本，这就像版权法鼓励对具有独创性的表达进行投资或专利法鼓励创造性活动一样[②]。也有学者认为，将形象的经济价值赋予公众人物，并非因为公众人物"应得"此权利或拥有相关的道德权利，而是因为由此可以鼓励公众人物为社会创造价值和取得成就。[③] 总而言之，激励理论鼓励人们对自身具有财产价值的形象投入更多的精力、劳动和资本，促使人们在演艺和体育等行业创造更多的成功。

任何智力成果的产出都存在成本和收益的问题。在创作和发明的过程中，权利人需要对原有的知识进行收集、整理、分析和创新，付出了大量的智力和劳动成本，这些都是知识生产的成本。当智力成果产出之后，权利人通过商业化模式取得收益来弥补前期的成本投入。但由于知识产权的无形性、非可消耗性和非竞争性，权利人难以控制知识产品的流通渠道，预期的收益可能会减少。当预期收益无法弥补投入成本时，创作者的积极性会大幅度削减，进而会导致创作的智力成果大大减少，最后会导致社会上的知识产权供给不足。因此，国家通过法律手段给予权利人一定的经济回报，来激励他们从事智力发明和创作。[④] 与版权和专利一样，角色商品化权具有无形性、非可消耗性和非竞争性。商家前期对名人身份进行大量投入，希望能够借用名人效应来推广名人代言的产品或服务，获取大量的商业收益来弥补之前的投入。如果法律不保护名人的形象价值，商家开发名人代言的商品的积极性会降低，名人效应会遭受严重冲击。这将会和知识产权供给不足产生相同的社会影响。

虽然激励理论对保护角色商品化权具有一定的合理性，但同时也遭到了美国学界和实务界的一些质疑和批判。例如，麦肯锡教授曾提道：

---

① Lugosi v. Universal Pictures, 25 Cal. 3d 813, 205 USPQ 1090 (1979).

② See Stacey L. Dogan & Mark A. Lemley, *What the Right of Publicity Can Learn From Trademark Law*, 58 Standford Law Review 1161 (2006).

③ See Madow, *Private Ownership of Public Image: Popular Culture and Publicity Rights*, 81 California Law Review 125 (1993).

④ 参见马波：《美国形象权法律制度研究》，知识产权出版社 2012 年版，第 186 页。

"人们努力表现和发挥的动力出于很多原因，有些是无意识和自相矛盾的。角色商品化权是否会提供额外的激励促使人们因发挥优异而出名是难以论证的。"同时，在"Cardtoons"案中，美国联邦第十巡回上诉法院的法官在判决书中指出："大部分的名人已经就其具有商业价值的身份信息获得非常客观的经济报酬了。通过许可他的身份信息而获得额外的报酬并不会促使其在娱乐圈和体育界的必要发展。尽管角色商品化权可能提供一定的激励作用，但这种激励的程度和重要性或许被夸大了。"[①] 激励理论存在一定的弊端。事实上，正如"Cardtoons"案一样，形象所带来的经济收益对于明星和运动员来说微乎其微，社会对他们做出的共享与回报早已弥补他们对于形象价值的投入成本，他们平时代言的广告或节目所带来的收益甚至还远远超出前期的投入。激励理论未必会给知名人物带来较为积极的回报。相比之下，激励政策会给作者、创作人和发明人带来更加可观的收益，这些收益不仅可以成为填补他们前期的付出和投入的主要经济来源，还能推动整个社会文学、艺术和科学作品的繁荣发展。

此外，一些学者认为，角色商品化权有效地分配了稀缺资源。这种分配的关键在于过度曝光会分散身份创造中包含的财产价值。换句话说，除非提供对名人角色的专有权，否则名人角色的价值将因过度开发而耗尽。这是对私有财产的公有化。人物角色是一种稀缺资源，在没有相应财产权保护的情况下，极有可能会因过度使用而遭到破坏。法律赋予名人角色商品化权的目的并非鼓励对名人进行更多的投资，而是为了防止名人的名字或肖像的商业价值过早耗尽。[②]

四、禁止仿冒理论

禁止仿冒理论又称为"反误认理论"或者"反假冒理论"。此理论

---

① Cardtoons, L. C. v. Major League Baseball Players Ass'n, 95 F. 3d 959, 973, 974, 24 Media L. Rep. (BNA) 2881, 39 USPQ 2d 1865 (10th Cir. 1996).

② See Marshall Leaffer, *The Right of Publicity: A Comparative Perspective*, Article by Maurer Faculty, 469 (2007).

萌芽于英国的仿冒法。英国没有专门的商品化权立法，而是通过商标领域和反不正当竞争法中的仿冒之诉来保护角色商品化权。英国的禁止仿冒理论表明，对于角色商品化权的保护是为了防止交易者将自己的商品或服务与知名人士的形象联系起来，通过欺诈或误导消费者而获得不正当的竞争优势。禁止仿冒理论的目的是制止不诚实的交易行为。禁止仿冒理论不仅对未注册的商标提供补充性保护，还能对所有的商业标识（如角色形象）提供充分的保护。虽然禁止仿冒理论表面保护的为能区分商品和服务来源的标识，但实则保护的是标识背后的商誉。① 原告提起仿冒之诉的前提条件是存在商誉、虚假的陈述以及损害。如果被告举证澄清自己和角色的相关权利人不存在任何关联，令消费者免于混淆，则不构成不正当竞争行为。② 英国早期的一些判例还要求提起仿冒侵权之诉的原告从事与被告相同或相似领域的经济活动。③ 相比之下，美国的禁止仿冒理论不要求原告和被告从事相同或相似的经济活动，更适合保护角色商品化权。通常来说，美国的判例法一般仅要求消费者对角色的赞助商、角色与商品或服务的关联或隶属关系产生混淆或误认。④

然而，禁止仿冒理论适用的前提是存在混淆或误认，非混淆或非误认的使用不受这一理论的控制。事实上，商品化的角色未必就是消费者混淆识别商品或服务来源的依据。比如，将知名度较高的角色使用在不同类别的商品或服务上，还有可能会产生显著性削弱或丑化的效果，这就得通过制止、淡化来解决。另外，有些知名角色之所以能够成为商品化的对象纯粹是因为该角色背后的商业价值对顾客产生了吸引力，此种情况也没有涉及混淆使用。

---

① See Marshall Leaffer, *The Right of Publicity: A Comparative Perspective*, Article by Maurer Faculty, 469 (2007).

② 参见刘亚军、曹军婧：《虚拟角色商品化权法律保护刍议——美国实践的启示》，载《当代法学》2008 年第 4 期。

③ See Tavener Rutledge Ltd. v. Trexaoalm Ltd., [1975] F. S. R. 479, 484 (Ch. D.).

④ See Marshall Leaffer, *The Right of Publicity: A Comparative Perspective*, Article by Maurer Faculty, 469 (2007).

五、经济分配理论

经济分配理论也能从某种程度上保护角色商品化权。角色作为一种财产，可以被分配给角色的创造者并被传递给消费者来促进商品和服务市场的交易，从而促进社会有效地分配和利用有限的资源。波斯纳（Posner）认为，私有财产会产生动态和静态两种不同的利益。前者会激励人类的生产性投资，因为国家会保证劳动付出的所得：而后者则会促进对稀缺资源的有效利用。角色本身具有稀缺性，会因过度使用而产生资源浪费。唯有当角色本身的成本不被社会成本（包括交易成本和其他外部因素）所覆盖时，角色商品化权的存在才具有合理性。若不存在角色商品化权这一权力基础，过度开发利用角色形象会导致资源的短缺，甚至还会导致角色的无效率使用。[①] 以名人的肖像为例，如果名人肖像可以随意被使用，那么基于肖像而产生的价值会最终消失，只有通过私有化的方式获得肖像资源（比如获得照片的所有权），并通过市场获得最大化利用，才能对角色价值进行控制和保护。[②] 从经济学角度分析，马克·格雷迪（Mark Grady）曾举例说明："如果没有任何一个人对一个鱼池享有财产权，要么由足够多的人拥有，否则很难控制他人对鱼的使用。在这种情况下，每一个垂钓者都尽可能去垂钓更多的鱼，在这种缺乏财产权保护的情况之下，对于社会的资源分配是不利的。当垂钓者以最快的速度捕鱼时，会出现'租金耗散'（rent dissipation）的经济学现象。"[③]

然而，经济分配理论也存在一些弊端。有学者认为，角色商品化权作为一种社会的"公共财产"，具有非排他性和非竞争性消费两个特点，并不会因为无限期的使用而出现供给不足的情况；反之，信息媒体

---

① See William M. Landes & Richard A. Posner, *The Economic Structure of Intellectual Property Law*, Harvard University Press, 2003, p. 11 –36.

② See Douglass v. Hustler magazines Inc. , 769 F. 2d 1128, 1138 (C. A. 7, 1985).

③ Mark F. Grady & Jay I. Alexander, *Patent Law and Rent Dissipation*, 78 Vanderbilt Law Review 305 (1992); Guglielmi v. Spelling-Goldberg Productions, 25 Cal. 3d 860, 870 (1979).

的传播会促使角色形象的高效利用。即使角色商品化权具备稀缺性，但对角色形象的挖掘和利用也会增加角色形象的利用价值，角色形象不会成为一种枯竭的资源。总体来说，过度使用角色形象并不会降低形象价值的总量。[①]

六、消费者保护理论

根据消费者保护理论，保护角色商品化权的意义在于制止虚假广告宣传、欺骗性的商业操作以及名人代言假冒产品等行为。该理论似乎并非从角色商品化权本身去讨论权利存在的合理性，而是将重心放在了保护消费者利益上。概言之，该理论的核心是保护消费者，令消费者不至于因公众人物代言的某种商品或服务的质量、性能等相关虚假信息被误导和欺诈。[②]

这一理论并没有被大多数的学者采纳，原因主要有以下三点。第一，即使消费者不被某公众人物代言的商品所误导，角色商品化权仍然会适用。例如，某广告使用虚拟的角色形象，类似于“对名人声音的模仿”或“对著名演员表演形象的模仿”。在这些广告中，大部分消费者知晓广告里的形象并非真实的公众人物，消费者没有被误导，但是公众人物的角色商品化权仍有可能被他人侵犯。在此种情形之下，未经许可擅自使用公众人物的形象的，公众人物还是可以提起侵权之诉，不会受消费者的影响。[③] 第二，消费者保护理论未对角色商品化权的属性作出回应，也未曾解释这一权利保护的利益是什么。比如，为了保护消费者免受广告欺骗，有必要赋予公众人物权利，使公众人物形象不被滥用，从而保护消费者接受信息的真实性，消费者保护理论似乎未正面回答角色商品化权的本质。[④] 第三，用角色商品化权作为防止消费者受欺诈的

---

① See Michael Madow, *Private Ownership of Public Image: Popular Culture and Publicity Rights*, 81 California Law Review 127 (1993).

② See Michael Madow, *Private Ownership of Public Image: Popular Culture and Publicity Rights*, 81 California Law Review 127 (1993).

③ 参见郭玉军、向在胜：《美国公开权研究》，载《时代法学》2003 年第 1 期。

④ 参见马波：《美国形象权法律制度研究》，知识产权出版社 2012 年版，第 205 页。

工具似乎是多余的。商标法和反不正当竞争法完全可以解决消费者受欺诈的救济问题。即使现有的法律制度存在缺陷，也可以通过修改法律或引用判例的方式解决问题，而不是专门创设一项新的权利。①

① 参见郭玉军、向在胜：《美国公开权研究》，载《时代法学》2003 年第 1 期。

第二章 角色商誉与制止不正当竞争行为

以反不正当竞争法保护角色的商品化权是国际上的主流观点。世界知识产权组织的《反不正当竞争示范条款》通过商业标识和市场混淆对商品化的角色予以保护，其中区分了名人的形象权以及作品中的知名虚拟角色的商品化权。[①] 反不正当竞争法起源于英美法系法官的公平、正义和衡平观念。在自由竞争的社会框架之下，反不正当竞争法用来制止违反商业道德的不公平交易行为（unfair trading）。具体而言，这是一种通过“搭便车”获取其他经营者竞争优势（competitive advantage）的行为，也是违反诚实信用原则的行为。在英美法系国家，保护角色商品化权的最初手段就是反不正当竞争法，这里涉及对角色背后的商誉的保护。早期的不正当竞争行为主要是仿冒。英国是仿冒法的发源地，仿冒之诉的规则是英国法官通过一个又一个经典的判例而创设的。仿冒的核心理论是禁止欺诈或误导消费者。起初，仿冒行为的适用范围具有限定性，仅规制具有直接竞争关系的经营者。随着仿冒判决规则的不断成熟，竞争关系不再是焦点问题，而是形成了较为成熟的“仿冒之诉三要素”，即商誉、误导性陈述和损害赔偿。

后来，随着市场经济模式的不断变化，不正当竞争的种类越发丰富。不正当竞争行为的规制范围不再局限于仿冒，还包括商业诋毁，虚假广告，淡化，盗用他人商业价值以及依样模仿。只有囊括多样化的不正当竞争行为才能够充分有效地保护角色商誉。目前，英联邦国家的主流保护模式还是仿冒。美国则是采用盗用他人商业价值来规制角色的挪

---

① See Model Provisions on Protection Against Unfair Competition: Articles and Notes, the International Bureau of WIPO, 1996: 19 – 20.

用，并在这个基础上发展了针对形象权的专门法保护模式。然而，仿冒、商业诋毁、虚假广告和淡化也能为角色商誉提供补充保护。综上所述，反不正当竞争法对角色的保护并非仅仅是针对角色的姓名、肖像、声音或其他身份特征的结合，而是角色背后蕴藏的商誉。

第一节 不正当竞争行为的法律规制

一、国际条约对不正当竞争行为的界定

《保护工业产权巴黎公约》（以下简称《巴黎公约》）第 10 条第 2 款规定："不正当竞争行为就是在工商业领域活动中违反诚实习惯做法的竞争行为。"这一条款仅仅是很通俗地提到违背诚实信用原则的竞争行为是不正当竞争行为，并没有具体说明不正当竞争行为的基本类型或构成要件。因此，这一条款仅仅是阐明了制止不正当竞争行为的基本准则。关于不正当竞争行为的基本类型，《巴黎公约》第 10 条第 3 款进行规定。该条款以列举具体事例的方式，总结了 3 种予以禁止的不正当竞争行为，包括：(1) 对竞争者的营业场所、商品或工商业活动产生混淆性质的一切行为；(2) 在商业经营中，具有损害竞争者的营业场所、商品或工商业活动的信用性质的虚假陈述；(3) 在商业经营中使用容易让公众对商品的性质、制造流程、特点、用途或数量产生误解的陈述或说法。上述的 3 类不正当竞争行为，本质上就是混淆（confusion）、商誉诋毁（discrediting competitors）和虚假陈述（misleading allegation）。

1966 年世界知识产权组织为发展中国家起草的《发展中国家商标、商号和不正当竞争行为示范法》提供了与《巴黎公约》基本类似的规定，将"任何违反了工商业活动的诚实信用原则的竞争行为"定义为不正当竞争行为。同理，《发展中国家商标、商号和不正当竞争行为示范法》第 52 条列举了混淆、虚假陈述、商誉诋毁 3 种不正当竞争行为：(1) 与竞争者的企业、商品、工商业活动产生混淆的任何行为；(2) 致

使竞争者的企业、商品、工商业活动丧失信誉的虚假宣传行为；（3）在贸易中使用容易令公众对商品的性质、制造流程、特点、适用性以及质量方面产生误解的宣传。

1996 年，世界知识产权组织颁布的《反不正当竞争示范条款》进一步细化了不正当竞争行为的种类。除了《巴黎公约》规定的混淆、商誉诋毁、虚假陈述外，《反不正当竞争示范条款》还补充规定了盗取商业秘密（violation of trade secret），不合理利用竞争者的优势条件（taking undue advantage of another's achievement），淡化他人商标的质量或广告宣传价值（dilution of the distinctive quality or advertising value of a mark），损害他人声誉（exploitation of another's reputation）等多种行为。上述不正当竞争行为并非穷尽式列举的行为。除了《巴黎公约》第 10 条所列举的不正当竞争行为外，各成员方也可以根据自身立法和司法的实际情况，就任何违反诚实惯例的行为进行立法规制。例如，美国许多州通过普通法的方式确立了盗用他人商业价值（misappropriation）的不正当竞争行为。《反不正当竞争示范条款》还进一步解释了各种不正当竞争行为的基本类别和构成要件。例如，《反不正当竞争示范条款》第 2 条将混淆行为划分为：（1）商标的混淆，无论是否注册；（2）商号的混淆；（3）除了商标和商号之外的商业标识的混淆；（4）产品外形的混淆；（5）产品或服务的表征①的混淆；（6）名人或知名的虚构角色的混淆。

从上述国际条约可以看出，制止不正当竞争行为具有浓厚的商业道德色彩。因为，界定不正当竞争行为，本身就需要立法者对商业道德进行判断。对商业道德的判断通常与诚实信用原则、公平交易习惯以及自由竞争政策密切相关。至于什么是不正当竞争行为，《巴黎公约》和《反不正当竞争示范条款》都将不正当竞争限制在具有竞争关系的经营者之间。这一观点与英美法系国家早期制止仿冒行为的观点一致。例

① “产品或服务的表征”（the presentation of products or services）指的是产品或服务的装饰、风格外观，类似于美国商标法中的“商业外观”（trade dress）。

如，英联邦国家早期的仿冒之诉就适用“共同商业领域规则”（common field of business activity）。如果原告和被告的经营业务不存在直接的竞争关系，仿冒之诉就很难成立。又如，日本《不正当竞争行为防止法》也将不正当竞争行为限制在具有竞争关系的经营者之间。具体的规定为“本法目的是确保经营者之间的公平竞争以及国际规则的正确实施，制止不正当竞争行为和对其造成的损害采取相应的措施。”

因此，某个时期的不正当竞争行为的重点关注对象是如何维系经营者之间的关系，而未考虑到其他市场主体的利益。但对比《反不正当竞争示范条款》对不正当竞争行为的解释，《反不正当竞争示范条款》去掉了“竞争”一词，所用的表述为“任何违反诚实惯例的行为，属于不正当竞争行为”，这说明界定不正当竞争的焦点不再是经营者之间的竞争关系，而是逐步转向经营者和消费者之间的关系。① 典型的代表就是美国。美国的《反不正当竞争法重述》（第 3 版）所规定的仿冒和虚假广告这两种不正当竞争行为，制止的就是不正当竞争对消费者的误导，保护的是消费者的利益。根据《兰哈姆法》第 43 条第 1 款，对于仿冒、商业诋毁、虚假广告的不正当竞争行为，任何人都有资格提起反不正当竞争的诉讼。这里的“任何人”不仅包括具有竞争关系的经营者，而且包括没有竞争关系的消费者。这一做法其实是以美国各州普通法所确立的反不正当竞争规则为依据。还有一个典型的代表是欧盟。欧盟的《不正当商业行为指令》将不正当竞争行为分为侵犯性商业行为和误导性商业行为。这两种行为都会侵犯消费者或相关公众的利益。侵犯性商业行为指的是经营者通过强迫、欺骗、骚扰等不正当手段干涉消费者的购买决定。误导性商业行为包括误导（misrepresentation）和省略（omission）。前者所代表的是一种积极的误导性行为，指的是经营者的某种信息误导消费者作出购买的决定。而后者是一种消极的误导性行为，指的是经营者利用自己掌握信息的优势，对消费者隐瞒影响作出购买决定的重要信息。如果经营者向消费者披露关于交易的重要细节，

---

① 参见李阁霞：《论商标与商誉》，知识产权出版社 2014 年版，第 249 页。

消费者或许就不会同意购买这个商品或接受这次服务。

二、英美法系对不正当竞争行为的界定

英美法系制止不正当竞争行为多数是通过法院的判例，少有专门的法典或成文法。例如，英国就没有单独的反不正当竞争法，不正当竞争行为完全可以通过普通法确立的仿冒之诉、商业诽谤、虚假广告和淡化等解决。

美国最早也是通过各州的普通法来规范不正当竞争行为。典型的例子是 1939 年美国法学会的《侵权法重述》（第 1 版）第 708 条至第 761 条，这些条款将一系列的不正当竞争行为纳入侵权法的规则范畴。但是，1977 年颁布的《侵权法重述》（第 2 版）直接删掉了有关不正当竞争行为的内容。相关的解释是不正当竞争行为不再属于侵权法调整的对象，而是实现了从附属到独立的演变，不正当竞争行为应当有自己的立法空间。经过多年的积累，美国法学会于 1995 年通过了《反不正当竞争法重述》（第 3 版），将不正当竞争行为划分为以下 5 种类型：（1）仿冒（passing off）；（2）虚假广告（false advertisement）；（3）商业诋毁（commercial disparagement）；（4）淡化（dilution）；（5）盗用他人商业价值（misappropriation），包括盗用他人的商业秘密、形象、角色或其他具有商业价值的信息。

目前，只有仿冒、虚假广告、商业诋毁以及淡化有着成文法的规定，即《兰哈姆法》第 43 条。《兰哈姆法》不仅是美国联邦层面的反不正当竞争法，还是联邦一级的商标法。这部法律的诞生确立了原告在联邦法院起诉反不正当竞争事由的诉讼资格。在此之前，任何有关反不正当竞争法的诉讼，原告只能诉诸州一级的法院。但是，这一变化并非代表美国仿冒法的实质发生了变化，只是让原告拥有了在联邦法院提起诉讼的资格。联邦层面的仿冒仍然以州法所确立的规则为基础。另外，州法还能对联邦法未曾规制的不正当竞争行为提供补充保护。由于《兰哈姆法》没有对盗取他人商业价值这种不正当竞争行为提供法律救济手段，因此，为了提起有关盗用他人商业价值的诉讼，原告必须依据州法

的相关内容。例如，在窃取他人商业秘密的案件中，原告需要依据侵权行为发生地的州法起诉。在侵犯他人形象权的纠纷中，有些州起草和颁布了专门的制定法，然而也有些州仍通过普通法中的盗用规则来解决问题。

三、大陆法系对不正当竞争行为的界定

大陆法系对于不正当竞争行为的规制主要是通过成文法的方式来确立相应的规则，制定不正当竞争的专门法。比如，德国在 1896 年颁布的《反不正当竞争法》是世界上最早的规制不正当竞争行为的成文法。类似于英美法系国家，大陆法系国家也通过制止仿冒、虚假广告、诋毁商誉等不正当竞争行为来保护角色商品化权。而与英美法系国家不同，大陆法系国家还发展出了制止依样模仿（slavish imitation）的特殊规则来保护商品化的角色，尤其是以立体形式存在的角色模型、玩具或含有角色形象的服装等。

依样模仿，又名酷似模仿，是指市场主体以相同或实质性相似（substantial similarity）的方式复制他人的商品外观或形态，并在市场上提供模仿的商品的行为。原商品的提供者可以针对这一模仿行为提起制止依样模仿的诉讼，向法院要求停止模仿行为并赔偿损失。倘若模仿者能够证明自己仅是模仿了商品的功能性特征，则不构成不正当竞争行为。因为，制止依样模仿只规制模仿商品的外观或形态，商品的功能性特征属于专利法的范畴。制止依样模仿与专利保护是两个独立的领域。在依样模仿中，市场主体指的是商品的提供者，包括销售方、赠与人以及通过其他方式提供商品的主体，排除了商品的生产者。制止依样模仿与制止仿冒针对的都是模仿行为。不过，制止仿冒所保护的对象是独立于商品的商业标识，比如名人姓名或知名角色名称。而制止依样模仿保护的是与商品无法分割的外观或形态，诸如名人姓名、肖像、声音等形象特征就无法获得制止依样模仿的保护。①

---

① 参见李明德、闫文军：《日本知识产权法》，法律出版社 2020 年版，第 848 ~ 852 页。

大陆法系的很多国家，如德国、瑞士和日本等，都通过立法的方式确立了依样模仿。德国《反不正当竞争法》第 4 条第 1 款第 9 项规定，依样模仿的对象既包括商品外观或形态，还包括服务外观或形态。模仿的行为主要有两种：其一，对消费者在经营来源上的欺骗；其二，不合理地利用或损害了被模仿商品或服务的声誉。日本 1993 年的《反不正当竞争法》第 2 条第 1 款第 3 项规定："酷似模仿是指销售、出租、展示、进口或出口他人的商品形态。"根据第 2 条第 1 款第 3 项的规定，制止依样模仿的保护期限为 3 年，从商品向市场提供之日起计算。当保护期限届满时，商品的依样模仿不再受反不正当竞争法的规制。3 年的保护期限完全参考了欧盟的《共同体外观设计条例》第 11 条第 1 款对"未注册的外观设计"的保护期限。

制止依样模仿的规则并没有体现在《巴黎公约》以及《与贸易有关的知识产权协议》（以下简称《TRIPS 协议》）中。1996 年的《反不正当竞争示范条款》也没有将依样模仿列为不正当竞争行为，是否通过立法明确依样模仿，以及采用何种方式规定制止依样模仿的规则，应当由成员方自行决定。[①] 大陆法系国家与英美法系国家在制止依样模仿的态度上截然不同。大陆法系国家是从"不劳而获"的角度分析制止依样模仿的正当性。在先的市场主体为了提供相关商品，投入了大量的人力、物力和金钱。如果在后的市场主体直接模仿了他人的商品外观或形态，将能以很低廉的成本向消费者提供商品，这会损害在先市场主体的预期收益。此种行为属于典型的获取不正当的商业利益。英美法系国家则倡导市场主体对商品的自由模仿和自由竞争，只要不侵犯他人的知识产权即可。倘若专利法、著作权法、商标法或反不正当竞争法都无法保护商品的外观或形态，那么商品的外观或形态就属于公有领域的产物。既然是处于公有领域，公众就有模仿该商品的外观和形态的自由。然而，制止依样模仿就是将公有领域的东西重新纳入反不正当竞争法的规

① See WIPO Model Provisions on Protection against Unfair Competition, WIPO Publication Mo. 832, 1996.

制范围，这将损害公众的模仿自由和经营者的竞争自由。[①] 由于制止依样模仿的规定充满不确定性，容易对公有领域的事物重复保护，所以英美法系国家一直没有将依样模仿视为不正当竞争行为的基本类型。

第二节 仿冒与角色商誉保护

仿冒是一种可诉的侵权行为，也是英美法系国家中不正当竞争行为的常见类型。[②] 所谓仿冒，指的是被告通过虚假标记等欺骗性手段仿冒原告的商品，让公众对商品的来源或质量产生混淆。[③] 仿冒这个专有的名词最早出现在 19 世纪中叶的“布商案”中。在此案中，被告在质量较低劣的布料上使用了一个有名布商的商标并在市场销售以达到欺骗公众的目的。审理该案的法官多德里奇（Dodderidge）评论道：“一个布商对于自己制造的布享有较高的商誉，获利丰厚并且在布上使用了自己的商标。另一个布商为了达到欺骗的目的，在自己制造的布上使用了相同的商标，公众由于该欺诈的行为受到误导而购买了被告的布，导致原布商的合法权益受到损害。因此，该布商在普通法院起诉，应当胜诉。”由于英国的仿冒法与商标法同源，此案还被认定为英国最早的保护商标的案例。[④]

从行为的性质上界定，仿冒属于欺骗性的侵权行为。从源头上看，仿冒可以追溯到侵权法中的欺诈行为（deceit），当被仿冒者发现仿冒者通过一定欺骗的手段，令消费者相信仿冒者的商品是被仿冒者的商品的时候，原告就可以向法院提起仿冒侵权（tort of passing off）诉讼。早期的司法判例要求原告证明被告具有欺骗的目的（intention to deceive）

---

① 参见李明德、闫文军：《日本知识产权法》，法律出版社 2020 年版，第 849 页。

② 仿冒在不同的国家有着不同的理论基础。例如，英国、澳大利亚、加拿大和威尔士将仿冒定义为一种经济上的侵权行为，而美国将仿冒界定为不正当竞争行为的一种类型，主要适用的对象为未注册的商标。

③ See Reddaway v. Banham（1896）13 RPC 429.

④ See Dean v. Steel（1826），Lat. 188；82 E. R. 339.

以及事实上的欺诈行为（actual lie）。[①] 特别是在向法院提出损害赔偿的救济时，受损的一方必须证明被告具有主观上的故意，只有当被告有欺诈的意图时，法院才会判决损害赔偿。如果是向法院提起禁令救济，原告不需要证明被告具有主观的故意，只需要证明客观上具有欺诈行为。

上文所提到的损害赔偿和禁令是英美法系国家最常见的两种制止仿冒行为的法律救济手段。在仿冒之诉发展的初期，英美法系的法院系统是由法律法庭（law court）和衡平法庭（equity court）并行运作的。就仿冒之诉而言，原告只能向法律法庭提出损害赔偿的请求，损害赔偿的数额由陪审团来确定；而原告的禁令救济无法向法律法庭提出，只能寻求衡平法庭的帮助，禁令是否下达由法官根据仿冒行为的实际情况来决定。当法律法庭无法对原告提供损害赔偿的救济时，原告只能诉至衡平法庭。在大多数情况下，原告无法或难以证明具体的损害数额，更多地使用禁令救济的方式来制止仿冒行为。后来，随着法律法庭和衡平法庭的融合，原告可以在同一个法庭提出获得禁令和金钱赔偿的法律救济，也不需要证明被告的主观意图，只要客观上的欺诈行为对被仿冒者的商誉造成损害，原告即可提出仿冒之诉。[②] 如果将法律法庭和衡平法庭融合前后的情况加以比较就会发现，融合后的仿冒之诉采用的是严格责任（strict liability）标准，无论被告是否具有主观上的故意，只要在客观上造成了仿冒的损害结果，就应该承担责任。而融合之前要构成仿冒行为还必须有被告主观上的故意。

仿冒早期多用来保护未注册的商标、商号和商业外观。随着商品贸易的不断发展，仿冒的应用领域愈加广泛，保护的客体范围扩展到了符号、姓名、标题、形象、角色、简短名称。最早对简短名称的保护可见于英国法院在 1902 年审理的“Walter v. Ashton”案，此案的原告是著名的泰晤士（Times）报社，被告是一家生产自行车的厂家，销售“泰晤士”牌的自行车。原告认为被告假冒了自己报纸的名称，欺骗了公

---

① See Southern v. How (1617) 79 E. R. 400.

② See Millington v. Fox (1838) 40 E. R. 956.

众，使读者误以为被告的自行车与原告有关联，于是向法院提起仿冒之诉。法院认为，原告就“泰晤士”的名称享有商誉，被告未经许可使用“泰晤士”的名称涉嫌虚假陈述，会对原告的商誉造成损害，被告的行为构成仿冒。①

早期的仿冒之诉对于注册商标的保护似乎发挥不了太大的作用。英国在1875年的《商标法》中明确规定：“提起商标侵权诉讼的前提是商标注册。”从字面意思理解，商标注册是产生商标权的基础。没有注册的商标仍由仿冒法保护。但是，法院认为只有通过真正的贸易活动产生了商誉之后，商标才可以获得保护。注册仅仅是权利人提起侵权诉讼获得救济的前提，并非商标确权的必备要件。② 此外，仿冒之诉最早仅规制商品之间的仿冒行为，并未涉及商誉层面的仿冒。这与早期的仿冒之诉不保护商品化的角色是吻合的。随着市场营销手段的不断丰富，仿冒之诉的可诉范围也出现了扩张的趋势，其中包括对于商誉的仿冒之诉。法官蒂普洛克（Diplock）在阐明仿冒之诉的本质的时候曾说过：“仿冒之诉并非对名称、符号或外包装中被侵害的财产权而提供救济，而是保护被虚假陈述所侵害的商誉。商誉不会脱离其依附的商业实体而独立存在。”③ 应用到角色仿冒的纠纷中，仿冒之诉保护的重点并非角色的姓名、肖像或其他身份特征本身，而是姓名、角色和其他身份特征所依附的商誉。正如澳大利亚最高法院的法官所强调的那样，“商誉是依附贸易而存在的事物，并非能够通过占有的总额来衡量”。

一、早期的仿冒之诉与角色商品化

仿冒之诉萌芽于英国商业革命时期，它形成于16世纪终结于18世纪中叶。这场革命促使英国的社会发生了翻天覆地的变化，使英国商品贸易市场不断扩大，市场经济空前发展。在新兴的市场体系中，商业标

---

① See Walter v. Ashton [1902] 2. Ch. 282.

② 参见李艳：《论英国商标法与反不正当竞争法的关系》，载《知识产权》2011年第1期。

③ Star Industrial Co. Ltd v. Yap Kwee Kor (1976) FSR 256 (PC) at 269.

识成为经营者主动与消费者建立联系的竞争工具，同时也是经营者与其他经营者公平竞争的重要手段。由于早期良好市场秩序尚未形成，总有一些急功近利的竞争者想要通过较为快速的方式获取利益，于是便有了诸多仿冒和欺诈等虚假竞争行为，他们把自己生产的产品作为他人的产品销售。为了防止消费者混淆和受到欺诈，仿冒之诉成为商人们维护公平市场竞争秩序的重要武器。

在英国早期的判例法中，法院对角色商品化权领域的仿冒诉讼持消极态度。其中的原因有两点：第一，原告提起仿冒之诉的必要条件是原告和被告经营范围相同并且存在竞争关系，否则法院不予审理此案；第二，法院通常不认为角色商品化是一种商业活动。相比之下，法院更认同销售具体的商品，比如衣服、鞋子、磁带、书籍等，认为销售这类商品属于商业活动的范畴。综观英国早期的角色商品化权纠纷，角色商品化权的主体几乎很难和被告经营相同的业务，这就导致很多混淆的行为无法受到仿冒之诉的约束。

在“McCulloch v. Lewis A. May（Produce Distributors）Limited”案中，原告是英国广播公司少儿频道的主持人麦克叔叔（Uncle Mac），在英国的收音听众群体中享有较高的声誉，许多幼儿教师或儿童的父母曾拜访过他，被告是一家生产食品的厂商，推销了一款名为“麦克叔叔膨化谷物”（Uncle Mac’s Puffed Wheat）的早餐，并在外包装上暗示麦克叔叔与儿童之间的联系。原告麦克叔叔向法院提起仿冒之诉并申请禁令，要求被告停止在商品上使用他的名字。尽管该案中的被告未经许可擅自使用了原告的姓名并获得了经济上的利润，但是麦克叔叔并未从事被告所经营的食品生产业务，因此法院驳回了原告的诉讼请求。[①] 在模仿知名演员的声音上也有相似的案子。在相关案例中，原告是一名知名的演员，被告是一家播放广告的电视频道。被告找某人模仿了原告在产品广告中的配音。原告向法院提起诽谤之诉和仿冒之诉，但都被法院

① See McCulloch v. Lewis A. May (Produce Distributors) Ltd. [1947] 2 All. E.R. 845.

驳回。①

在英国具有代表性的“Wombles, Ltd. , v. Wombles Skips, Ltd.”案中，相同领域的商业活动规则也适用于虚拟角色的仿冒。“Wombles”本是小说中的卡通虚拟角色，后来通过翻拍电视剧成为家喻户晓的人物角色。原告是这本小说和卡通角色“Wombles”的版权人，通过一系列的商业许可推销这个知名角色的肖像和名称，但是，原告未曾许可被告使用“Wombles”的角色。该案的被告是垃圾桶的生产商，在生产的产品上利用了“Wombles”的形象，并将“Wombles”作为公司名称的一部分来使用。原告向法院提起仿冒诉讼，要求被告停止使用“Wombles”的形象和名称。法院认为，由于原告和被告所经营的业务不同，原告无法提起仿冒诉讼。法官并不认为角色商品化是商业贸易的一种模式，也不认为公众会意识到原告对“Wombles”角色的大量许可。②

后来，英国的法院逐步降低了仿冒之诉的门槛，不再要求仿冒之诉建立原被告存在共同经营范围基础之上，而是将保护的核心转移到保护原告的商誉或声誉上。例如，在“Lyngstad v. Anabas Products Limited”案中，原告是以“Abba”命名的一个流行乐队，被告是经营服装、首饰、纪念品的一家公司。原告提起诉讼，要求禁止被告销售带有“Abba”字样以及乐队形象的T恤衫、珠宝和纪念品。原告宣称被告的行为会令消费者误以为“Abba”乐队代言了被告所销售的商品。在此案中，法院认为原告和被告经营的领域不同并不会对仿冒之诉的构成造成阻碍，最关键的是原告必须证明被告的行为无非就是对原告商誉的不当使用，会令顾客误以为原被告之间存在关联，是原告将乐队的名字和乐队的形象许可给被告进行商业使用。③

相比之下，澳大利亚对角色商品化领域的仿冒之诉就没有设置过高的门槛。首先，法院不适用共同商业领域规则，被告仿冒的商品和原告

---

① See Sim v. H. J. Heinz Co. Ltd [1959] 1 WLR 313.

② See Wombles, Ltd. , v. Wombles Skips, Ltd, FSR 488 [1975].

③ See Lyngstad v. Anabas Products Limited, [1977] FSR 62.

的商品可以是不同的类别，即使被告和原告不具有竞争关系，只要公众对原告和被告的商品产生了误认，原告的商誉或声誉受到损害，就可以提起仿冒之诉。[①]例如，在“Henderson v. Radio Corporation Pty Limited”案中，两名交谊舞演员向法院提起诉讼要求被告停止在销售的录像带封面上使用他们跳舞的姿态。如果法院依据以往英国的判例，原告的诉讼请求必定会被驳回，毕竟舞蹈和录音属于不同领域的活动。法官艾瓦特（Evatt）和迈尔斯（Myers）提道：“仿冒之诉的救济只适用于当事人双方都从事商业活动的情况下，商业活动应当从广义的角度解释，包括个人所从事的职业。如果双方都从事商业活动，那么没有必要去限定双方的商业活动同属一个领域或者存在同业竞争的关系。”从事相同领域的商业活动并非原告提起仿冒诉讼的必要条件，只要原告对商品化的角色实施了控制并产生商誉，原告和角色之间的联系足以让消费者知悉，被告不正当地利用原告商品化的角色，即可构成对原告角色声誉的侵权。这就相当于未经许可挪用了他人的财产，应当在获得对方授权之后支付相应的报酬。[②]

1981 年，“Woolworths”案就遵循了“Henderson v. Radio Corporation Pty Limited”案的判决理念。原告是“Sesame Street”电视连续剧的制作人，获得授权可以在电视剧中使用“Muppets”的角色，同时也可以授权他人去生产、销售、促销和广告宣传“Muppets”的角色形象。被告在未获得原告的许可的情形下，生产和销售的一款玩具与“Muppets”十分相似。原告和所有获得“Muppets”角色授权的被授权人一并向法院提起仿冒之诉。该案的法官认为，“原告通过许可的方式，允许他人对‘Muppets’的角色进行商品化活动并获得了商业信誉。有证据表明，制造‘Muppets’的玩具的行为会令公众混淆，将被告和原告联系

---

① See The Clock Ltd. v. The Clock House Hotel Ltd.（1936）53 RPC 269; Erven Warnink BV v. Townend & Sons（Hull）Ltd. ［1979］AC 731.

② See Henderson v. Radio Corporation Pty Limited,［1969］RPC 218.

在一起，这是对原告商誉的不当使用”①。

二、现代的仿冒之诉与角色商品化

现代普通法上的仿冒之诉的构成要件源于英国的法官蒂普洛克（Diplock）在援引“Advocaat”案时所阐释的五要素分析法。原告是荷兰一家生产蛋黄酒的生产商，这种酒由蛋黄、酒精、糖和白兰地混合而成。原告一直使用“Advocaat”的标识来销售这种特色的蛋黄酒。被告也生产了一种类似的酒水，这种酒水是由蛋黄和葡萄酒混合制成，被告使用了“Keeling’s Old English Advocaat”的名称来销售自己生产的酒。原告认为被告仿冒了自己产品的名称“Advocaat”，提起了仿冒之诉。法院认定被告的行为构成对原告名称的仿冒。

在分析仿冒之诉的构成要件时，蒂普洛克法官指出，在仿冒之诉中，需要存在5个必要条件：（1）被告做出了误导性陈述；（2）被告的误导性陈述是在商业过程中作出；（3）误导性陈述是面向潜在消费者或最终消费者；（4）该陈述的目的是对其他经营者的商业或商誉造成损害；（5）实际的结果是原告商业或商誉受到实际损害或潜在的损害。该案的另一名法官对五要素提出了补充说明：（1）原告的商誉必须是在英国的地域范围内享有，即商誉具有地域性；（2）原告必须有权对自己的产品作出一定的表示并且是经营群体中的一员；（3）具备上述5个要件未必构成仿冒，还需要结合公共政策来决定是否给予救济。②

由于蒂普洛克的五要素在分析仿冒之诉的时候较为烦琐，因此，英国司法实践更倾向于三要件分析法。“Jif Lemon”案中的奥利弗（Oliver）法官将五要素简化成了三要件：首先，原告需要证明其使用的商标、姓名、商品或其他标记已经建立了商誉或声誉（goodwill or

---

① Children’s Television Workshop Inc. v. Woolworths (New South Wales) Ltd [1981] RPC 187.

② See W. R. Cornish et al., *Intellectual Property: Patent, Copyright, Trademarks and Allied Rights*, Eighth Edition, Sweet & Maxwell, 2013, p. 742 - 748.

reputation)，并且具有一定的显著性特征；其次，要证明被告存在误导性陈述（misrepresentation)，无论是通过混淆还是欺骗的手段；最后，要证明因为被告的误导性陈述，原告遭受了损害（damages）或具有受到损害的可能性（likelihood of damage)。[①] 现如今，英国、澳大利亚等英联邦国家的法官在处理仿冒的纠纷中，普遍适用“Jif Lemon”案所确立的三要件分析法。

然而，美国的法院并不适用三要件分析法。美国关于仿冒之诉的规定，早期体现在各州的反不正当竞争法中，也属于英美法系规制的事项。1939 年美国《侵权法重述》(第 1 版）在第 35 章“来源混淆”(confusion of source）中规定了 3 种不同类型的仿冒行为：（1）欺诈营销（fraudulent marketing)；（2）商标和商号侵权（trademark and trade name infringement)；（3）产品外观模仿（imitation of appearance of goods)。[②] 第一种仿冒行为指的是被告欺骗性地陈述自己销售的产品是由原告生产或销售的。对于这种仿冒行为，原告只有在诉讼中证明被告的主观欺诈意图，法院才会受理此案。第二种和第三种仿冒行为属于广义的商标侵权规制的范围，保护的是商标、商号和商业外观。因第二种和第三种行为提起的仿冒之诉并不需要原告证明被告的欺诈意图。但是，上述所有的仿冒行为都必须涉及来源混淆。

对于跨州贸易中的仿冒行为，则适用 1946 年颁布的《兰哈姆法》第 43 条第 1 款第 1 项加以制止。这一条也被称为“联邦法上的仿冒规定”。现行的规定如下：

任何人，在任何商品或服务上，或任何商品的容器上，或者与之相关联，在商业贸易中使用任何文字、术语、名字、符号、设计，或上述之组合，使用任何虚假来源的标识，对事实进行虚假或误导性描述，或者对事实进行虚假或误导性的陈述，有可能就该人与他人的从属、关联或联系造成欺骗的，或者就他人产品、服务或商业活动的原产地、赞助

---

① See Erven Warnink v. Townend,［1979］F. S. R. 397.

② See Restatement of Torts, Chapter 35.

商或授权造成混淆、误认或欺骗。

根据这条规定，仿冒的核心是被告在商业中使用了虚假来源的标示，直接或间接地导致了消费者的混淆、误认或欺骗。不难看出，美国的仿冒之诉规定强调的更多是误导性陈述的行为要件以及损害的要件，这一条并未要求原告去证明商誉的存在，而是默示其中要保护的“文字、术语、名字、符号、设计”已经建立了商誉，这与英国和澳大利亚的相关规定存在些许差别。有学者将这一条解读为“仿冒商业标识（未注册商标、商号和商业外观）”。而注册商标的仿冒则是通过《兰哈姆法》第 32 条所规定的“商标侵权”来解决。[①]

上述规定对名人形象或知名虚拟角色的侵权救济提供了充分的保护依据。一个名人，无论知名度如何，如果他的姓名或肖像能够成为识别商品或服务的来源，那么他的姓名或肖像可以作为商标。注册的姓名或肖像可以获得《兰哈姆法》第 32 条的救济，未注册的姓名或肖像适用第 43 条的规定。[②] 上述逻辑也同样适用于知名的虚拟角色。

（一）商誉

商誉是仿冒之诉的基本要件之一。商誉必须建立在相关公众的心目中，或者与原告经营的商品或服务密切联系。通常来说，商誉的存在意味着标识具有一定的知名度，知名度存在的前提是存在显著性，相关公众能够识别商品或服务的显著特征。[③]

关于商誉在法律概念上的起源，可以追溯到 1810 年的“Cruttwell”案。被告经营运输业务但面临破产，原告将被告业务收购，并在合同中约定，收购的范围包括“延伸至巴斯区宽街的商誉”。随后被告通过融资，重新在此地开业，并且对之前的老顾客进行宣传和诱导。原告向法院起诉，要求被告停止继续在此地从事运输业务。该案的大法官艾尔登认为，商誉是“老顾客倾向于去老地方的可能性”。根据双方的合同约

---

① 参见李明德：《美国知识产权法》（第 2 版），法律出版社 2014 年版，第 628 ~ 630 页。

② See Pirone v. Macmillan, Inc., 894 F. 2d 579, 582 – 83 (2nd Cir. 1990).

③ 参见孙虹：《普通法与中国法关于仿冒制度的比较初探》，载《科技与法律》2010 年第 4 期。

定，被告重新从业的行为确实侵犯到了原告在老顾客那里的商业机会。但是，原告的诉求未得到法院的支持，只要不违反竞业禁止的规定，被告仍有从业的自由。①

在英国早期的判例中，法官尝试解释什么是商誉。例如，1856 年法官在“M. R. Romilly”案中认为，“商誉很难被准确描述是什么，商誉可能是特定经营者在贸易过程中吸引消费者与其进行交易的内容”②。又如，1859 年的“Churton v. Douglas”案，法官伍德（Wood）认为：“商誉是公司通过经营获得的各种积极优势，也可以是与其经营场所、公司名称或经营业务相关的任何东西，商誉运载其经营利益。”③《牛津高阶英汉双解词典》对商誉的概念解释也有好几种，“一种在公众那获取的好感”，“商品的名声或消费者对良好商业行为的信赖”，“公司的一种无法直接测量的财产利益”。由此可见，商誉是一种无形的财产，基于顾客这个群体的好感或信赖存在。

在 1901 年“IRC”案中，大法官麦格纳顿（Macnaghten）将具有顾客吸引力的商誉称为实体性商誉（substantive goodwill），这种类型的商誉具有实际的价值内容。与之相对应的概念还有结构性商誉（structural goodwill），来自公众对商品来源的认可。在大多数情况下，实体性商誉和结构性商誉是交织在一起的。大法官麦格纳顿还对商誉的概念予以扩展。他总结商誉包含三重要素：“首先，商誉是与贸易相关的声誉或商品名称所产生的利益和优势；其次，商誉可以是带给顾客的吸引力；最后，商誉也可以是商家与市场中既有商家区别开的依据。”商誉可以是多种因素的组合。在不同贸易类型中，商誉的构成也有所区别，某一要素可能起到至关重要的作用，但也有可能在其他行业中无法发挥显著的作用。他进一步阐述道，商誉在交易的过程中具备一种顾客吸引力，这种吸引力不会独立存在，需要和企业从事的经营活动相结

---

① See Cruttwell v. Lye, 17 Ves. Jr. 335, 34 Eng. Reprint 129 (1810).

② W. H. Browne, *A treatise on the law of trade-marks and analogous subjects (firm names, business signs, goodwill, labels, etc.)*, Second Edition, Boston, 1985, p. 526.

③ Churton v. Douglas (1859) 28 LJ Ch. 845.

合，具有一定的依附性。[1] 这一观点得到了大法官奥利弗的支持。他认为，“如果没有特定商业活动的支持，商誉是无法成立的，仅仅是具有企业的声誉，商誉也未必存在。此种情况之下，所谓的‘商誉’无法视为法律上保护的一种财产”[2]。

除了依附性，商誉还具有时间性和地域性。首先，商誉的确定是有一定时间点的。原告商誉产生的时间点为被告仿冒行为发生的那一刻，这意味着在仿冒之诉开始之前，原告所拥有的商业标识必须具有显著性并产生商誉。如果原告的商誉是在仿冒行为发生日期之后才确立，那么原告无法提起仿冒之诉。当然，讨论原告的商业标识是否具有商誉也失去了意义。其次，类似于专利，商誉有着严格的地域性。原告必须证明自己在法院所在地的本国内具有商誉。例如，一位原告在英国的法院起诉仿冒，他需要证明他的商业标识在英国享有商誉。如果该标识只在美国具有商誉，无论知名度多么高，法院都无法受理原告的诉讼请求。[3]

经济学上对商誉的定义则侧重商誉的市场价值和竞争优势。有经济学家认为，商誉是经营者产生利润的能力，也是企业市场价值与账面价值的正差额。商誉能对企业收入产生积极的贡献，或者增加经营者持有资产的价值。商誉本质上可以被描述为一条“人行道”，连接企业现有的价值与未来的价值。[4] 也有学者将商誉总结为显示经营者特点的信息体系，商誉不仅与商品本身的特点、质量、价格等因素相关，还与经营者的内部管理、营销活动、售后服务等各种因素有机关联。商誉的产生离不开经营者的商业经营。[5] 在早期的市场经营体系中，商誉与经营者的商品联系最为紧密，市场竞争多体现为产品竞争，而仿冒行为就是通过虚假表示将自己的商品仿冒为已经享有一定知名度的竞争者的商品。随着市场营销手段的多样化，商誉所依附的载体也更加丰富，商品、商

---

① See Inland Revenue Commissioners v. Muller & Co. 's Margarine Ltd. , [1901] D A. C. 217, 223 - 224.

② Anheuser Busch Inc. v. Budejovicky Budvar NP [1984] FSR 413.

③ See Cadbury Schweppes Pty. Ltd. v. Pub Squash Co. Pty. Ltd. [1981].

④ See https://core. ac. uk/download/pdf/236086741. pdf.

⑤ 参见谢晓尧:《论商誉》，载《武汉大学学报（社会科学版）》2001 年第 5 期。

标、服务、装潢、产品设计、角色等各种商业标识都可以成为商誉的载体。①

需要注意的是，商誉与声誉这两个概念极易混淆。两者非常相似，但实际上存在诸多区别。商誉的内涵和外延远比声誉广。很多英美法系的学者认为，享有商誉会不可避免地享有声誉，但享有声誉并不一定享有商誉。从另一个角度来讲，商誉可以不依托声誉而存在，而商誉是声誉形成的必要条件。当然，声誉还可以转化为商誉。声誉实际上是消费者对特定商品、服务或商业标识的积极评价。声誉在未结合特定商品或服务时，难以产生顾客吸引力，无法促进商品或服务的持续推销，此时还无法转化成商誉。但是，当声誉产生了实际的顾客吸引力时，声誉与特定的企业或个人相结合，能够帮助经营者产生持续的竞争优势，此时声誉可以转化成商誉的一部分。实际上，除了声誉，商品的名称、商品价格、个人的经验或技能、客户群体、消费者对商品或服务的喜好、商品的稳定性或市场中具有影响力的因素都可能转化为商誉。②

商誉的类别多种多样，根据商誉所依附的载体不同，可以将商誉划分为个人商誉（professional goodwill）、企业商誉（firm goodwill）、来源商誉（source goodwill）、品牌商誉（brand goodwill）等。事实上，最初意义上的商誉与商标或商品毫无关联，最早的商誉就是个人商誉，正是"Cruttwell"案所提到的"老顾客倾向于去老地方的可能性"。后来，随着经济的发展，商品贸易和服务的大规模兴盛，消费者才逐渐通过商标来选择商品或服务的品质，这时候的商誉开始依靠商标来承载，商誉与商标出现了融合的状态，便有了商品商誉、企业商誉、来源商誉、品牌商誉等诸多类型。

在诸多的商誉类型中，个人商誉与角色仿冒的联系最为紧密。个人

---

① 参见刘海虹：《英美法"仿冒之诉"研究——以商业标识利用竞争关系的规范为视角》，华东政法大学2016年博士学位论文，第61页。

② 参见董美根：《英国商誉保护对我国商标专用权保护之借鉴》，载《知识产权》2017年第5期。

商誉是建立在个人技能或专业的基础上，能够为个人带来商业价值的声誉。[①] 尤其是在专业人士（如演员、艺术家、作家、律师、医生和运动员等）经营的活动往往与个人专业技能密切相关的领域，消费者更加依赖于个人信誉。[②] 在“Sim”案中，一名知名的戏剧演员向法院提起临时性禁令，要求被告在广告中停止使用模仿的原告的声音。被告认为，演员的专业性仅仅体现在戏剧表演上。对于演员的声音，法律不应当赋予财产价值。根据以往的判例，法官通常认为知名人物对自己姓名享有财产权。法官认为，个人商誉具有整体性和关联性，并非只体现在个人的技能或专业上，还包括诸多个人特性，如肖像、姓名、声音等。演员的声音与演员的表演活动不可分割，演员的声音具有一定的商业价值。只要未经同意使用了原告的声音并获得了商业上的利益（commercial gain），原告即可提起仿冒之诉。[③]

需要注意的是，当一个人凭借自己的专业技能或较高的声望创办了企业时，其中的商誉到底是属于这个当事人的个人商誉，还是属于企业的企业商誉，往往存在争议。有人指出，如果企业商誉因个人技能或声誉创立，离开个人企业依然能够经营，则该企业商誉会持续存在；但是，如果企业依附个人技能或声誉才能存在，在这种情况之下，只有个人商誉的存在。[④]

（二）误导性陈述

误导性陈述是仿冒之诉中最为核心的一个要件，它建立的基础是对公众的欺诈。误导性陈述，又称为虚假陈述、虚假表示或者不实陈述，是指被告导致或可能导致公众认为被告的产品或服务由原告提供或与原告相关联。[⑤] 误导性陈述并不要求被告主观上具有故意，也不需要公众知晓原告的具体身份，只要公众知道产品或服务源于“某个”生产者

① See DeSalle v. Gentry, 818 N. E. 2d 40 (Ind. Ct. App. 2004).
② 参见李阁霞：《论商标与商誉》，知识产权出版社 2014 年版，第 44 页。
③ See Sim v. H. J. Heinz & Co. Ltd. , 1 WLR 313 [1959].
④ See Smith v. Bull, 50 Cal. / 2d 294 (1958).
⑤ See Golston C and Galloway G. (2010). Modern Intellectual Property Law (3rd ed.).

或服务提供者即可。法官帕克（Parker）曾经讨论过误导性陈述的重要意义："仿冒之诉的基础是被告的虚假表示，这种虚假表示可以是明确的言语表达，但这种明示的虚假表示并不常见。最常见的情形是隐含的虚假表示，比如通过暗示使用或模仿某个商标、商号或商业外观，使得消费者认为这与另一个商品或服务相关联。此时，需要判断被告使用在商品上的商标、商号或商业外观是否指示了原告的商品或服务。"①

误导性陈述的成立需要满足以下 3 个条件：（1）误导性陈述是在商品贸易的过程中做出的；（2）公众混淆了原告和被告提供的产品或服务，混淆既可以是实际混淆（actual confusion），也可以是混淆的可能性（likelihood of confusion）；（3）误导性的陈述具有实质性（material）的内容，具体是指公众会信赖该虚假表示并作出损害原告利益的行为。② 美国法学会在 1995 年发布的《反不正当竞争法重述》（第 3 版）中明确列举了误导性陈述的实质性要件，包括影响潜在消费者的决定，损害或可能损害他人的商誉或声誉，造成或可能造成交易的转移，对他人的商业造成损害的，应当制止。③

误导性陈述的表现方式具有多样性，至今没有被固定化。学界对于有些类型是否归于仿冒之诉仍然存在较大的争议。英国的学者将误导性陈述界定为两种类型，它们分别是产品误导性陈述（product misrepresentation）和来源误导性陈述（source misrepresentation）。④ 这两种误导性陈述并非相互独立，而是存在某种程度的交叉和融合。

1. 产品误导性陈述

产品误导性陈述指的是虚假表示产品的某种特殊性能，这种产品的独特性是对消费者具有吸引力的。这一概念类似于美国反不正当竞争法中的虚假广告或者商业诋毁，两者均是虚假地表述产品或服务的性质、

---

① Spalding v. Gamage，［1915］32 R. P. C. 273，H. L.；［1918］35 R. P. C. 101，C. A.

② See Bzhar Abdullah Ahmed & Talib Braim Sulaiman，*Critical Analysis of the Role of Passing Off In the Modern Intellectual Property Legal System*，International Journal of Global Community，Vol. 5：2，p. 150（2023）.

③ See Restatement（Third）of Unfair Competition（1995），Article 3.

④ See Spalding（A. G.）& Bros. v. Gamage（A. W.）Ltd.（1915）2 RPC 273.

质量或特征。

产品误导性陈述包含产品等同的误导性陈述和反向假冒（reverse passing off）。产品等同的误导性陈述不难理解，指的是被告声称自己的产品与原告的产品相同或等同。“产品等同”源自“product equivalence”一词，既包括产品本身的性能等同，还包括产品的原产地、制作流程、配方等方面的等同。[①] 但是，产品误导性陈述并不涉及产品质量的相同或等同，因为产品质量上的误导性陈述属于来源误导性陈述的一种类别，笔者将在下文详细介绍。

反向假冒是指被告将原告的产品或服务虚假表示为自己的产品和服务，通过不正当利用原告产品或服务的商誉，令消费者以为被告有能力生产原告的产品或经营原告的服务。反向假冒并不会直接损害原告的商誉，因为这里的虚假表示已经切断了原告和原告产品或服务之间的联系，销售活动已经完成，并不会给原告带来顾客分流的损失。因此，在反向假冒中真正遭受损失的是消费者，而非经营者。反向假冒不同于反向混淆（reverse confusion），后者是商标侵权的一种特殊情形，指的是消费者在购买原告的商品或接受原告服务时，会误以为这种商品或服务来自被告，此时原告未来的顾客可能会分流给被告。而且被告在销售产品或提供服务时使用的并非原告的商业标识，而是自己或他人授权的商标，因此原告还无法主张商标侵权。[②]

2. 来源误导性陈述

来源误导性陈述就是单纯的商业标识模仿，令消费者误以为被告的产品或服务来源于原告。所谓商业标识指的是名称、标记和商业外观。名称包括商标的名称、企业名称、地理名称、真实人物的姓名以及角色的名称；标记可以是色彩、线条、设计、声音、标语、口号等元素；商业外观可以是产品的外包装、装潢或独特的产品设计本身。值得注意的是，并非所有的商业标识都具有区分商品或服务来源的功能，要构成来

① See Hazel Carty, *The Analysis of Economic Torts*, *Oxford University Press*, Second Edition (January 22, 2010).

② 参见李阁霞：《论商标与商誉》，知识产权出版社 2014 年版，第 261 页。

源误导性陈述，原告必须证明相关标识具有区分来源的显著性。这种显著性实质上就是商标法层面的显著性（包括固有显著性和获得显著性），即消费者一看到标识就能联想到商品或服务的来源。假如消费者无法根据某一标识将某一来源和特定的产品或服务相联系，那么该标识就缺乏显著性，仿冒之诉中的来源误导性陈述则无法成立。①

随着商誉载体的多元化以及市场营销模式的不断变化，来源误导性陈述还演变出来两种新的形式：产品质量的误导性陈述（quality misdescription）和关联上的误导性陈述（association misrepresentation）。产品质量的误导性陈述是指被告虚假地描述了原告产品的质量特点。有时候，产品的来源是保证产品质量的重要前提。随着几代产品的更迭，同一来源的产品质量往往会发生变化，可能新一代的产品性能更好，而老一代的产品质量较低。因此，如果被告通过虚假表示令消费者将旧款产品误认为新款产品，不仅会影响质量高的产品的销量，还会损害原告的声誉，就会产生产品质量上的误导性陈述。关联上的误导性陈述早在“Advocaat”案中就有所体现，蒂普洛克法官认为：“被告虚假地描述自己的经营活动与原告存在关联，会损害到原告的声誉以及经营的商誉。”

关联上的误导性陈述通常涉及模仿他人商品化的角色，使得消费者误以为被告的商业标识与原告所主张的角色保护存在某种关联。关联上的误导性陈述可以分为几种类型：①商业关联上的误导性陈述（business connection misrepresentation），指的是公众误以为原告的商业和被告的商业存在某种关联；②许可关系上的误导性陈述（licensing connection misrepresentation），即公众误认为被告所经营的产品是经过原告授权的，可以是来源、质量、特定商品种类上的授权；③认可关系上的误导性陈述（endorsement misrepresentation），指的是公众误以为被告的产品是由原告代言或宣传的。②

---

① 参见刘海虹：《英美法“仿冒之诉”研究——以商业标识利用竞争关系的规范为视角》，华东政法大学2016年博士学位论文，第73页

② See Huw Beverley-Smith, *The Commercial Appropriation of Personality*, Cambridge University Press, 2002, p. 72.

在角色商品化的纠纷中，许可关系上的误导性陈述和认可关系上的误导性陈述最常见，即公众一般会认为角色商品化的权利人和被告在经营上存在许可或授权的关系。如果角色商品化权利人本身就利用自身的形象进行商品化经营活动，尤其是知名的公众人物，可能已经在市场上确立了一定的商誉，那么未经授权的使用就可能会影响权利人声誉以及角色营销背后的利益收成。一个典型的案例便是上文所提到的“Lyngstad v. Anabas Products Limited”案。在该案中，法院认为判断是否构成仿冒之诉的关键就是被告未经授权的商品化行为是否会令公众以为被告和原告之间存在某种许可关系。因为原告仅证明 Abba 组合在澳大利亚许可过一家公司在生产的徽章、枕套、T 恤等产品上使用 Abba 组合的照片，故无法证明 Abba 组合在英国授权他人进行商品化经营。由于原告未能证明自己和被告之间存在实际的联系，所以无法成立许可关系上的误导性陈述。[①]

另一个著名的案例是 2002 年法院审理的“Irvine v. Talksport Limited”案。原告 Irvine 是著名的 F1 赛车手，代言多种商品，如太阳镜、时尚设计、衣服、运动鞋和赛车头盔，在消费者心目中享有较高的知名度。被告是一家体育赛事电台，将原告比赛的照片放置在电台的宣传广告上，照片显示原告手持一个带有“Talk Radio”字样的收音机，“Talk Radio”恰好是被告最初的企业名称。经过调查发现，凡是接触过被告广告宣传册的公众，都以为原告代言了被告的电台，被告向原告支付了相应的代言费用。鉴于原告的知名度以及原告和被告之间的“代言关系”，很多潜在的商业伙伴都有意向和被告洽谈合作。因此，法院认为，这里存在认可关系上的误导性陈述。[②]

实际上，上述两个案例中的误导性陈述在行为特点上极为相似，都是被告未经许可使用了与原告具有某种关联的商业标识，导致消费者对原告和被告的关系产生误认，类似于美国法上的仿冒。然而，此种混淆

---

① See Lyngstad v. Anabas Products Limited, [1977] FSR 62.

② See Irvine v. Talksport Ltd [2002] EWHC 367, [2002] 1 WLR 2355 (Ch.) [38].

行为并未涉及模仿。在角色商品化的纠纷中，更多的误导性陈述是以模仿某个知名人物角色为前提的，并且公众能够在仿冒行为中识别出知名角色的身份特征（identification of the celebrity）。此种情况一般发生于唤醒模式的情景中，即公众在看到某一模仿的角色时，能够联想到特定的知名人物形象。英国的一个经典案例“Ate My Heart Inc. v. Mind Candy Ltd.”讨论了仿冒之诉如何规制角色模仿行为。该案的被告是“Mind Candy”，经营一款名为“Moshi Monsters”的儿童社交网络游戏，该游戏在 2011 年 9 月声称拥有近 5000 万用户，具有较高的知名度。在该游戏中出现了各种卡通人物，包括 Lady Goo Goo，这个角色通常被认为是对著名歌星 Lady Ga Ga 的模仿。Lady Goo Goo 这个卡通人物头部右侧戴着水晶大墨镜，该卡通人物在一些照片中的金发形象不禁让人联想到 Lady Ga Ga 在一些音乐专辑或影视 MV 中的造型。该案的另一个被告则是“Mind Candy”的子公司，该子公司制作和发行了“Moshi Monsters”游戏的背景音乐。其中一首由虚拟角色 Lady Goo Goo 演唱的歌曲 *The Moshi Dance* 在 YouTube 上凭借热度获得了很高的名声，并经常出现在 *Moshi Monsters* 月刊上。事实上，这首歌是模仿了 Lady Ga Ga 的热门歌曲 *Bad Romance*。虽然原告的诉讼请求为商标侵权和淡化，但是法院通过仿冒之诉来处理这个纠纷。经过审理，法官认为被告从视觉上和听觉上模仿了 Lady Ga Ga 的形象特征，具体来说是模仿了她的肖像和声音，使公众误认为 Lady Goo Goo 和 Lady Ga Ga 存在关联。①

（三）损害

在大多数情况下，当误导性陈述成立时，一般随着对原告商誉的损害。这种损害可以是实际的损害（actual damage），也可以是受到损害的可能性。② 这就意味着原告不需要证明真正受到的损害，只需要证明

① See Ate My Heart Inc. v. Mind Candy Ltd.，［2011］EWHC 2741（Ch.）.

② Parker 法官在 Spalding v. Gamage 案中表示：“只要认定被告存在误导性陈述，该误导性陈述的目的就是造成损害，原告有提起仿冒之诉来确认其损害的初步证据。”

存在某种具体而确切的损害的可能性。当原告和被告具有竞争关系或者原告的声誉极高时，更容易证明损害的发生。如果原告和被告的经营范围不同，原告想要证明损害的成立并非一件易事。①

在仿冒之诉的积累中，出现了各种类型的损害。下文将对损害的类型化进行分析。

1. 关联性的损害

关联性的损害（injurious association）和来源误导性陈述息息相关。被告将自己的产品或服务称为原告的产品或服务是一种来源上的虚假表示。无论原告和被告之间的关系是何种类型，只要寻求购买原告产品的顾客自然而然地选择了被告，那么原告的损失就是被告分走的原告的消费者吸引力。因此，关联性的损害又称为客户分流（diversion of customers）。如果被告的产品或服务质量低劣，则原告的损害就体现在销售额的降低、销售收入的减少、知名度的贬损上。即使被告在产品质量上和原告的产品并无差别，只要存在仿冒，导致消费者混淆，原告就仍然会遭受客户分流带来的损害。客户分流经常出现在姓名或商号的仿冒纠纷中。

1966 年纽约州上诉法院裁决的“Findlay”案恰好说明了这个问题。该案的原告和被告都姓“芬德利”，是亲兄弟。他们的父亲将原本在堪萨斯州的家族企业“芬德利艺术品店”扩展到了芝加哥和纽约。其中，原告负责经营纽约的分店，被告负责经营芝加哥的分店。后来，两兄弟因矛盾分家。原告还是负责经营纽约的店面，地址为东 57 街第 11 - 13 号。被告则在东 57 街第 17 号购买了新的店面，通过广告的方式宣传要开一家新的“芬德利艺术品店”。一些消费者无法分清新开的这家店是原告的还是被告的，甚至连广告宣传的报纸也混淆了原告的画廊和被告准备开设的画廊，因此，原告起诉仿冒。审理法院认为，原告投入了大量的金钱和精力去经营纽约的这家店面，建立了良好的声誉，吸引了大

① See Huw Beverley-Smith, *The Commercial Appropriation of Personality*, Cambridge University Press, 2002, p. 99.

量的客户购买产品。被告在原告附近的位置开设具有相同名称的店铺，会导致消费者混淆，因而转移的顾客就是原告遭受的实际损失，原告无论是在商业活动上，还是在商誉和姓名方面都将会产生无法弥补的损失。这一案件到纽约州上诉法院后，法官提出了更加全面深入的见解："每个人都有权利在商业活动中使用自己的姓名，但不可以妨碍他人的使用，包括欺骗、误导、混淆公众。如果家族姓氏的使用有可能导致消费者混淆，则这种行为应当禁止。任何人不得通过不正当竞争的手段虚假表示来损害他人的商誉，或者诱导公众认为被告的产品其实是原告的。"①

关联性的损害还会导致原本享有较高声誉的原告因被告的虚假行为而受到牵连。例如，在"Annabel's Ltd. v. Schock"案中，原告 Annabel's 经营一家高档的夜总会，享有较高的声誉，被告使用 Annabel's 作为其经营的服务陪同机构的名称。因为公众对于被告的服务评价很一般，原告认为被告对 Annabel's 名称的使用会使公众对服务来源产生误认。由于公众对被告的声誉较为冷漠（indifference），当公众误以为原告和被告存在某种关联时，也会漠视原告或降低对原告声誉的好感度。②

2. 丧失商誉的控制权

丧失商誉的控制权通常与产品质量误导性陈述有关。在这种类型的判例中，原告会以丧失对商誉的控制权为由，请求法院颁发禁令，阻止被告的误导性陈述。但是，法院对于这种损害往往不予支持，除非这种损害对原告商誉控制权产生真实而可见的风险。在极个别的案例中，法院会因为原告享有极高的商誉，推定被告产品质量的下降会对原告造成丧失商誉的控制权的损害，从而保护原告的商誉免受不当利用。例如，在"Lego System Aktieselskab v. Lego M. Lemelstrich Ltd."案中，原告是知名的玩具生产商，拥有"Lego"的商标。被告是一家生产园艺工

---

① David B. Findlay, Inc. v. Findlay, 150 USPQ 223 (Court of Appeals of New York, 1966).

② See Annabel's Ltd. v. Schock (1972) FSR 261, CA.

具的公司，将“Lego”的字样作为公司的名称。原告认为被告使用的“Lego”的名称和自己的商标相同，如果被告经营出现问题，会导致自己丧失对Lego商誉的控制权。法院认为，原告的商标知名度极高，被告经营的产品质量不佳，会直接导致原告商誉的贬损。[①]

3. 丧失许可机会

丧失许可机会（loss of a licensing opportunity）通常发生在原告享有一定的知名度之后，此时原告若将自身的形象或姓名授权许可第三方，可以快速拓宽角色商品化的领域，建立新的商誉。比如歌星泰勒·斯威夫特因所演唱的歌曲享有较高的声誉，如果她代言某个品牌即原告在新领域的服装、化妆品或箱包，这些新的经营领域会很快地为公众所知悉，同时也会成为原告潜在业务扩张的竞争优势。但是如果被告存在仿冒行为，消费者误认为被告的经营是经过原告许可的，那么会使原告在新兴领域丧失许可的机会。一般而言，丧失许可机会只是一种猜测，并非确切的损害。因此，这种类型的损害难以得到法院的认可。比如，在“Stringfellow v. McCain Foods (GB) Ltd.”案中，原告经营一家知名的夜总会“Stringfellow”，被告生产了一款加热即食的冷冻薯片，在薯片广告上使用了“Stringfellow”的字样。原告主张被告对该字样的使用会损害原告名声，甚至会限制原告在其他领域使用“Stringfellow”，但是，没有证据证明，被告的仿冒行为直接导致原告丧失潜在经营的机会，除非原告能证明原告已经在潜在经营的领域建立了足够的商誉。[②]

4. 面临责任或诉讼的风险

在仿冒之诉的纠纷中，被告虚假表示自己的贸易与原告相关，当产品或服务出现质量问题时，消费者可能会起诉原告，致使原告面临承担责任的风险（exposure to liability or risk of litigation）。这种类型的损害与前文所提到的关联性的损害存在交叉重叠部分。根据司法实践中的情况，原告很难在角色商品化纠纷的案件中证明面临的责任或诉讼的风险

---

① See Lego System Aktieselskab v. Lego M. Lemelstrich Ltd. [1983] FSR 155, 195.

② See Stringfellow v. McCain Foods (GB) Ltd. [1984] RPC 501, 544.

是多少，法院能否认可此种损害取决于个案的具体情况。有些判例认为，原告面临的责任或诉讼的风险并非具体和确定的，而仅仅是一种臆测，因此，法院通常对于这种类型的损害不予赔偿。①

第三节 盗用他人商业价值与角色商誉保护

一、盗用他人商业价值的起源和发展

盗用他人商业价值，又称为不当使用、挪用或者窃取，指的是通过不正当的手段致使他人商业利益受损的一种行为。具体而言，不正当的手段包括使用、挪用或侵占他人的财产。国际条约并没有将盗用他人商业价值定义和归纳为不正当竞争的行为，一般都是成员方根据自身立法和司法的实际情况来决定是否规制盗用他人商业价值的行为。

规制盗用他人商业价值在美国法上具有重要的意义，是最早的保护名人形象或虚拟角色的法律手段，也是美国州一级的形象权立法和司法的法理基础。这一不正当竞争行为缘起于衡平法上的著名格言："One man may not reap where anotherhas sown（他人耕种，不得已收）。"② 事实上，盗用他人商业价值是一种非常古老的侵权行为，最早可以追溯至美国侵权责任法中的财产类侵权行为挪用他人动产或侵占他人动产（trespass to chattel）。这两种侵权行为的区别在于前者是侵占并转移了他人的动产，导致动产的持有人丧失对财产的所有权，而后者则是侵占和使用了他人的动产，致使动产的持有人丧失对财产的使用权。虽然禁止挪用他人动产和侵占他人动产所保护的是有形的财产，但是禁止盗用的规则依然可以适用于无形的财产。实质上，商业价值就是一种无形财产。

---

① See McCulloch v. May,（1948）65 RPC 58.

② 刘亚军、曹军婧：《虚拟角色商品化权法律保护刍议——美国实践的启示》，载《当代法学》2008 年第 4 期。

从法学理论的角度来看，早期的学术观点是从隐私权出发论述盗用他人商业价值。普罗瑟教授在1960年发表的《论隐私》一文，提到侵犯他人的隐私可以归纳为4种行为：（1）侵犯他人的个人事务或独处的权利；（2）公开揭露令他人窘迫的私人生活；（3）在公众面前诽谤他人；（4）盗取他人姓名或肖像中的商业价值。其中第四类侵权行为就是盗用。普罗瑟教授进一步解释第四类行为："有关盗用他人商业价值的判决其实是对原告个人创设一种专有的权利。这种权利未必就属于财产权，但是，它具有财产性，类似于商号或商标的权利，是一种有价值的权利，原告可以通过销售许可获得利益。"[①]

在美国法学会的《侵权法重述》（第2版）中也有类似的规定："未经许可盗用他人商业价值、他人姓名或肖像里的商业价值属于侵犯他人的隐私权。"[②] 由此可见，上述的理论和观点都是侵权法保护角度的总结。这一观点影响了美国一些州的立法和司法，例如，《加利福尼亚民法典》第3344条在盗用理论的基础上，规定了关于隐私权和形象权侵权的保护。亚拉巴马州在处理形象权的案例中直接适用了盗用的侵权构成要件。[③]

直到1995年，盗用他人商业价值才被纳入美国反不正当竞争法的保护范畴，成为一种独立的不正当竞争行为。《反不正当竞争法重述》（第3版）规定：盗用他人交易价值（appropriation of trade value）包括3种行为：（1）窃取他人的商业秘密；（2）侵犯他人的形象；（3）盗取他人的其他商业价值。[④] 侵犯他人的商业秘密与本书所要探讨的重点无关，这里不做过多评述。侵犯他人的形象也就是侵犯所谓的形象权，由美国部分州通过立法或司法的形式确立了保护规则。盗取他人的商业价值则适用于虚拟角色、其他角色特征以及极具价值的商业信息等。[⑤]

---

① William L. Prosser, *Privacy*, 48 California Law Review 383 (1960).

② Restatement (Second) of Torts Section 652C (1977).

③ See Minnifield, 903 So. 2d at 824.

④ See Restatement (Third) of Unfair Competition, Chapter Four.

⑤ See Restatement (Third) of Unfair Competition Section 46 (1995).

《反不正当竞争法重述》（第3版）第38条还对盗用他人商业价值进行了限定。第一，商业价值仅限于无形的交易价值，不包括有形的财产。盗用他人的商业价值针对的是财产中的信息，而不是对于思想和客观事实的表达。第二，原告和被告具有商业关系，即当事人之间具有直接的竞争关系。这一规定否定了纽约州最高法院在“大都会歌剧院”一案中的判决。具体而言，凭借原告在经营中投入精力和财力不足以提起盗用之诉，需要原告与被告之间具备直接的竞争关系。第三，提起诉讼的依据必须是联邦法、州法、国际条约等。除此之外，其他的法律不能成为盗用之诉的法律渊源。这一点实则是缩小了盗用他人商业价值的适用范围。第四，一方当事人公之于众的信息，比如思想、观念、事实或其他无形财产，通常不适用盗用之诉。因为法律通常不禁止他人使用公开的信息，社会公众有着获取信息的自由。

二、盗用他人商业价值的司法实践

（一）1918年“美联社”案

从司法的角度来看，美国于1918年的“美联社”案中创设了禁止盗用他人商业价值的规则。在该案中，原告“Associated Press”（美联社）是一家收集和提供时事新闻的出版社，通过派遣记者或其他手段获取新闻。被告“International News Services”（国际新闻社）也是一家收集和提供新闻的出版社，与原告争抢有关第一次世界大战的战事新闻，具有直接的竞争关系。原告投入了许多金钱向欧洲战场派遣大量的记者，记者又花费了大量的时间和精力整理相关的新闻，通过电报发回美国。原告在获取了相关新闻之后，提供给相关的报社并收取一定的费用。被告则完全复制了原告收集的新闻内容，利用美国东部和中西部的时差，抢先将原告所获得的新闻内容发给美国的中西部客户。美国联邦最高法院认为，被告的行为属于不劳而获，构成对他人劳动成果的盗用。①

---

① See International News Services v. Associated Press, 248 U. S. 215 (1918).

美国联邦最高法院在判决中主要分析了3个问题：第一，原告是否就时事新闻享有财产权？第二，公开的时事新闻是否具有财产属性？第三，被告的行为是否构成不正当竞争？关于第一个问题，新闻当然具有财产属性，可以获得财产法上的保护。原告在新闻的获取和收集过程中，为了获得热点新闻（hot news），投入了大量的费用、技能、人员和劳力，这使得新闻成为一种准财产（quasi property），类似于即将销售的产品。双方当事人在同一时间同一领域利用新闻并获取利润，新闻应当具有财产价值。对于第二个问题，法院认为新闻的价值在于传播和普及，新闻无法处于永远保密的状态。只有公开，新闻的财产价值才得以传播。因此，新闻不会因为公开而丧失财产价值。关于第三个问题，根据公平竞争原则，双方都有权使用新闻的内容，但一方不能采用不正当的手段干预另一方对于新闻的使用。新闻具有交易的价值，当某一新闻社抄袭了另一方的新闻的时候，就相当于是在原告获取利润的节点上，不正当地影响了原告合法和正常的经营活动。由于被告没有负担任何收集新闻的成本，却在竞争过程中获得了优势地位，衡平法院应当将被告的行为认定为不当使用。①

（二）1950年“大都会歌剧院”案

在1950年的“大都会歌剧院”案中，纽约州最高法院对盗窃他人商业价值给予了宽泛的解释。根据案情，原告是纽约大都会歌剧院，每年都会推出一些精彩的歌剧表演。原告许可美国广播公司、哥伦比亚唱片公司录制和发行有关的表演，录制的唱片使用了“大都会歌剧院乐团”以及“大都会歌剧院合唱团”的字样。被告为一家唱片公司，依据原告播放和发行的歌剧表演，也制作了相关歌剧表演的唱片，还使用了“大都会歌剧院乐团”以及“大都会歌剧院合唱团”的名称。然而，被告录制的唱片没有经过原告授权，也未支付许可费用，导致唱片的质量非常低劣。因此，原告起诉，要求法院禁止被告继续录制大都会的歌剧表演节目，并且支付金钱损害赔偿。

① See International News Services v. Associated Press, 248 U.S. 215 (1918).

法院认为原告在挑选、录制、发行歌剧表演的过程中花费了大量的人力、物力和财力，并在许可两家公司录制唱片的过程中获取了可观的经济利益。原告就录制的表演本身是享有一定财产权益的，比同行具有更大的竞争优势。被告未经许可，私自录制表演，在市场上发行获利，属于盗取他人的商业价值。就该案而言，有两点需要注意。第一，相关表演的录音制品正常是享有版权的，但是，根据当时美国版权法的相关规定，录音不受保护，所以原告只能寻求反不正当竞争法的救济。第二，被告在自己制作的唱片上使用原告歌剧乐团和合唱团的名称，实质上构成虚假标识，法院完全可以通过仿冒来解决问题。然而，法院却选择了盗用他人的商业价值，这背后有深层次的原因。纽约州最高法院的判决曾提道："现代的商业关系较为复杂，不能只关注具有实质竞争关系的伤害，处于非竞争关系的主体也可能通过不良的商业行为对他人造成损失。现代的反不正当竞争法应当着眼于保护他人的商业价值或财产权利免遭任何形式的不当利用或侵犯。"将这一判决的理念适用到该案，虽然被告在抗辩中提到自己与原告不存在直接的竞争关系，但是被告对原告以及被许可方造成了不小的损失。因此，在盗用他人商业价值的诉讼中，具有实质的竞争关系，并非提起盗用之诉的前提条件。①

(三) 1997 年"全国篮球协会"案

受《反不正当竞争法重述》(第 3 版) 的影响，1997 年的"全国篮球协会"一案限缩了盗用他人商业价值的适用范围，并非所有的无形财产都可以获得保护。该案的原告是组织全美篮球职业联赛的 NBA，许可广播公司转播体育赛事。被告是摩托罗拉公司，销售一种特殊的传呼机，发球、投篮、比分变化等赛事信息由现场观看比赛的人员收集后，经过计算机处理，发送到传呼机的用户端。被告未经许可，将 NBA 组织的赛事信息发送给传呼机的用户，原告起诉，要求被告停止对赛事信息的传播，认为被告对赛事信息的转发构成盗用他人的商业

① See Metropolitan Opera Association v. Wagner-Nichols Recorder Corp., 101 N. Y. S. 2d 483 (Supreme Court of New York, 1950).

价值。

然而，美国联邦第二巡回上诉法院并没有支持原告的诉讼请求，而是将盗用之诉的范围局限于热点新闻，不包括体育比赛等客观的事实。针对盗用他人商业价值的适用条件，法院作出了如下的限定：（1）原告付出成本开发和收集信息；（2）该信息具有时间上的敏感性；（3）被告是通过不劳而获的手段获取了信息；（4）被告和原告具备直接的竞争关系；（5）其他人不劳而获地获取和使用原告的信息，会降低原告提供相关产品或服务的积极性，而且产品或服务的质量会遭受实质性的损害。依据上述标准，法院认为摩托罗拉公司通过传呼机向公众传播赛事信息的行为不属于盗用他人的商业价值。第一，NBA 的篮球赛事信息不具有时间敏感性，并非“美联社”案中的热点新闻，即使原告投入的金钱也不少。第二，被告没有通过不劳而获的手段获取赛事信息，而是由现场的专门人员传播赛事信号，是通过正当合法的途径收集和获取相关的信息，让不在现场或无法观看比赛的群体有机会获得比赛信息。第三，摩托罗拉公司和 NBA 并不存在竞争关系，不会因为传呼机传播体育赛事影响 NBA 的经营。第四，向特定传呼机用户传播相关的信息，既没有干扰原告的经营，也没有对原告造成实质性的损害。[①]

现如今，虽然美国没有关于规制盗用他人商业价值的联邦法律，《兰哈姆法》也没有将盗用列为不正当竞争行为，但是美国很多州的商业秘密法、形象权法、侵权法和反不正当竞争法包含禁止盗用他人商业价值的规则。这是一种能够在知识产权法之外通过反不正当竞争法对商誉或名声等无形财产提供补充保护的有效手段。在盗用他人商业价值之诉中，原告对角色形象投入了大量的劳动、精力和资本，如果他人在原告形成一定规模并有着相应的市场影响力或良好声誉时不当利用，则构成盗用他人商业价值。[②]

① See National Basketball Association v. Motorola, Inc. , 105 F. 3d 841 (2nd Cir. 1997).

② 参见许茂恒：《论商标法对商品化权的保护——探究“在先权利”规定对虚拟角色形象的保护》，载《宁波开放大学学报》2021 年第 3 期。

三、盗用他人商业价值与角色形象保护

在角色商品化权的纠纷中，盗用体现在通过不合理的方式使用他人在市场中已经存在一定影响力的虚拟角色标识或真实人物形象上。盗用他人商业价值不同于仿冒，不以混淆或误导性陈述为前提条件，而是更多地考虑被告的行为是否属于“不劳而获”。从构成要件上分析，盗用他人商业价值之诉包含以下 3 个要素：（1）具有挪用的行为；（2）挪用的对象是他人所拥有的商业价值；（3）目的为商业性用途。具体应用到角色形象上，那就是未经角色或形象权利人的许可，擅自将角色形象用作商业性用途。如何界定挪用行为、商业价值和商业性用途为下文探讨的重点。

（一）挪用行为

在文义解释上，挪用是“未经授权或许可拿走和使用他人具有商业价值的东西”①。正如《反不正当竞争法重述》（第 3 版）所提到的，挪用是指被告使用原告的身份获取利益，但是没有支付原告相应的报酬。从理论上分析，挪用的法理基础就是不当得利理论。为了防止被告通过“搭便车”的方式非法获取原告身份中的关联性价值，法律应当禁止这种行为。

在司法判例中，法院通常会推定被告承担侵权责任，因为被告在商业性使用名人形象的时候必定会获取一定的利益或用来吸引消费者。挪用行为的成立需要同时满足客观要件以及主观要件。客观要件探讨的是被告的行为性质，要求被告直接利用角色进行营销并获取商业优势（commercial advantage）。商业优势成立的前提是原告遭受了经济损失，即被告获取商业利益和原告遭受经济损失之间存在直接的因果关系。原告的经济损失既可以是直接经济损失，也可以是未来潜在的收益损失或者被告的非法所得。如果被告仅仅是将角色用作商业性用途，没有获得商业利益，那么就不属于挪用行为。这一点与挪用他人动产或侵占他人

① Webster's New Encyclopedic Dictionary (2002) 88.

动产有所区别。在动产的挪用和侵占中，仅需要被告未经许可干预了原告对动产的使用和占有，无须考虑是否对财产的价值造成损害。[①]

主观层面探讨的是被告的行为目的和状态，即被告需要具备商业使用原告身份的特定意图或一般意图。[②] 在计算损害赔偿数额时，法院会考虑原告的恶意程度、名气、收入、代言机会以及经济损失等要素。如果被告存在主观故意，法院可以要求被告承担惩罚性损害赔偿，目的在于惩罚恶意的被告，并防止被告未来再实施相同的行为。[③]

（二）商业价值

商业价值是一个比较抽象的概念。美国目前的立法和司法文件都缺乏对商业价值的具体界定。然而，不少判例论证过商业价值的内涵和外延。在侵犯他人形象的纠纷中，法院认为，一个人的名气越大，他的形象蕴含的商业价值就越高。当权利人将自己的具有可识别性的身份特征授权给他人使用并收取许可费时，就产生了商业价值。唯有权利人的形象与销售许可之间建立因果关系，商业价值才能有所体现。概言之，所谓的商业价值指的是无形的财产或价值（intangible value）。在角色商品化权的纠纷中，商业价值就是授权他人使用形象或角色的一笔许可费（licensing fee）。

根据知名程度的差异，知名人士形象所蕴含的商业价值远超普通人形象的价值。名人背后的经济价值具有内在性，不需要原告在侵权救济中举证经济损失。名人本身会自动产生商业价值，这种价值是一种基于销售许可产品或营销服务的关联性价值（associative value）。从图 2－1 可见，关联性价值是连接名人身份特征和商品化的桥梁。不论名人是否想要营销身份标识，名人自身的关联性价值都是不可否认的。这就类似于商标的功能，将名人形象比喻成商标，将商品化的对象比喻成商品或服务，当商标结合商品或服务时，就会产生名人代言（celebrity

---

① See Robert T. Thompson, *Image as Personal Property: How Privacy Law Has influenced the Right of Publicity*, 16 UCLA Entertainment Law Review 155 (2009).

② See Benavidez v. Anheuser Busch Inc., 873 F. 2d 102, 104 (5th Cir., 1989).

③ See Ainsworth v. Century Supply Co., 295 Ill App. 3d 644, 650 (1998).

endorsement）的经济效益，会吸引消费者群体。即便是普通人，也会产生类似于名人的关联性价值，这种价值的传播主要得益于社交媒体、个人账号、周围群体对自身的宣传。在“Fraley v. Facebook”案中，法官就认为Facebook用户的姓名和头像用于广告宣传会产生商业价值，可以获得形象权的保护。① 法院还进一步提到，名人和普通人身份中的商业价值的区别在于价值的高低，并非有无问题。

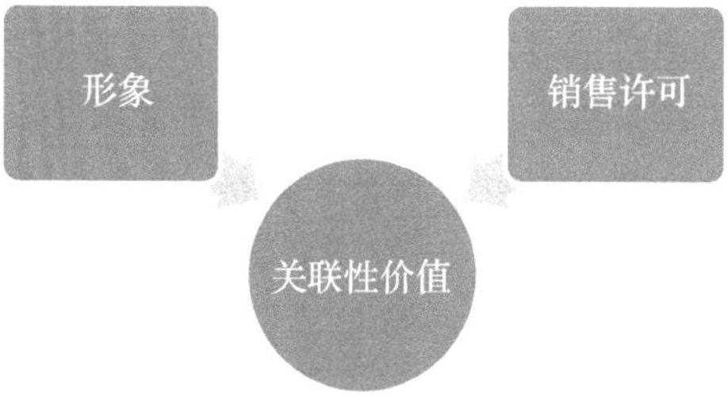

图2－1 关联性价值的组织架构

同理，在虚拟角色商品化的纠纷中，商业价值等于角色背后的商誉。法官通常会根据具体的案情，判断采用哪种方法评估商誉。对于商誉的评估方法，在经济学上分为溢价法、收益资本化法、议价法和额外收入法4种。溢价法指的是将角色商品化的产品与同类产品在价格上进行比较，所超出的价格就是该角色的商誉，也是商家在该角色上的投入。商家溢价的投入使消费者对角色具有更高的认可度。② 收益资本化法用来评估公众在购买角色关联的产品或服务时愿意支付的对价。在会计学上有专门的数学公式来计算商誉的价值：年数×一定年数的商誉平均值。这种方法主要用于预测角色在未来多少年内可以保持增值。③ 议价法是在买卖双方协商的基础上，以买方同意支付给卖方的金钱作为商誉的价值。这种评估方法一般需要在合同中明确规定，并且合同双方对

① See Fraley v. Facebook，830 F. Supp. 2d 785，808（CD Cal.，2011）.

② See Meiners & Staaf，*Patents*，*Copyrights and Trademarks*：*Property or Monopoly*，13 Harvard Journal of Law and Publication 911（1990）.

③ See Port Terminal & Warehousing Co. v. John S. James Co.，695 F. 2d 1328（11th Cir. 1983）.

此计算方法没有争议。[1] 额外收入法则需要评估人员的介入，以各领域的普通专业人员的收入为基准，与被告的收入进行比对，后者所超出的部分就是商誉的价值。这种评估方法遭到了不少的诟病，因为得到的价值远超商誉本身的价值，被告需赔偿原告更多的损失，显失公平。[2]

（三）商业性用途

商业性用途的含义十分广泛，包含促销产品，广告宣传，销售商品，提供服务，代言产品，招揽顾客，销售许可等使用方式。[3] 商业性用途的核心在于以商业性使用为目的，获得利润只是其中的一个判断因素，并非构成商业性用途的前置条件。角色商品化的营销模式或多或少地涉及了上述几种商业性使用行为。商业性用途的关键在于商家直接利用了角色或形象中的关联性价值，这就导致角色本身的文化内涵、社会价值转移到商品上，从而影响消费者的购买决定。这一理论被称为内涵转移效应（meaning transfer effect）。例如，杂志社将明星的照片作为头条期刊的封面，引起公众的好奇心，致使公众产生购买该杂志的动机，这就是明星形象符号转移至商品的表现。虽然有一些使用的方式具备商业性元素，但是因未曾利用角色与商品之间的关联性价值，故可以不被盗用他人商业价值之诉所规制。例如，附带性使用、指示性使用以及描述性使用就是典型的不构成盗用他人商业价值的抗辩事由。

1. 附带性使用

附带性使用规则（incidental use doctrine）在版权法和反不正当竞争法领域被广泛应用。这一规则的出现是为了协调权利人和公众使用者之间的利益平衡关系。虽然权利人有权处分自己的财产或财产性权益，但在现实情况下，权利人不能限制所有类型的使用。背后的原因是，权利人对自己财产的垄断是有限度的，公众对于财产性权益有一定的使用自由。

---

① See Dobson v. United States, 551 F. Supp. 1152, 1154 (Cl. Ct. 1982).

② See In re Marriage of Foster, 42 Cal. App. 3d 580 (1974).

③ See Restatement (Third) of Unfair Competition Section 47 (1995).

在版权法领域，附带性使用规则与合理使用的判断息息相关，有助于判断合理使用的目的和性质。附带性使用规则包含附带使用和非实质性使用两个重要部分。附带使用是指将原作品当成创作的一部分使用，在演绎新的作品的时候不可避免地会使用到原作品。非实质性使用指的是使用人为了在自己的作品中表达创意，将原作品作为整体空间中不可分割的一部分，但没有强调和突出作品本身。例如，在旅游纪实类宣传片或新闻报道中，为了介绍旅游景点的风土人情，取景拍摄某一城市的地标性建筑，这符合上述附带性使用的情形。在英美法系国家，附带性使用规则是版权侵权的一种免责事由。法官通常会考虑如下几个因素：（1）对原作品的使用是否为不可避免的使用；（2）使用是否占据原作品的主要组成部分；（3）使用的数量是否较多。如果在创作中对原作品的使用不构成突出性使用，使用的数量较少，与原作品的比例大小完全不同，那么就属于合理使用。

类推适用到反不正当竞争法领域，附带性使用规则与形象价值的侵权密切相关。依据《反不正当竞争法重述》（第 3 版）第 47 条的规定，他人在新闻、评论、文学作品或广告中附带性使用自然人的形象不构成侵权。附带性使用的构成与否需要考虑 3 个层面的因素：第一，使用是否占据原作品的主要组成部分；第二，使用的数量是否较多；第三，使用的目的是否为说明某一问题。如果被告在广告中使用原告形象的数量微乎其微（de minimis），并非为突出性使用（prominent use），并且使用用途仅仅是向消费者提供正确的商业信息，那么这种使用不构成盗用他人商业价值。虽然被告确实是在商业活动中使用了原告的形象，但这种使用并没有真正地利用形象的关联性价值。

2. 指示性使用

指示性使用（normative use）是指为了向消费者表明产品或服务的品质和质量，在广告中使用他人形象，最终的目的是向公众推销产品或服务，以他人的姓名或肖像做担保。这一概念发端于美国的商标法，正式确立于“New Kids”案。构成商标指示性使用需要考虑 3 个层面的要件：第一，使用他人的商标是不可避免的，因为要说明某商品或服务；第二，对该商标的使用应当符合必要的限度；第三，使用他人商标不应暗示使用人与商标权人存在任何赞助或许可关联。①

类推适用到角色商品化权的领域，指示性使用的构成也需要满足3个条件：其一，在广告中使用他人的形象或角色特征是为了说明相关产品或服务的质量，是一种无法避免的使用；其二，对他人的形象或角色并非大篇幅地复制和使用，而是有限度的利用；其三，消费者看到广告的时候不会认为这个形象或角色代言了某种产品或服务。

3. 描述性使用

描述性使用（descriptive use），又称叙述性使用，指的是被告在商业活动中使用了原告的形象，但目的是描述商品或服务的基本信息，并非表明原告代言或推销该商品或服务。描述性使用也适用于商标法，是商标侵权的一种免责事由。美国《兰哈姆法》第33条第2款第4项规定："非商标权人在使用一个名称、术语或设计时，并非将其作为商标使用，而是作为本人公司名称或者与本人有合法关联公司的名称使用；或者非商标权人是描述性地使用一个短语或标志，只要这种使用是正当、善意并且是为描述自己商品、服务或产地来源所必需的，应被视为描述性使用。"事实上，当名人姓名或者角色名称成为商标时，这个商标就具备了双重含义。第一层含义是姓名或名称本身的字面含义或描述性内涵；第二层含义是商标法意义上的商标，在此意义上商标通过获得显著性，具有区分和识别商品或服务来源的功能。权利人可以禁止他人在商标法的意义上使用某姓名或名称，但是不可以阻止他人描述性地使用该姓名或名词。这背后的原因不难理解，描述性使用不会导致消费者对商品或服务的来源混淆，每个人都有正当使用有关描述性标记或姓名的自由，这也是表达真实信息的自由。

在美国联邦第五巡回上诉法院审理的"Zatarains Inc. v. Oak Grove Smokehouse, Inc."案中，原告经营一家油炸食品，原告在鱼肉和鸡肉上裹上一层玉米面糊，然后下油锅烹炸。其中，原告就油炸的鱼肉使用

① See New Kids on the Block v. News America Pub., Inc. 971 F. 2d 302 (9th Cir. 1992).

了“Fish－Fry”的商标，就油炸的鸡肉使用了“Chicken－Fri”的商标，两个商标都在美国联邦商标局进行注册。被告也经营一家油炸食品店，使用了与原告相同的煎炸方式，并在鱼肉和鸡肉食品包装上使用“Fish Fry”和“Chicken Fry”字样。原告起诉商标侵权，法院认为，原告的“Fish－Fry”虽然为描述性标记，但经过长时间的使用和宣传已经具备第二含义，可以获得商标保护。但是，被告使用“Fish Fry”仅仅是表示经营食品的基本性质和特征，并非用作商标，属于描述性使用，不构成商标侵权。除此之外，原告的“Chicken-Fri”虽然已经注册为联邦商标，但是使用的时间较短，缺乏显著性，应当撤销注册。被告使用“Chicken Fry”只是描述自己的食品，没有侵犯原告的商标权。总体而言，被告仅仅是在名词原有的意义上使用相关名词，并非在指示商品或服务来源。①

随后，描述性使用规则逐渐应用到盗用他人商业价值领域。美国纽约地区法院在1997年的“D'Andrea v. Rafla-Demetrious”案中认为，判断描述性使用的关键是直接和重要联系标准（direct and substantial standard），核心为原告形象与商业活动之间是否存在直接的因果关系。也就是说，被告使用原告的形象目的在于吸引消费者的注意力或者获取商业上的利润，并不是简单地介绍原告的身份。被告使用原告形象的数量、比例等因素并不是判断标准，仅仅是参考因素。② 分析因果关系的时候，法院通常会参考4个标准。第一，被告是否通过使用原告的形象获得商业利益？第二，原告的形象对被告的商业活动是否具有重要意义？第三，原告的形象与使用的行为和目的之间是否存在关联？第四，原告的形象与被告使用之间是否存在别的联系？③ 依据以上4个标准，如果所有的答案都是肯定的，那么被告的行为就不是描述性使用，而是构成不正当竞争。

---

① See 698 F. 2d 786 (5th Cir. 1983).

② See 972 F. Supp. 154, 43 U. S. P. Q. 2d (BNA) 1794 9E. D. N. Y. 1997.

③ See Aligo v. Time-Life Books, Inc., 23 Media L. Rep. (BNA) 1315, 1994 WL 715605 (N. D. Cal. 1994).

第四节　虚假广告与角色商誉保护

一、虚假广告的概念和认定

虚假广告（false advertisement）是指竞争者在广告宣传或促销活动中，对自己商品或服务的质量、性能或者特征虚假陈述来误导消费者。我国《反不正当竞争法》第 8 条将虚假广告和虚假宣传定位为欺骗消费者的商业误导行为，无论是采用虚假宣传还是采用令人误解的方式，都是以误导作为判断标准。

世界知识产权组织在《反不正当竞争示范条款》第 4 条中介绍了虚假广告的情形，包括就以下几个方面的不实陈述：（1）产品的制造工艺；（2）产品或服务的质量、数量或其他特征；（3）产品或服务对特定目的的适用性；（4）产品或服务的供给或供给条件；（5）产品或服务的价格或计算方式；（6）产品或服务的地理来源。

依据列举的几种情况，虚假广告包括"来源的虚假广告"和"特性的虚假广告"两种类型。"来源的虚假广告"是指竞争者对自己产品或服务的来源进行了不实的陈述。从本质上看，在广告或促销行为中对产品或服务的来源进行虚假陈述，不仅属于虚假广告，同时也构成对商业标识的仿冒。"特性的虚假广告"不涉及对产品或服务来源的虚假陈述，仅仅指对产品或服务的特性、质量和性质做出误导性陈述。无论是何种类型的虚假广告，本质都是在广告行为中通过虚假陈述损害其他竞争者的利益和商誉，其中的虚假陈述必须是实质性和商业性的。如何界定"实质性的陈述"和"商业性的陈述"呢？

关于"实质性的陈述"，美国《反不正当竞争法重述》（第 3 版）明确指出："如果相关的虚假陈述会影响消费者的购买决定，可能造成交易的转移，或者损害他人的声誉或商誉，构成对他人的商业损害，那么这种陈述就是实质性的。"显然，判断实质性的关键在于损害这一要件。如果是一般性的虚假陈述，该陈述并不会对消费者的购买力产生影响，也不会损害其他竞争者的商业利益，这种情况就无法成立虚假广告。[①] 关于“商业性陈述”，最常见的表现方式就是广告行为中的陈述。判断某一陈述是否为商业性的，应当考虑3个要素：其一，该陈述是否具有广告性质，即具备宣传和促销产品和服务的功能；其二，陈述是否指向具体的产品或服务，这意味着陈述与相关产品或服务之间存在对应关系；其三，提供陈述的人是否出于商业目的，仅描述、评论某种产品或服务，是不具备商业目的的。[②]

早期的虚假广告并不是独立的不正当竞争行为，需要与仿冒相结合，只有在消费者对产品或服务来源产生混淆时，受损害的一方主体才能提起诉讼。具体而言，如果虚假广告不涉及来源混淆，就无法获得反不正当竞争法的保护。1990年美国联邦第六巡回上诉法院审理的“美国洗衣板”案就体现了这一点。该案的原告经销一种铝制的洗衣板，并且是全美唯一的一家。被告也销售洗衣板，但使用的是锌制的洗衣板，被告在广告中宣传自己使用的也是“铝制”洗衣板。被告的虚假广告行为严重地影响了原告的市场地位，因此原告提起不正当竞争诉讼。然而，法院认为被告的行为虽然具有欺骗性，但仅仅是对产品特性的不实陈述，并非对产品来源的混淆，因此，原告无权提起不正当竞争诉讼。通过这个案例，不难发现美国早期的不正当竞争诉讼以仿冒为主，虚假广告并不是反不正当竞争法规制的范畴。[③]

在什么情况下，反不正当竞争法才能不局限于仿冒，而设置一种独立的诉讼请求来制止虚假广告呢？这就要从1954年美国联邦第三巡回上诉法院审理的“服装案”说起。在该案中，原告和被告都是销售服装的厂家。原告制作、经销的是高品质的衣服，每件售价17.95美元。被告销售的是低档服装，每件售价6.95美元。虽然被告以自己的名义进行广告宣传，但是在广告中使用的服装却是原告的产品。很多消费者

---

① See Restatement (Third) of Unfair Competition (1995), Article 3.

② See U. S Healthcare, Inc. v. Blue Cross of Greater Philadelphia, 14 USPO 1257.

③ See American Washboard Co. v. Saginaw Manufacturing, 103 F. 281 (6th Cir. 1900).

看到原被告经销的服装一模一样，而被告售卖的价格低廉后，选择购买被告的服装。原告依据《兰哈姆法》第43条第1款起诉，认为被告在广告中使用自己经销的衣服构成虚假广告，造成了客户分流的损害。然而，地方法院驳回了原告的诉讼请求，认为被告的行为并没有造成消费者混淆，不属于第43条第1款规定的仿冒。后来，美国联邦第三巡回上诉法院经过审理推翻了地方法院的判决，认为第43条第1款也涵盖了虚假广告，原告的诉讼请求完全可以超越仿冒的界限。从被告的行为要件分析，该案完全符合第43条第1款规定的“在商业中使用象征对事实进行虚假或误导性陈述，任何人认为自己已经或可能因此行为遭受损害而提起民事诉讼的，被告应该承担责任”①。

此外，该案还涉及一个核心问题，即谁具有资格提起虚假广告之诉？在《兰哈姆法》颁布之前，美国一直采用的是普通法确立的唯一来源规则。这个规制是指提起诉讼的主体必须是市场上提供相关产品或服务的唯一经营者。举个简单的例子，服装市场只有A和B两个竞争者，假如A对自己的产品做出虚假的广告，损害了B的利益，那么B很容易证明若非A的虚假行为，将会有更多的顾客购买B的产品。但是，如果市场上同时存在A、B和C 3家服装供应商，A对自己的服装打出了虚假广告，B遭受损害，那么很难证明若非A的虚假宣传，B的客户就不会被分流。因为，购买A的服装的顾客，也可能会购买C的服装，无论是否存在虚假广告。② 从严格意义上讲，唯一来源规则具有一定的局限性，限制了竞争者的诉讼资格，原告从而无法及时地获得救济。

随后，美国于1946年制定的《兰哈姆法》第43条第1款中明确了“任何人”都具有诉讼主体资格，只要虚假或误导性陈述的行为损害了诉讼请求人的合法利益。这里的“任何人”涵盖的主体范围很广泛，既包括有利害关系的竞争者，也包括消费者。虚假广告造成的损害不单

---

① L' Aiglon Apparel, Inc. v. Lana Lobell, Inc., 214 F. 2d 649 (3rd Cir. 1954).

② See Ely-Norris Safe Co. v. Mosler Safe Co., 7 F. 2d 603 (2nd Cir. 1925).

单是具有直接竞争关系的主体的利益损失，也包括消费者受到欺骗、误导作出错误决定的利益损失。在美国的司法实践中，大部分的反不正当竞争法诉讼是由竞争者提起的，消费者作为诉讼主体的情况不太常见。这背后的原因也不难理解：其一，消费者针对虚假广告的诉讼存在举证困难和赔偿救济困难。消费者难以证明自己被误导、被欺骗的损失在哪。相比于消费者而言，竞争者在举证损害赔偿的时候就容易得多，因为虚假广告导致的顾客分流就是显而易见的损害类型。其二，在市场经济利益的驱使下，竞争者比消费者在打击虚假广告上更有积极性，可谓消费者的“代理复仇人”（vicarious avenger）。这一点在美国联邦第六巡回上诉法院审理的“可口可乐”案中有所印证。正如审理此案的法官所说：“保护消费者免遭虚假广告的侵害是《兰哈姆法》第 43 条第 1 款的重要目标，也是一项重要的公共政策。但是，竞争者在制止虚假广告的诉讼中才是最大的利益者，在当前的自由竞争体系之下，竞争者有最大的利益代理消费者去保护自己的权益，而且在诉讼上具备优势条件，从而有力地确保法律的实施。”①

受“服装案”和诸多判例的影响，美国于 1988 年修改了《兰哈姆法》第 43 条第 1 款，使虚假广告成为不正当竞争行为的一个重要分支和独立的诉讼请求。具体的规定体现在第 43 条第 1 款第 2 项中：“在商业性广告或促销中，就自己的商品、服务或商业活动的性质、特征、质量或地理来源，进行虚假陈述，任何人可以提起民事诉讼。”

二、虚假广告与角色模仿

就角色形象而言，未经当事人许可而使用他的姓名或肖像，也经常发生在广告宣传或促销行为中。因此，制止虚假广告能在角色形象的保护上发挥作用。根据美国既有的司法判例，凡是在广告中未经许可使用他人形象的，会同时构成两种不正当竞争行为：第一，盗用他人的商业价值；第二，虚假广告。当然，有些州在盗用规则的基础上，制定了形

---

① Coca-Cola Co. v. Procter & Gamble Co.，822 F. 2d 28（6th Cir. 1987）.

象权法或者采用了形象权中的判例规则，那么这些州的法律会给当事人提供关于形象权与制止虚假广告的双重保护。无论是盗用他人的商业价值，还是侵犯形象权，本质是一样的，都是未经许可使用了他人的形象。但是，这两者与虚假广告具有本质的区别。就虚假广告而言，虚假广告核心的构成要件是虚假陈述或者误导性。然而，在侵犯形象权或盗用他人商业价值的诉讼中，虚假性不是构成两类不正当竞争行为的必然条件。若想同时成立两个诉因，需要满足盗用他人的形象价值和虚假陈述两个条件，只有这样才能获同时得形象权和制止虚假广告的保护。综上所述，形象权和制止虚假广告相互关联，也可以互相补充。

在制止有关角色形象的虚假广告时，通常需要满足两个条件：第一，涉及的是知名人物的形象，因为在广告宣传中使用名人的形象产生的收益远远超出使用普通人的形象。第二，涉及对名人形象的模仿，也就是说在广告中使用了酷似名人的形象，令消费者误以为模仿者就是当事人，并且误认为当事人与相关的产品或服务之间存在某种代言与许可关系，但在实际情况中，当事人并没有代言相关的产品或服务，也没有同意在广告中使用自己的形象特征。在美国的司法实践中，虚假广告之诉是用来制止模仿名人形象的一种有效手段，甚至有时候可以弥补形象权所保护不到的地方。下面的几个案例就讨论了虚假广告和角色模仿的关系。

案例一：White v. Samsung Electronics American，971 F.2d 1395（9th Cir. 1992）

原告怀特女士是节目“幸运之轮”（Wheel of Fortune）的主持人，这个节目每天都播出，大约有4000万名观众，还通过大量的广告宣传令怀特女士家喻户晓。被告是三星电子公司，为新上市的合适录像带产品制作和发布了一系列的广告，广告画面是一位酷似怀特女士的机器人。被告刻意在广告中模仿原告的形象，比如让机器人身穿晚礼服，头戴金色假发，佩戴珍珠项链，这些都是原告在电视节目的日常装扮。除了模仿原告的肖像，这个机器人还站在一块牌子旁边，站立的姿势完全模仿原告在节目主持中的姿势。三星公司的广告一发布，怀特女士就提起诉讼，其中包括侵犯形象权和发布虚假广告两项诉讼请求。经过审理，美国联邦第九巡回上诉法院认定，侵犯形象权和虚假广告是可以竞合的。广告的虚假性在于使用了模仿原告形象的机器人，因此被告不得继续使用酷似原告的形象，不得继续发布包括此形象的广告。

案例二：Midler v. Ford Motor Co.，849 F. 2d 460（9th Cir. 1988）

原告米德乐是美国知名的演员和女高音歌唱家，曾经在1973年获得格莱美艺术新秀奖，她的代表作品为《你想跳舞吗》。被告是福特汽车公司，为了推销一款新车，制作了一则30秒到60秒的电视广告，使用了《你想跳舞吗》作为背景音乐。但是，广告中录制的背景音乐并不是由原告演唱的，而是被告找了另一个演唱者模仿原告的声音演唱《你想跳舞吗》。法院认为，声音是可以保护的形象特征之一，演唱者模仿了原告的声音并制作和发布了带有这个声音的广告，构成虚假广告，会让公众误以为原告代言了福特公司的汽车产品。

案例三：Allen v. National Video，Inc.，610 F. Supp. 612（S. D. N. Y. 1985）

原告是艾伦，美国著名的喜剧演员和导演。被告是一家经营录像带出租业务的小商铺，在推销的广告中使用了酷似艾伦的形象，也就本案另一名被告巴拉夫的形象。在广告中，巴拉夫在一家店里租赁录像带，该录像带恰好是原告演出的电影录像带，录像带盒子的封面上有艾伦的照片。巴拉夫在租赁的过程中还模仿原告在电影中的经典动作，这让其他的顾客以为是真的艾伦在被告的店里租赁录像带。因此，原告起诉被告侵犯他的形象权以及构成虚假广告。

法院支持了虚假广告的诉讼请求，因为被告使用了酷似的肖像，误导了消费者，让他们认为原告认可被告的租赁业务，或者原告可能代言了被告的服务，巴拉夫应当停止出现在广告上。然而，法院在下达禁令的时候也充分考虑了巴拉夫的实际情况，他只是和原告长得相似，一个人和另一个人长得像并不是一种错误，也不是法律可以禁止的领域。因此，法院允许巴拉夫以自己的形象提供广告服务，但广告背景不能与原告相关，还需要巴拉夫表明他与广告中的录像带租赁服务毫无相关。

三、比较性广告

比较性广告（comparative advertisement）是指一方竞争者通过广告的方式，将自己的产品或服务与其他竞争者比较，说明自己产品或服务在质量、性能或价格等方面更具有优势。比较性广告是市场主体自由竞争的重要表现形式，法律一般不会禁止。然而，如果比较性广告具有虚假的成分，对自己的产品或服务做了误导性陈述，欺骗了消费者，可能影响消费者购买决定，则属于法律制止的虚假广告。比如在“强生药品案”中，强生公司生产和销售的止痛药名为“泰诺”，美国家庭用品公司也生产和销售一种止痛药名为“安乃近”。安乃近在市场上的销售量和份额一直远超泰诺，在美国排名第一。后来出于种种原因安乃近市场逐渐落后于泰诺，成效也不如泰诺。于是美国家庭用品公司在广告中大肆宣传安乃近才是最好的止痛药，比泰诺更能减轻患者的疼痛感。因此，强生公司以虚假广告为由起诉美国家庭用品公司。地方法院审理认为，安乃近的效果事实上不如强生，这样的比较性广告实则是虚假陈述，具有误导患者的作用，极大地影响了患者的选择和购买决定，也对泰诺药品的生产者和销售者造成了不小的损失。[①]

比较性广告可以通过明示或暗示的方式。欧盟《误导广告和比较广告指令》第 2 条第 2 项规定：“比较性广告可以是明确或含蓄提及竞争者或竞争者商品或服务的广告。”第 3 条明确了比较性广告的构成要件：

（1）比较性广告不能具有误导性，不能损害竞争对手或欺骗消费者。

（2）比较的内容应具有针对性和客观性，不能是毫不相干的对比，比较的对象应当是用途或功能相同的产品或服务。例如，将糖果和摄影服务相比较是不合适的。比较的对象也可以是产品或服务的代表性特

---

① See American Home Products, Co. v. Johnson & Johnson, 577 F. 2d 160 (2nd Cir. 1978).

征，比如价格的比较，比较亦可以发生在具有同一原产地标志的商品之间。

（3）比较性广告不得使自己与竞争对手之间的产品或服务产生混淆，也不得导致两个竞争者商标、商号或其他商业标识之间的混淆。

（4）比较性广告不诋毁他人商誉或声誉。

（5）比较性广告不以谋取不正当利益为由，盗用他人商誉或声誉。

（6）比较性广告不得直接使用对应模仿的方式，例如直接在广告中使用“夏奈尔香水”。①

比较性广告亦可以通过吹捧（puffery）或者贬损（disparage）的方式进行。然而，吹捧性广告与贬损性广告所产生的法律效果完全不同。吹捧性广告是指竞争者采用夸张和吹嘘的手段，将比较的事实夸大其词，正常的消费者不会被误导，只会觉得这是一种自我宣传的手段罢了。吹捧性广告与虚假广告不同，消费者不会因为吹捧的事实而产生信赖利益，从而影响购买的决定。比如，一家讨债公司吹嘘自己的讨债能力比专业的讨债律师都强，这明显就是一个吹捧性广告。假如一位普通的律师声称自己是行业的讨债专家，这似乎就构成虚假广告。② 贬损性广告是指竞争者在广告中丑化或贬低他人的产品或服务，用来说明自己的产品或服务更好。这种行为虽然不构成虚假广告，但会落入淡化的范畴。③ 假如行为人丑化或贬低的是名人的形象，会构成反不正当竞争法中的淡化。

---

① 参见李明德、闫文军、黄晖：《欧盟知识产权法》（第2版），法律出版社2023年版，第610页。

② See Cook，Perkiss & Liehe，Inc.，v. Northern California Collection Service，Inc.，15 USPO 2d 1894（9th Cir. 1990）.

③ 参见李阁霞：《论商标与商誉》，知识产权出版社2014年版，第274页。

第五节　商业诋毁与角色商誉保护

一、商业诋毁的认定和发展概况

商业诋毁（commercial disparagement），又称为商业诽谤（business disparagement or trade libel）、产品诋毁（product disparagement）或者虚假伤害（injurious falsehood），是指在广告促销中虚假表示他人的商品、服务、商业活动的性质、特征、质量或地理来源，诋毁他人的商誉或名声。商业诋毁是一种古老的经济侵权行为（economic tort），早期属于美国各州普通法规制的范畴，后来成为联邦反不正当竞争法约束的对象。

在1938年美国《侵权法重述》（第1版）第626条中，美国法学会将商业诋毁界定为："他人虚假陈述和诋毁他人土地、动产、无形财产的质量，而且会让'一个理性的人'根据此虚假陈述改变购买的决定，从而该人会遭受金钱损失和销售损失。"根据此规定，商业诋毁的构成要件有两个：第一，行为人做出了虚假陈述（false statement），且是针对他人财产质量的虚假陈述；第二，造成了他人经济上的损失。在美国《侵权法重述》（第1版）的规定中，商业诋毁是严格责任，无论行为人的主观意图是什么，只要在客观上造成了商业诋毁的损害结果，就应当承担民事责任。①

然而，1977年美国《侵权法重述》（第2版）第623条，引入了故意侵权（intentional tort）的主观要件，要求商业诋毁的行为人还应当具备主观上的恶意（actual malice）。这种恶意可以涵盖3种不同的主观意图状态，它们分别是：

（1）特定意图（specific intent），指的是行为人发表虚假陈述的目

---

① See Restatement of Torts (1938), Section 626.

的就是对他人的经济利益造成损害，即行为人意识到自己的诋毁行为可以对他人造成特定的经济损失。

（2）一般意图（general intent），是指行为人知道自己发表的虚假陈述可能会对他人造成经济损失，但是不清楚会导致哪种类型的损害。一般意图与特定意图的区别在于行为人是否提前知晓或确定所要造成的损害。

（3）视而不见或忽略不见（reckless disregard），是指行为人明知虚假陈述会给他人造成经济损失，但是选择忽略这个事实，坚持实施诋毁的行为。①

1988 年，美国国会修改了《兰哈姆法》第 43 条第 1 款，正式地将商业诋毁纳入美国联邦法的规制范围，商业诋毁从此成为一种不正当竞争行为。与美国《侵权法重述》（第 2 版）第 623 条不同，《兰哈姆法》对于商业诋毁的界定不要求行为人具有主观上的恶意，只需要证明虚假陈述和损害两个要素，这意味着美国联邦法层面的商业诋毁回归到了严格责任体系。

二、商业诋毁与虚假广告比较

商业诋毁与虚假广告都规定在《兰哈姆法》第 43 条第 1 款第 2 项。两者的共同特点为都对商品、服务、商业活动的性质、质量、特征或地理来源进行虚假陈述，区别在于虚假广告是对自己商品、服务或商业活动的虚假表示，而商业诋毁则是对他人商品、服务或商业活动的虚假表示。

商业诋毁与诽谤（defamation）也存在许多相似之处。两者都是对客观事实的诋毁和不实陈述，都可能会侵犯到他人的名声或声誉。但是，诽谤不是一种经济性的侵权类型，也不是反不正当竞争法约束的对象。也就是说，诽谤不涉及商业性表达和商业性活动，可以是单纯对人名誉的一种侵权行为。而商业诋毁不仅可以侵害他人的声誉，还可能对

---

① See Restatement of Torts (1977), Section 623.

他人的动产、不动产、无形财产等具有商业价值的财产造成损害。商业诋毁涉及商业性表达这个基本要素。

商业性表达（commercial speech）是一种对经济利益的表达，通常通过产品或服务的广告、促销以及商业活动等方式进行。美国联邦最高法院曾对商业性表达的界定列举了3个应当考虑的因素：（1）表达是否为广告性质；（2）表达是否指向具体的产品或服务；（3）表达者是否具有商业动机。如果某言论具有广告属性，指向特定的产品或服务，表达者做出该表达是以商业性为目的，那么该言论就是商业性表达。[①]对商业性表达的保护力度远远低于对一般思想观念的表达，商业性表达者不易接受他人的劝阻而改变自己的观点，因为他们对产品或服务的经济性理论具有更多的知识储备。[②]

三、商业诋毁与名人声誉

在角色商品化权保护这个方面，商业诋毁的侧重点在于名人的声誉或商誉。在早期仿冒之诉无法保护形象的时候，商业诋毁已经发挥了重要的功能，尤其在保护专业人员的声誉上。

例如，1848年，在“Clark”案中，原告是英国女王的私人医生，擅长治疗消化系统方面的疾病，具有一定的知名度，被告未经同意，在销售的药片上使用了原告的姓名，这一虚假的表示让公众误以为原告和被告的产品有关联。法院指出，虽然原告没有实际的金钱损失，但被告的行为足以构成对原告在医疗界的名誉的诽谤和诋毁。[③]

又如，在1899年的“Dockrell”案中，原告是一名著名的医生，向法院提起禁令要求被告停止在广告上使用他的姓名。原告本想提起商业诋毁之诉，但陪审团发现被告在广告中对原告的描述是真实的、客观的。因此，案件的焦点落在了原告是否就自身职业的声誉遭受了损害

① See U. S Healthcare, Inc. v. Blue Cross of Greater Philadelphia, 898 F. 2d 914 (3rd Cir. 1990).

② 参见李明德：《美国知识产权法》（第2版），法律出版社2014年版，第659页。

③ See Clark v. Freeman, 11 Beav 112 (50 Eng Rep 759) [1848].

上。法官认为，原告并没有受到实际的损害，无法获得救济。但是，法院的附带意见（dictum）表示完全可以设计一种有关个人商誉诋毁的诉讼类型，同时该类型也符合仿冒的构成要件。首先，需要承认个人技能或职业是一种财产，未经许可不得侵占。其次，无论原告是否遭受实际的损害，只要是未经许可挪用了与个人技能或专业相关的价值，原告即可提起仿冒之诉。①

第六节　淡化与角色商誉保护

一、淡化理论的概述与发展

淡化既是不正当竞争行为的一种基本类型，也是英美法系国家商标法规制的一个方向，与商誉或商标的显著性保护密切相关。淡化其实就是将他人的驰名商标置于不同类别的商品或服务上使用，削弱或降低该驰名商标区分和识别相关产品或服务来源的能力。例如，“柯达”牌钢琴、“别克”牌阿司匹林。淡化可以发生在原告和被告的产品没有竞争关系的情况下，也不会像仿冒那样要求消费者受到欺诈和混淆。

世界知识产权组织发布的《反不正当竞争示范条款》第 3 条提到淡化就是“对他人商誉或声誉的淡化”。若行为人在工商业活动中对他人企业的商誉或声誉造成一定损害或者有可能造成损害，无论是否引起混淆，都会构成淡化。淡化的对象非常广泛，既包括对商标、商号、商业外观、商业表征的淡化，也包括对知名形象或著名虚构角色的淡化。针对上述商业标识的不正当竞争行为，实质上就是降低它们的指示商品或服务的能力，也就是唯一性，或者是减少该商业标识的广告价值。由此可见，无论淡化的是商标，还是知名人士的形象，淡化的本质都是贬损商誉（devalue goodwill）或减弱商标的强度，这是不正当竞争带给经

① See Dockrell v. Dougall, 15 TLR 333 [1899].

营者的一种损害表现。

淡化起源于20世纪初期，用来填补商标原有使用和侵权使用之间没有混淆的空白地带。淡化思想最早出现在“包登冰激凌”案中。[①] 在该案中，原告是一家生产牛奶制品的公司，该公司的知名商标为“Borden”。被告是一家生产冰激凌的公司，在冰激凌产品上也使用了“Borden”的商标。原告认为被告在冰激凌上使用相同的商标，是利用自己的商誉误导消费者，构成仿冒和商标侵权，要求法院予以禁止。虽然地方法院认同了原告的诉求，但是，美国联邦第九巡回上诉法院不赞同仿冒的成立。被告与原告生产经营范围不同，不存在直接竞争关系，即使被告利用原告的商誉欺骗消费者，也不构成仿冒或商标侵权。正如本书在“仿冒”一节中论证的那样，早期普通法中的仿冒之诉都要求原告和被告经营相同类型的产品或服务，两者之间需要存在实质的竞争关系。跨类商品的竞争和保护问题，不在仿冒法的规制范围。其次，法院尝试用淡化商誉来解决问题，但是，“Borden”只是一个普遍存在的英文姓氏，知名度很低，因此原告不能够阻止他人对“Borden”的使用。虽然此案采用了传统的混淆理论以及将诉讼主体限制在同业竞争者之间，但是本质上却是在跨类商品上使用他人商标降低指示能力的淡化案例。

1927年，弗兰克·谢克特（Frank Schechter）教授在哈佛法律评论上发表了《商标保护的理论基础》一文，该文章系统研究了商标淡化的理论，成为美国反淡化法的法理基础。首先，弗兰克·谢克特通过德国法院在1924年裁判的“ODOL”案，解释了什么是商标淡化，以“将漱口水产品上的‘ODOL’商标用在钢铁产品上”为例，提到淡化就是一种标记弱化（brand blurring）的现象。标记弱化指的是在非同类竞争的产品或服务上使用他人的商标会降低该标记的显著性，也就是会逐渐冲淡（water down）该标志指示商品或服务来源的能力。虽然说这

① See Borden Ice Cream Co. v. Borden's Condensed Milk Co. , 201 Fed. 510 (7th Cir. 1912).

里削弱（whittled away）的是商标的识别能力，但商标是商誉的载体和具体表现，因此实际上淡化损害的对象就是商誉。其次，弗兰克·谢克特还进一步论证了淡化和商标显著性的逻辑关系。显著性是商标识别商品或服务来源的能力，某个商标越具有显著性，就会在公众群体中越知名，也就需要获得更多的商标保护，从而防止该商标与特定产品或服务之间的对应关系被切断。在不同类别的商品上使用该商标，会分散它的显著性，这就是淡化所带来的损害。最后，弗兰克·谢克特还区分了商标侵权和商标淡化。他认为，商誉损害的表现可以是对消费者造成混淆，导致顾客的转移。但是，淡化损害的是经营者的商誉，并不是消费者的利益。因为淡化是在毫无关联的商品上使用某一个标记，虽不会导致消费者混淆，但会降低商标的销售力（power to generate sales），淡化不需要以仿冒、混淆、误导或者顾客转移为前提条件。①

弗兰克·谢克特教授的商标淡化理论对美国各州的反淡化立法产生了重大的影响。1947 年，马萨诸塞州率先通过了反淡化法。② 1964 年，美国商标法协会制定了《州商标示范法》，该法成为各州制定反淡化法的基础。《州商标示范法》规定了好几种淡化类型，包括注册商标的淡化、未注册商标的淡化、商号的淡化、商誉的淡化。角色商品化权完全可以落入商誉的淡化。其中，该法第 12 条还强调不论是否存在商品或服务之间的混淆，淡化都应当是当事人获得禁令救济的法律依据。③ 受《州商标示范法》的极大影响，很多州依据《州商标示范法》制定或修改了制止商标淡化的法律。例如，《纽约州反商标淡化法》第 368 条规定："在不正当竞争案件中，或者在侵犯注册商标或未注册商标的案件中，尽管不存在当事人之间的竞争关系，也不存在混淆，只要具有损害他人商誉的可能性，或者淡化他人商标、商号的显著性，就会成

---

① See Frank Schechter, *The Rational Basis of Trademark Protection*, 40 Harvard Law Review 813 (1927).

② See David S. Welkowitz, *State of the State: Is There a Future for State Dilution Law*, 24 Santa Clara High Technology Law Journal 681 (2008).

③ See U. S. Trademark Association, *Model State Trademark Act*, Section 12.

为给予禁令救济的理由。”[①]《反不正当竞争法重述》（第3版）第25条“无须证明混淆证据的法律责任：淡化与丑化”规定了制止淡化行为的相关规定，使用与他人商标或商号相似的标记的，即使不存在混淆，也可能会因为淡化而承担相应的责任。具体包括行为人使用该标记并结合自己的商品或服务，降低他人标记的可识别性或贬损他人的商品或服务。[②]

在总结各州反淡化法和判例法的基础上，美国于1996年颁布了联邦层面的反淡化法，也就是《联邦商标反淡化法》。目前，有关联邦反淡化法的具体规定体现在《兰哈姆法》第43条第3款中，该款规定了“对于商标或商号显著性的淡化”。《联邦商标反淡化法》的保护范围比州商标淡化法小，因为州商标法反淡化法不仅保护对于商誉的损害，也保护对于商标或商号显著性的淡化，而联邦商标反淡化法并不保护对他人商誉的损害。

1996年的《联邦商标反淡化法》并没有明确商标淡化的损害标准是真实的淡化（actual dilution）还是淡化的可能性（likelihood of dilution）。美国联邦最高法院曾经在2003年审理的“Moseley”案中，明确表示淡化的损害类型必须是真实的淡化。然而，在2006年，美国国会修订了《兰哈姆法》第43条第3款，明确了淡化的成立只需要满足淡化的可能性，不需要当事人证明真实的淡化。[③]

二、淡化的构成要件

根据2006年《联邦商标反淡化法修正案》的规定，原告必须通过如下几个条件来证明淡化的存在：第一，原告拥有具有显著性的驰名商标；第二，被告的商业贸易行为构成淡化；第三，原告的驰名商标与被告的被诉侵权商标具有相似性并且两个商标之间存在某种关联；第四，这种关联有可能损害驰名商标的显著性或者贬损驰名商标的名声。此

---

① *New York's General Business Law*, Section 368 (d).

② See *Restatement (Third) of Unfair Competition (1995)*, Section 25.

③ See Moseley v. Vitoria Secret Catalogue, Inc., 537 U.S. 418 (2003).

外，无须再考虑是否存在商标混淆的可能性以及商标淡化的实际性。

（一）淡化的对象

淡化的对象是具有较高显著性或知名度的商业标识，也就是驰名商标。《巴黎公约》在第 6 条之二中提到了“well – known marks”的概念，要求禁止在相同或类似商品上复制、仿制或翻译驰名商标，产生混淆。但是，《巴黎公约》未曾对什么是驰名商标提供具体的解释，也没有规定在不同类别商品或服务上使用驰名商标如何进行规制，也就是商标反淡化的问题。《TRIPS 协议》解决了上述两个问题，既明确界定了驰名商标的内涵，也对驰名商标跨类提供了反淡化的保护。《TRIPS 协议》在第 16 条第 2 款中规定，判断一个商标是否驰名，应当考虑相关公众（relevant sector of the public）对该商标的了解程度，包括在缔约国对该商标宣传而产生的知名度。相关公众的范畴较为广泛，主要包括：(1）使用具有该商标的商品或服务的消费者，包括实际消费者和潜在消费者；(2）销售具有该商标的商品或服务的经销商或人员；(3）使用具有该商标的商品或服务的经营者。①

美国《兰哈姆法》第 43 条第 3 款对“驰名商标”使用了“famous marks”的概念，也就是“著名商标”。在美国的反淡化保护框架中，“famous marks”等同于“well-known marks”，这两个称谓可以替代使用。“famous marks”指的是在美国地域内被普通消费公众（general consuming public）广泛认可的知名度较高的商标，这比《TRIPS 协议》中“well-known marks”的显著性的要求更高，因为驰名商标必须是在美国消费者群体中普遍驰名，不需要考虑在经营者或销售者群体中的知名度。1996 年《联邦商标反淡化法》列举了认定驰名商标的 8 个要素：

（1）该商标的显著性程度；

（2）该商标在商品或服务上使用的时间和程度；

（3）该商标使用的地理范围；

---

① 1999 年世界知识产权组织通过的《关于驰名商标保护规定的联合建议》中解释了什么是相关公众。

(4) 该商标进行广告宣传的时间和程度;

(5) 该商标所在商品或服务的贸易途径;

(6) 在特定区域和渠道中,公众对该商标的认可程度;

(7) 第三方对相同或相似商标使用的时间和程度;

(8) 该商标是否获得联邦注册。

在2006年《联邦商标反淡化法修正案》中,《兰哈姆法》第43条(c)款第(2)(A)项调整了上述几个要素,归纳了以下4个条件来判断商标的驰名程度:

(1) 对该商标进行广告宣传和该商标被公众所熟知的持续时间、地域范围和程度,无论该广告是由商标所有人提供还是由第三方提供;

(2) 使用该商标的商品或服务销售的数量、规模和地理范围;

(3) 消费者对该商标实际认知的程度;

(4) 该商标是否根据美国1881年3月3日的法案生效,或根据1905年2月20日的法案生效,或者已经在美国联邦商标局的"主簿商标上注册"(principal register)。

驰名商标既包括在主簿商标上注册的驰名商标,也包括未注册的驰名商标。是否注册仅仅是判断商标驰名的一个因素,并非决定性要件。此外,《反不正当竞争法重述》(第3版)第25条也提供了一些判断商标驰名度的参考因素,包括商标的内在显著性(inherent distinctiveness)或获得显著性(acquired distinctiveness),商标使用的时间和程度,广告宣传的程度,第三方使用商标的状况和程度以及相关消费者对商标的熟悉程度等。①

(二) 淡化的行为类型

淡化的行为包括两种:弱化和丑化(tarnishment)。根据《兰哈姆法》第43条第3款,弱化是指在商品或服务上使用了与驰名商标相似的标记并且与该驰名商标产生了特定的联系,这种联系破坏了该驰名商标的显著性。典型的弱化表现有,将知名珠宝商标"蒂芙尼"(Tiffany)

---

① See *Restatement (Third) of Unfair Competition (1995)*, Section 25.

的蓝绿色用在洗衣房橱柜上。

2006 年《联邦商标反淡化法修正案》规定了几种判断弱化行为的要素：商标、商号与驰名商标的相似程度；驰名商标的内在显著性或获得显著性；驰名商标所有人对商标进行实质性的排他使用的程度；驰名商标获得认可的程度；商标或商号的使用者是否有意图与驰名商标建立某种联系；商标或商号是否与驰名商标之间存在任何的实际关联。

丑化是指在商品或服务上使用了与驰名商标相似的标记产生了与驰名商标特定的联系，这种联系会损害他人驰名商标的声誉。丑化与弱化不同，丑化并没有降低驰名商标的显著性，丑化一般是指将与驰名商品相似的标记用于质量低劣的商品或服务上，导致消费者以为该驰名商标所在的商品或服务的质量也同样低劣。典型的丑化案例为 1981 年的"Steinway"案，"Steinway"牌钢琴在公众心目中是一种极为高雅的钢琴，但是被告竟然在开瓶器上使用"Steinway"商标。[①] 此外，2007 年美国联邦第四巡回上诉法院审理的"Louis Vuitton Malletier S. A."案也是丑化的经典案例。原告 Louis Vuitton Malletier S. A.（以下简称 LV）是一家法国著名的奢侈品牌公司，生产和经营国际一线品牌的高端产品，比如手提包、箱包和配饰，价格十分高昂。LV 拥有驰名商标"Louis Vuitton"。被告 Haute Diggity Dog 是美国内华达州的一家公司，生产和销售宠物产品。被告在经营的"宠物狗咀嚼玩具"上使用了"LV 经典款老花包"的图案和样式，并将该玩具命名为"Chewing Vuitton"，这与原告的驰名商标十分相似。原告提出了商标侵权、商标淡化和版权侵权 3 个诉讼请求。这里仅讨论商标淡化的问题。被告在宠物玩具上使用与 LV 驰名商标相似的标记构成丑化。虽然消费者不会认为 LV 生产和经营宠物玩具，但是这种丑化行为会令公众误以为 LV 生产了低级的产品。[②]

---

① See Steinway & Sons v. Demars & Friends, 210 USPQ 954 (C. D. Cal. 1981)

② See Louis Vuitton Malletier S. A. v. Haute Diggity Dog, LLC, 507 F. 3d 252 (4th Cir. 2007).

（三）淡化的程度

淡化的程度可以包含“实际的淡化”和“淡化的可能性”。1996 年的《联邦商标反淡化法》仅提到“淡化是一种削弱驰名商标指示商品或服务能力的行为”，但是未曾明确界定“减弱”是事实上的减弱还是减弱的可能性。因此，淡化行为成立的标准模糊不清，各法院对此也持不同的看法。

一种观点认为，原告必须要提供实际淡化的证据，只有这样法院才能授予原告禁令。美国联邦第四巡回上诉法院在“Ringling”案中指出：“驰名商标的所有权人必须证明被告的行为实际削弱了该商标的区分相关商品或服务的能力，也就是商标的显著性。”① 美国联邦第五巡回上诉法院在“Westchester”案中提道：“原告必须要证明实际损害的存在，而且已经降低了驰名商标的销售能力。”② 另一种观点认为，原告不需要证明实际的损害，只要提供关于淡化可能性的证据就足够获得保护，这不会导致原告面临无法挽回的损害，法律不是等损害已经发生才对权利人提供救济。③

美国联邦最高法院在 2003 年审理的“Moseley”案中，采用的是实际淡化的做法。该案的原告是维多利亚公司，拥有全美著名的内衣品牌“Victoria’s Secret”（维多利亚的秘密），这也是一个驰名商标。该案的被告是一家零售女性内衣和成人用品的商店，名字也为“Victoria’s Secret”（维多利亚的秘密）。一名顾客在看到被告的广告时，倍感低俗，认为这损害了维多利亚品牌在他心目中的形象。因此，这名顾客联系了原告，原告立马联系了被告，要求被告不得使用与原告商标相同的字样用作商号。因此，被告将店名改为“Victor’s Little Secret”（维克特的小

---

① Ringling Bros. - Barnum & Bailey Combined Shows, Inc. v. Utah Div. of Travel Development, 170 F. 3d 449, 50 U. S. P. Q. 2d 1065 (4th Cir. 1999).

② Westchester Media v. PRL USA Holdings, Inc., 214 F. 3d 658, 55 USPQ 2d 1225 (5th Cir. 2000).

③ See Eli Lily & Co. v. Natural Answers, Inc., 233 F. 3d 456, 56 USPQ 2d 1942 (7th Cir. 2000).

秘密）。原告对此表示不满，向法院提起诉讼。地方法院认为被告的行为构成淡化中的丑化。美国联邦第六巡回上诉法院则认为被告的行为同时构成丑化和淡化。然而，美国联邦最高法院推翻了下级法院的判决，将案件发回重审。首先，原告或证人都没有提供证据说明被告使用“Victor's Little Secret”损害了原告的声誉。虽然那名顾客在看到被告的小商店和广告时，会认为这丑化了原告的高端品牌，但是这并不意味着相关消费者群体都会产生这样类似的联想。原告也没有证明被告使用近似商标降低了自身商标的销售力。其次，由于当时《兰哈姆法》没有界定商标淡化的程度，因此美国联邦最高法院追根溯源，从淡化理论的源头找寻线索。法院认为，淡化最早源于1927年弗兰克·谢克特教授发表的文章，其中制止淡化的主要目标是保护商标的唯一性，禁止对商业信誉的损害和对商业标识的淡化。州法和联邦法也以这篇文章的理论为基础，规定了弱化和丑化两种行为。1996年的《联邦商标反淡化法》关于商标淡化的规定，采用的是“削弱了”词汇。从字面意思来理解，淡化需要是真实的，已经造成了实际的损害。消费者头脑中联想到的淡化不足以构成淡化。①

虽然“Moseley”案正确地解读了《联邦商标反淡化法》，但是实际的淡化对于原告来说是一个很难证明的事情，这就类似于原告难以在商标侵权案件中证明实际的混淆。因此，美国国会修订了《兰哈姆法》第43条第3款，将标题修改为“因为弱化的淡化和因为丑化的淡化”，规定了“他人对驰名商标的使用可能造成商标的弱化或丑化”，将实际的淡化标准转变为淡化的可能性标准。

（四）淡化的免责事由

《兰哈姆法》第43条第3款规定了3种不构成淡化的情形：正当使用驰名商标；新闻报道或评论使用；以非商业的方式使用。以上使用方式属于非商标性使用（non-trademark use），不会导致某个驰名商标与商品或服务产生特定的关联，商标的显著性不会被减损。因此，在这三

① See Moseley v. Vitoria Secret Catalogue, Inc., 537 U. S. 418 (2003).

种情形下即使事实上存在对驰名商标的使用，也不构成淡化。

正当使用（fair use）是指对驰名商标的叙述性使用、描述性使用或滑稽模仿，并不构成商标意义上的使用。实际上，构成商标的文字、图案、色彩等元素都源于不受商标法保护的公有领域。当其中的元素被用于识别某种商品或服务的来源时，会构成商标。如果仅仅是描述或叙述使用上述元素，就属于非商标性使用，商标权人无法禁止。[①] 以比较有关商品或服务的质量为目的在比较性广告或促销中使用驰名商标就是正当使用的一个典型案例。另外，滑稽模仿、批评、评论该驰名商标或者驰名商标的商品或服务也构成正当使用。[②] 有关滑稽模仿的一个典型案例是 1972 年的“可口可乐”案。该案的原告是可口可乐公司，原告在生产和经营的可乐上使用了一种红色的图形商标，上面带有白色标语“Enjoy Coca－Cola”（享受可口可乐）。被告在自己销售的气体饮料上使用了相同颜色的图案商标，但只是把文字修改成了“Enjoy Cocaine”（享受可卡因），并主张这是滑稽模仿。

新闻报道或评论使用他人的驰名商标也不构成淡化，因为这符合美国宪法第一修正案的规定。如果新闻报道或评论中存在虚假信息和不实讨论，对他人的商誉造成损害，则可以通过诋毁商誉来规制。同理，以非商业的方式使用他人的驰名商标也不构成淡化，因为没有指代特定的商品或服务，所以不会稀释商标的显著性。但是，如果驰名商标的非商业性使用对他人商誉造成损害，则会构成诋毁商誉，受反不正当竞争法的规制。

（五）淡化与角色形象保护

在角色形象保护方面，淡化可以制止未经许可使用他人角色特征而不支付相应报酬的行为。淡化关注的是知名人士的形象特征以及知名虚拟角色的特征，排除了普通人的形象或者不知名的虚拟角色。因为，淡化所保护的对象不是一般的商业标识，而是具有较高知名度的驰名商

① 参见李明德：《美国知识产权法》（第 2 版），法律出版社 2014 年版，第 593 页。
② See Lanham Act § 43（c），15 U.S.C. § 1125（c）.

标。驰名才是一个人物或角色具有经济价值的重要指标，这背后蕴含了值得保护的商誉。对于角色形象是否具有较高的知名度，法院通常会考虑如下几个方面的因素：(1) 名人使用自身形象特征的时间；(2) 名人宣传自身形象特征的时间和程度；(3) 形象特征结合商品或服务使用的程度；(4) 相关公众对形象特征的认可程度；(5) 名人使用自身形象特征的地域范围。针对第5个因素，有的法院认为，不应当采用过于严苛的标准，只要名人形象在某个地区获得知名度即可，不一定非要满足全国知名度的要求。[①] 但这一标准比较适合用于形象权保护或制止仿冒和盗用的领域，因为这些领域并不要求商业标识的全国知名度，甚至普通人的形象都可以成为它们规制的对象。然而，淡化的对象就是具有全国知名度的商标，考虑到法律适用的统一性，淡化应用到名人形象领域也应当遵循全国知名度的标准。

当一个人的形象在无意间被商家发掘和利用，"一夜爆红"，但此人并不想生活在万众瞩目的聚光灯之下，从而试图消除自身的影响力时，也会产生知名度稀释的效果，但这种情况就无法构成淡化。首先，淡化的行为是由其他经营者所主导的，并非权利人要削弱自身形象的知名度。其次，权利人试图降低形象的知名度就类似于商标的放弃(trademark abandonment)。根据商标法的规定，商标的放弃意味着权利人停止在商品或服务上使用商标并且主观上也不具有重新使用该商标的意图。[②] 名人主动放弃自己的名声当然无法获得制止淡化的救济，因为一个人如果不利用他以前名声的经济价值，就无法弥补该经济价值的贬损。[③] 权利人在主张角色形象淡化的诉讼请求时，还应当证明淡化的其他要件。

首先，形象角色具有显著性，能够与特定的商品或服务存在某种关联。以名人形象为例，淡化的对象可以是名人的姓名、肖像、照片或者

---

① See Syndicate Sales, Inc. v. Hampshire Paper Corp., 192 F. 3d 633 (7th Cir. 1999).

② See 15 U. S. C. § 1127.

③ See Sarah M. Konsky, *Publicity Dilution: A Proposal for Protecting Publicity Rights*, 21 Santa Clara High Technology Law Journal 347 (2005).

声音。名人的肖像、照片以及声音通常具有固有显著性，容易满足显著性的要件。然而，名人的姓名具有描述名人身份的特点，容易被认定为描述性标记，缺乏固有显著性，亦难以与特定的商品或服务结合作为商业标识使用。除非有证据表明名人的姓名作为商标使用并获得了显著性。① 在淡化的场景中，不能因为名人形象的知名度比普通人的高就给予名人形象保护，还需要结合特定的产品或服务，比如名人代言某个商品或者名人许可其他经营者在特定商品上使用他的形象。实际上，淡化削弱的并不是名人形象，而是名人形象与特定商品或服务之间的指示关系。

其次，形象角色被商业使用，从而排除新闻报道、艺术创作、叙述性使用等非商业性使用的抗辩事由。当然，对于非商业性使用导致名人形象知名度被稀释的情况，权利人可以通过侵犯隐私权或诽谤之诉来解决问题。名人主张隐私权的侵犯比较容易，因为未经许可使用他人的姓名或肖像就构成侵犯隐私；但名人主张诽谤的成立就比较困难，因为公众人物需要证明被告主观上存在故意或视为不见。然而，他人在新闻报道或艺术创作中使用名人的形象可谓正常用途的使用，很难认定他人主观上存在恶意，除非存在不实陈述或造谣的情形。②

最后，形象角色的显著性被弱化或丑化。例如，将知名主持人的形象放在酒吧的宣传广告上容易构成弱化。因为公众会将主持人与酒吧联系在一起，以为主持人代言了酒吧的产品或服务。如此一来，不仅会降低主持人与主持节目之间的关联性，还会削弱主持人未来推销角色形象或代言其他广告的能力。③ 此外，将名人形象放在劣质产品的广告上会丑化名人的形象价值。④ 比如，将知名主持人在电视节目中的经典口头

---

① See ETW Corp. v. Jireh Publ'g, Inc., 332 F. 3d 915 (6th Cir. 2003); Pirone v. MacMillan, Inc., 894 F. 2d 579 (2nd Cir. 1990).

② See Gertz v. Robert Welch, Inc., 418 U. S. 323, 334 (1974); RESTATEMENT (SECOND) OF TORTS § 625D (1977).

③ See Wendt v. Host International Corp., 125 F. 3d 806 (9th Cir. 1997).

④ See Hirsch v. S. C. Johnson & Son, Inc., 90 Wis. 2d 379, 280 N. W. 2d 129, 138, 205 U. S. P. Q. 920 (1979).

禅用在便携式马桶产品的宣传上。如果该主持人确实将自己的口头禅推广到其他产品或服务上使用，那么相关公众不得不尝试区分该口头禅所指向的到底是何种产品或服务。这会削弱主持人的形象特征，因为这降低了主持人与电视节目的关联度。同时，相关公众在购买便携式马桶的时候，会以为该主持人代言了马桶产品。倘若马桶产品质量出现了问题，主持人的名声会随之受损，就会出现名人形象被丑化的情况。①

① See Carson v. Here's Johnny Portable, Inc., 698 F. 2d 831 (6th Cir. 1983).

第三章　真实人物角色与形象权

形象权用来保护真实人物的形象免受未经许可的商业性使用。形象权制度中的诸多理论和规制源自反不正当竞争法中的禁止盗用规则，形象权制度的保护客体、侵权判定、救济措施以及对形象价值的界定都是建立在禁止盗用规则的基础上。虽然形象权的保护与禁止盗用存在许多相似之处，但是形象权的保护更加规范化、具体化和精细化。首先，大部分的州通过立法和司法的模式确立了形象权，使对形象价值的保护从普通法中的禁止盗用演变成了规范化的形象权法。其次，形象权的客体比较明确。通过对自然人的姓名、肖像、声音等形象特征的类型化梳理，更加清晰地界定了形象价值的属性和范围。有关形象权的属性界定，从最初的人格权说逐渐演变成无形财产权说、知识产权说以及边缘性权利说。形象价值的范围随着立法和司法的逐步完善出现了扩张的趋势。最后，关于形象权的规定比关于盗用的规定更具有针对性。形象权法不仅确立了侵权的免责事由以及保护期限，还通过参考版权法中的重要规则平衡了创作自由和形象利用中的利益关系。

本章首先探讨和分析了形象权的理论属性，介绍了几种有代表性的理论学说和观点。其次，本章对形象权的客体和主体进行了类型化研究，梳理了形象权的侵权构成要件及救济措施，并依据现有的法律规定和具有代表性的案例探究了形象权的限制与例外，区分了创作自由与形象权保护的界限。最后，本章探讨了形象权是否具有可继承性，明确主体死亡后形象权的保护期限。

第一节 形象权的属性界定

关于形象权的属性界定在理论界存在不同的观点，主要有人格权说、无形财产权说、知识产权说和边缘性权利说。由于形象权最早是从美国隐私权保护的框架之下分离出来，因此，有些学者认为形象权与人格权存在密切联系。然而，人格权说有悖形象权的财产属性，人格权无法直接保护具有财产价值的客体，将形象权归于人格权保护范畴存在不合理性。因此，有学者就形象权的财产属性，将形象权划分为无形财产权、新型的知识产权和一种处于人格权与知识产权的边缘性权利。

一、人格权说

对形象权的保护起源于美国的隐私权，因此这一权利与人格权密不可分。美国纽约州于 1903 年颁布《纽约州民权法》，通过隐私权制度保护对于人格特征的商品化利用行为，这部法律迄今为止仍然是纽约州保护形象权的重要依据。受该法影响，有些学者把形象权归纳为一种人格权。例如，杨立新教授认为，“商品化权是自然人、法人或其他组织对其具有一定声誉或吸引力的人格标识利益进行商品化利用并享有利益的权利。商品化权保护的恰好是民事主体人格标识中的人格利益。若将商品化权定位为财产性权利，则忽略了形象利益中所包含的自由、平等、安全等精神利益，也忽视了权利中禁止他人侮辱、亵渎、毁损民事主体的形象的重要权利内容”①。

人格权和财产权是民法中两个截然不同的概念。基于两种权利的权利性质和保护利益不同，民法对人格权和财产权采取了截然不同的保护方式。人格权保护的是民事主体的人格利益，该利益具有专属性，不能

① 杨立新、林旭霞：《论人格标识商品化权及其民法保护》，载《福建师范大学学报（哲学社会科学版）》2006 年第 1 期；杨立新、林旭霞：《论形象权的独立地位及其基本内容》，载《吉林大学社会科学学报》2006 年第 2 期。

被随意转让或放弃。对于人身权的侵害以原告提起精神损害赔偿为主要救济方式。而对于财产权来说，财产权保护的是民事主体对财产的占有、使用和处分，这些权益不具有专属性，可以转让或许可。对于财产权的侵害以财产的实际损害为赔偿的主要依据。起初，人格权和财产权是两种不同的法律状态，但随着社会的发展，权利和利益的形态也会随之改变，会出现既包含人身利益也包含财产利益的复合型权利。比如，知识产权中的著作权就是一种典型的复合型权利，它既包括署名权、修改权、发表权等精神权利，也包括复制权、信息网络传播权、出租权等经济权利。这种权利的出现也为形象权的人格权说提供了一定的理论依据。① 日本就有学者认为，“著名人物的形象、虚拟人物角色与人格权息息相关。人格权不仅保护精神利益，也保护经济利益，商品化权是人格权的一部分”。

不少大陆法系国家在司法实践中采用这一观点来保护形象权。最具有代表性的国家是法国和德国，它们拓展了人格权的保护范围，使保护范围延伸至商事人格权，这种保护不仅涉及人格的精神权利，也涉及人格的经济权利。例如，法国的判例曾提到人格特征包括姓名、肖像、形象等，对于相关人格特征，未经权利人许可他人不得商业化使用，也不得超越授权范围使用，这种保护可以延伸至漫画、图画或照片对人格特征的间接使用。在涉及运动员肖像的案件中，当摄影者未经运动员许可，将包含运动员的照片出售给广告商时，同时侵犯了运动员的肖像权和经济权利。又如，德国《民法典》将人格特征分为姓名、形象、肖像、声音几大类。对于姓名的保护不仅涉及对姓名的商业性利用，也包括在广告中的指示性使用。若未经权利人同意，通过上述方式使用他人的姓名，可能会侵犯到他人的人格权。法国和德国的做法清晰地表明，人格权可以从广义上理解。他人未经许可使用人格标识所造成的经济损失，完全可以通过人格权的框架去解决。② 因此，有学者指出，“人格利

① 参见马波：《美国形象权法律制度研究》，知识产权出版社2012年版，第455页。

② 参见刘银良：《角色促销：商品化权的另一种诠释》，载《法学》2006年第8期。

益具有多层次性，包括精神利益、物质人格利益和经济利益，民事主体利用人格权客体带来的经济利益本身实则为人格利益的构成要素，人格利益不完全等同于精神利益”[①]。此外，在司法实践中，越来越多的侵犯人格权的行为实质为侵犯人格中的财产价值而非精神利益。[②]

但是，结合现有的法律制度，人格权说存在很多的弊端。首先，姓名、肖像、声音等人格要素，在商品化的过程中已经从传统的人格权演变为具有经济价值的商业标识。然而，传统的人格权体系不直接包含财产性利益。因此，商品化权显然无法通过传统的人格权来调整。其次，形象权保护的真实人物形象背后的商誉，是在二次开发和利用的过程中转化成了一种无形的财产利益，显然也无法通过人格权来调整。[③] 与其用商事化的人格权去调整形象权，不如将形象权纳入财产权的范畴。虽然形象权与人格权密切关联，但依照人格权的理论无法涵盖形象权的保护对象。自然人的一些可以指示特定身份的因素，比如特色的穿着打扮、经典的表演动作或特殊的道具，都完全不属于人格权能够调整的范围。因此，只能通过其他的途径来保护自然人的形象特征。[④] 最后，人格权限制了对死者形象的商业性利用。人格权具有较强的专属性，会随着自然人的死亡而消失。但是，美国很多州的相关立法和判例规定，法律会对死者形象的商业性利用提供相应的保护，即一个人的形象权不会因人本身死亡而消亡，而是会像著作权一样在死者死亡之后仍能存续一段时间。《加利福尼亚州民权法》规定，形象权的保护期限为人生前及死后 70 年。[⑤] 纽约州于 2020 年修改了《纽约州民权法》，规定死者的形象利益可以在人死亡后保护 40 年。[⑥] 综合上述分析，人格权说并非判

---

① 杨立新主编：《中国人格权法立法报告》，知识产权出版社 2005 年版，第 143 页。

② 参见谢晓尧：《商品化权：人格符号的利益扩张与衡平》，载《法商研究》2005 年第 3 期。

③ 参见吴汉东：《形象的商品化与商品化的形象权》，载《法学》2004 年第 10 期。

④ 参见杨立新、林旭霞：《论形象权的独立地位及其基本内容》，载《吉林大学社会科学学报》2006 年第 2 期。

⑤ See California Civil Code Section 3344. 1.

⑥ See New York Civil Rights Law Section 50 – f.

断形象权属性的最佳理论。

二、无形财产权说

无形财产又称为非物质性财产，主要是指知识财产，包括商誉、商业秘密、著作权、商标、特许经营权等知识产权，甚至还包括就业机会、养老金和政府特许机会等财产权益。无形财产应当是知识产权的上位概念。形象权与其他的财产性权利一样，具有经济价值的本质属性。形象权广泛存在于社会的各个领域，特别是经济领域。正如吴汉东教授所言："形象权是经济发展的结果，也是私权制度创新的产物。"① 美国的法律将形象权定义为一种经济权利或无形财产权，商标法、版权法、反淡化法、州形象权法都是保护形象权的重要法律渊源。② 我国有学者认为，形象权与人格权（如姓名权、肖像权、隐私权等）、知识产权（如著作权、专利权、商号权等）存在诸多联系，但角色形象并不完全满足知识产权法的保护条件，因此，形象权应当是一项独立的无形财产权。

首先，虽然虚拟角色的名称、形象、图像等角色特征，是作者创造性的智力成果，但真实人物的形象价值与生俱来，并非智力创造性的活动成果。形象权是一种无形财产权，形象权的客体是够产生顾客吸引力的角色形象，可以通过转让或许可的方式实现价值。其次，传统意义上的知识产权包括著作权、专利权和商标权 3 个部分。广义的知识产权包括著作权、专利权、商标权、商号权、商业秘密权、地理标志权、集成电路布图设计权、植物新品种权。综观国际公约和各国的知识产权立法，现代知识产权体系已经成熟，没有必要将所有与知识创造相关的权利都纳入知识产权的体系中。再次，形象权缺乏地域性。尤其是对于真实人物的姓名、肖像、声音、签名等身份特征的商品化利用，并不因地

---

① 吴汉东：《无形财产权制度研究》，法律出版社 2005 年版，第 439 页。

② See Marshall Leaffer, *The Right of Publicity: A Comparative Perspective*, Article by Maurer Faculty, 469 (2007).

域限制而丧失保护。[①] 最后，形象权可以归纳为“资信类财产”。这一类财产包含商誉、信用、形象等财产化的商业利益。鉴于形象权价值尚未完全被人类所认知，因此有些学者也称形象权为“正在开发中的无形财产”。资信类财产具有两个重要的特征：第一，涉及主体内在的能力、形象和声誉等要素；第二，在经营活动中，主体内在的形象要素将依靠社会的影响力，形成以商誉为基础的财产。[②] 因此，吴汉东教授总结道：“形象权是与商誉权、信用权和特许经营权类似的，具有非物质性但无法归类于知识产权的一种无形财产权。”[③]

三、知识产权说

知识产权是“知识”的产权，产权在法律意义上是指“财产”。因此，知识产权又被称为“知识的财产权”。知识产权这一概念最早由 17 世纪中叶的法国学者卡普佐夫提出，他将知识产权定义为“对一切知识创造活动成果的专有权”[④]。在 1967 年《成立世界知识产权组织公约》签订后，知识产权这一概念得到了世界上大多数国家和地区的承认。《成立世界知识产权组织公约》第 2 条第 8 款将知识产权的权利保护范围界定为以下几个方面：第一，关于文学、艺术和科学领域作品的权利；第二，表演艺术家的演出、录音和广播的权利；第三，发明领域的权利；第四，关于工业品样式的权利；第五，关于商品商标、服务商标和标记的权利；第六，关于制止不正当竞争的权利；第七，在工业、科学、文学或艺术领域里一切其他来自知识活动的权利。

关于知识产权的定义方式有两种：列举式定义和概括式定义。我国《民法典》第 123 条就采用了列举式定义，将知识产权界定为民事主体对相关客体享有的专有权利。相关客体被具体划分为如下几个方面，即

---

① 参见吴汉东、胡开忠：《形象的商品化与商品化的形象权》（修订版），载《法学》2004 年第 10 期。

② 参见曾世雄：《民法总则之现在与未来》，中国政法大学出版社 2001 年版，第 137 页。

③ 吴汉东、胡开忠：《形象的商品化与商品化的形象权》（修订版），载《法学》2004 年第 10 期。

④ 吴汉东：《知识产权法》，法律出版社 2021 年版，第 3 页。

作品、发明、实用新型、外观设计、商标、地理标志、商业秘密、集成电路布图设计、植物新品种，以及法律规定的其他客体。此定义模式可以清楚、直观、明确地表述知识产权的基本范围和具体类型。但是，知识产权总是在动态发展的，知识产权的内涵总是在不断丰富，知识产权的保护范围也在不断扩张，列举式难免有遗漏之处。因此，学界会采纳概括式定义来总结知识产权的共同特征、类型和范围。赞同概括式定义的学者认为，知识产权是人们依法对自己的智力成果、工商业标记、商誉和其他特定相关客体等享有的权利。智力成果指的是文学、科学、艺术领域的作品以及发明、实用新型和外观设计，由著作权法和专利法保护。工商业标记主要指的是商标，既可以是产品商标，也可以是服务商标，甚至可以是地理标志；但工商业标记保护的并非智力成果，而是区分商品或服务来源的标记。同样地，商誉、其他特定相关客体（如商业秘密、知名形象等）都不是以保护智力成果为基本原则，而是保护企业的声誉或具有经济价值的信息等。①

无形财产权是知识产权的上位概念，知识产权又是无形财产中的一个特殊类别，因此，有学者认为，如果形象权具备著作权、专利权、商标权等知识产权的共同特征，则应当划入知识产权的保护范畴。② 支持知识产权说的观点也略有差异：有的学者认为形象权是有别于著作权、专利权、商标权等的一项独立的知识产权；③ 也有学者认为形象权是与著作权、商标权、商号权相关联的一项知识产权。④ 首先，形象权保护的客体本质是具备一定信誉的角色形象。真实人物形象在被商业性使用的过程中会产生商品化权，其中涉及真人在某个领域长期创造性劳动的积累。作品中的角色、片段或名称的商品化也都是作者智力成果的体现，这恰恰是知识产权保护的对象。其次，形象权具有知识产权保护客

---

① 参见王迁：《知识产权法教程》（第7版），中国人民大学出版社2021年版，第4页。

② 参见刘春霖：《商品化权论》，载《西北大学学报（哲学社会科学版）》1994年第4期。

③ 参见郭玉军、甘勇：《论角色商品化权之法律性质》，载《知识产权》2000年第6期。

④ 参见刘春霖：《商品化权论》，载《西北大学学报（哲学社会科学版）》1994年第4期。

体的特有属性，即专有性、地域性和时间性。专有性，又称为排他性，指未经权利主体的许可，任何人不可以随意使用被商品化的角色形象。形象权具有地域性，同其他类型的知识产权一样都是通过一个国家的法律制度而产生，形象权的效力也取决于一个国家的地域范围。形象权的时间性则需要分类讨论。如果是真实人物的商品化权，权利的保护期应当是人物终生或人物终生加死后的一段期限。如果商品化权的保护对象是作品中的虚拟角色、片段或名称，则权利的保护期应当与角色、片段或名称所属的作品保护期相同。[①] 除此之外，显而易见，形象权可归属于《成立世界知识产权组织公约》中的“一切其他来自知识活动的权利”，而关于作品中角色、片段和名称的商品化权甚至可以划入著作权的保护范畴。

四、边缘性权利说

有学者认为，形象权处于人格权、版权、商标权、商誉权之间的边缘地带，应当是一种新型的、边缘性的权利。[②] 形象权与著作权、商标权等权利存在差异。形象权与著作权存在 3 个方面的不同：一是保护的客体不同。著作权保护的是文学、科学、艺术领域具有独创性并能够通过一定形式表现出来的作品，而形象权所涉及的形象要素不属于著作权上的表达，因此很难通过作品来获得保护，除非存在特殊的法律规则。二是保护的门槛不同。著作权法保护的作品必须具备独创性，即保护对象为作者独立完成的智力成果，而非抄袭他人的作品。形象权一般保护的是名人的形象特征，不以独创性为保护的前提条件。三是保护的目的不同。著作权保护的目的在于鼓励创作，促进文化的传播，而形象权保护的目的在于保证名人的形象价值不受侵犯。[③]

---

① 参见刘春霖：《商品化权论》，载《西北大学学报（哲学社会科学版）》1994 年第 4 期。

② 参见郑成思：《商品化权刍议》，载《中华商标》1996 年第 2 期；刘亚军、曹军婧：《虚拟角色商品化权法律保护刍议——美国实践的启示》，载《当代法学》2008 年第 4 期。

③ 参见刘春霖：《商品化权论》，载《西北大学学报（哲学社会科学版）》1994 年第 4 期。

形象权也区别于商标权。首先，商标权保护的对象是具备识别性的标记，而形象权保护的角色形象不需要具备识别商品或服务来源的功能，只要具有相应的商业价值即可。其次，权利产生的前提不同。通常来说，商标权的确立需要以商标注册或商标使用为前提。[①] 比如，美国的《兰哈姆法》就规定，获得商标权的前提条件是实际使用某一标记。我国的商标法确立了先注册原则，即在先注册商标的一方可以获得商标专用权。对于形象权而言，权利的产生源于形象固有的价值，不一定需要申请商标注册或使用。[②] 虽然形象权有别于人格权、著作权和商标权，但形象权的存在还需要依赖民法、知识产权法等其他相关法律的确定。

第二节　形象权的客体

形象权的客体是自然人的身份或者商业价值，比如姓名、肖像、照片、声音等能够被公众识别或联想出的角色特征。形象权的客体类型有赖于身份特征（identity）的具体表现。

一、姓名

姓名是自然人特定的身份符号（a symbol of identity），由姓氏和名字两个部分组成。姓氏是一个人血缘关系的标志，世代相传，一般不会更改。人类用名字这一语言文字信息区别个体之间的差异。姓名作为形象权客体的基本类型之一，具有较为广泛的类别。姓名不仅包括自然人的本名（real name），还包括绰号（nickname）、艺名（stage name）、笔名（pen name）、假名（fictitious name）、曾用名（name

① 参见郭玉军、甘勇：《论角色商品化权之法律性质》，载《知识产权》2000 年第 6 期。
② 参见耿昕然：《论商标法视野下作品名称、角色名称商品化权益的保护》，载《中华商标》2023 年第 7 期。

used before）等。[①] 例如，鲁迅的本名为周树人，广大读者熟知的却是鲁迅这个笔名。又如，尊龙是著名演员吴国良的艺名，大部分公众不熟悉吴国良，却熟知尊龙。

在有关姓名纠纷的形象权案件中，如果涉及的是知名人士的姓名，公众在看到它时会联想到原告的身份，在这种情况下姓名和形象之间就产生了指示关系。名人的姓名就类似于一个显著的标记或者商标。因此，被告在商业活动中使用原告的姓名，就构成了侵权。但是，如果公众在看到姓名时无法识别出原告的身份，此时，被告的行为就很难构成侵权。例如，在“牛顿诉托马逊”案中，原告牛顿是一名乡村歌手，被告在节目秀中将原告的姓名用在了一个虚构的角色上。法院认为，原告的姓名与原告的形象之间不存在紧密的联系，公众无法在节目秀中识别出原告的形象，节目中的虚构角色形象与原告的形象也不存在相似性。因此，被告的行为不侵犯原告的形象权。[②]

在涉及艺名、笔名、绰号、曾用名等的纠纷中，往往会结合一些辅助因素或特定的背景来判断原告是否应受到形象权的保护，提供保护的核心在于艺名、笔名、绰号、曾用名等与原告之间产生了映射关系。这种映射关系既可以是姓名与形象之间的直接关系，也可以是姓名与形象之间的间接关系。[③] 例如，“赫斯克”案就涉及了商业使用原告绰号的问题。原告是一位著名的体育明星，具有非常独特的奔跑风格，奔跑时仿佛一架旋转的飞轮，因此被人喻为“疯狂之腿”（Crazylegs）。被告是一家化妆品厂商，在女性剃须膏上使用了“疯狂之腿”（Crazylegs）的标语，用来表示该产品的剃须效果很好，如同原告的奔跑速度一般。原告起诉被告侵犯了自己的形象权，被告辩称自己没有使用原告的真实姓名，而“疯狂之腿”并非原告专属。威斯康星州最高法院则认为，被告在产品上使用了原告的绰号，让公众误认为原告代言了被告的产品。

---

① See William L. Prosser, *Privacy*, 48 California Law Review 383 (1960); Cher v. Forum International Ltd., 692 F. 2d 634 (9th Cir, 1982).

② See Newtown v. Thomason, 22F. 3d 1455 (C. A. 9. 1994).

③ 参见李明德:《美国知识产权法》(第 2 版)，法律出版社 2014 年版，第 713 页。

虽然被告所使用的“疯狂之腿”并非原告的真实姓名，但不妨碍原告提起侵权之诉。消费者一看到“疯狂之腿”的标语，便能联想到原告的形象。因此，被告的行为侵犯了原告的形象权。①

又如，“贾博尔”案涉及了商业使用曾用名的问题。原告贾博尔是加利福尼亚州大学洛杉矶分校的著名篮球队球星，曾多次参加全国的篮球比赛。在大学期间，他改名为贾博尔，曾用名为阿尔辛答。被告是一家汽车公司，为了推销一款新车，在一段广告中使用了原告的曾用名，并强调了原告投篮的命中率。原告起诉被告侵犯了他的商标权和形象权。被告抗辩说原告已经改名，这就意味着原告放弃了对“阿尔辛答”一名的使用。美国联邦第九巡回上诉法院在判决中指出：“形象权保护的是自然人身份中的商业价值，身份不仅包含《加利福尼亚民法典》第3344条规定的具体的姓名、肖像、照片和签名，还应当包括加利福尼亚州普通法对自然人身份的广泛认定。普通法并没有严格界定什么是姓名，身份是一个宽泛而灵活的概念，并不限于现在或正在使用的身份特征。”虽然原告放弃了自己的曾用名，类比到商标，就意味着商标的放弃使用，但就形象权来说，一个人不可能放弃自己的身份。因此，无论是原告的曾用名，还是现用名，只要能够指向原告的身份，和原告的形象存在对应关系，就属于形象权保护的范畴。②

二、肖像

肖像指的是自然人的面部特征、侧影、背影或形体特征，可以通过画像、照片、文字性描述等方式呈现。同姓名一样，肖像也是区分和识别人与人身份的符号标记。一般来说，人们都通过姓名来区别不同的个体。后来随着照相和摄影技术的发展，一个人的精神面貌也可以通过平面的方式被公众所熟知，尤其是娱乐明星或体育明星的肖像。在美国的司法实践中有关肖像纠纷的形象权案件中，被告未经许可直接商业使用

① See Hirsch v. S. C. Johnson & Sons, Inc., 90 Wis. 2d 379, 205 USPQ 920 (1979).

② See Abdul-Jabbar v. General Motors Corp., 85 F. 3d 407 (9th Cir. 1996).

原告肖像的行为构成对原告形象权的侵犯。但是，如果案件涉及的是被告对原告肖像的模仿使用，判决侵权的时候就需要考虑公众是否会混淆原告的自然样貌以及模仿后的形象。这一判决思路实则是借鉴了商标法中的混淆可能性理论以及反不正当竞争法中的仿冒理论。

纽约州的“阿里”案涉及使用与名人相似的肖像。在此案中，原告是著名的拳王阿里，被告是一家杂志社，在杂志中刊登了一个裸体男性黑人的图画。在图画中，这位男性坐在拳击场的角落，双手抱在一起，胳膊靠在两边的绳索上，旁边还配有“最伟大的”（The Greatest）字样。该图画的标题为“神秘男人”（Mystery Man）。法院认为，图画中的裸体黑人男性与原告极度相似。例如，颧骨、宽阔的鼻子和棕黑色的眼睛，以及独特的微笑和卷曲的黑头发，都是公众所熟知的原告的肖像特征。同时，图画中的男性双手抱紧端坐在拳击场的一角，这恰好反映了原告职业的环境因素，并且图画中的标语“最伟大的”（The Greatest）也是原告常用来称呼自己的短语。结合上述的相关细节，不难判断出被告不当使用了原告的肖像。①

纽约州还有类似的判决。在“奥纳西斯”案中，原告是美国前总统肯尼迪的夫人杰奎琳，在美国享有很高的知名度，被告是一家生产化妆品的公司，聘用了一位长得很像杰奎琳的女性，拍摄了一幅广告画，在杂志上宣传和推销资料。原告起诉被告的行为侵犯了她的形象权。原告主张对“肖像”一词进行扩张解释，肖像不仅应包括自然人原始的面貌，还应当涵盖他人模仿的形象（look-like）。但是，被告辩称，《纽约州民权法》第50条规定的“肖像”应当作狭义解释，仅限于原告原本的肖像。纽约州最高法院认同了原告的观点，根据法律的规定、判例和词典②的释义，形象权禁止的是对于他人身份的利用，任何人都有权反对对自己身份的掠夺性商业利用。这种身份，既可以通过文字来传

---

① See Ali v. Playgirl, Inc., 447 F. Supp. 723（S. D. N. Y. 1978）.

② 《美国传统英语词典》（American Heritage Dictionary of English Language）将肖像（portrait）定义为：（1）某人的绘画、照片或其他肖像，尤其是展示在平面上的；（2）关于某人的文字描绘或者描述；（3）此物与彼物非常相似。

达，也可以通过肖像来表现。对于肖像的含义，应当从更为广泛的层面去解释，肖像既包括真实的自然人面貌，也包括与真实的自然人相似或接近的形象。纽约州最高法院继续论证说：“‘搭便车’的行为是不被允许的，试图利用他人的形象，应当支付相应的费用。任何人都不能出于商业性的目的免费使用他人的肖像，不能因为使用了与原告外形相似，但又不完全与原告相同的外表而免责。”实际上，从纽约州最高法院的判决来看，法院将原告的肖像视为一种类似于商标的显著性标记，借用了商标侵权中的混淆可能性理论作为基础。当被告使用了与原告相似的肖像时，消费者能识别模仿者标识，并且还能联想和指示到原告的样貌，据此可以推定被告有盗取原告肖像的商誉的嫌疑。因此，为了防止消费者误认，应禁止被告使用与原告酷似的形象，这既符合商标法和反不正当竞争法的保护宗旨，也符合形象权的保护原则。[①]

三、照片

角色的照片不同于角色的肖像，照片是一个比肖像还要广泛的概念。根据韦氏词典的定义，照片有 3 种不同的含义：（1）某人的形象或肖像，被展示在某一平面物体上，尤其是通过绘画、素描或照相的方式来展示；（2）某人绘画、素描或照片的复制件；（3）某人的肖像或形象。再根据《华盛顿州名人法》的相关规定，肖像指的是描述一个人面貌、身体或其他特征的画像、图画、版画、模型，但不包括照片；而照片指的一个人的照片原片或复制件，可以是静态的，也可以是动态的，或者是以录像形式呈现的画面。[②]

根据美国的法律和判例，某一角色的照片若想获得保护，必须满足可识别性（identifiable）这一特征。可识别性指的是公众能够从整体形象中识别出原告。形象的可识别性类似于商标的区别性。如果将角色的形象视为一种商业标识，识别性的功能则体现在区别原告的形象与其他

---

① 参见李明德：《美国知识产权法》（第 2 版），法律出版社 2014 年版，第 718 页。

② See https://www.merriam-webster.com/dictionary/picture.

人的形象上。但形象的识别性也不同于商标的区别性。商标的区别性指消费者能够识别商品或服务的来源，而形象的识别性指识别原告的特定形象，而不是商品或服务的来源。[①] 可识别性同样适用于姓名、肖像、声音或其他身份特征。

照片不仅是形象权的客体，也是版权法的客体。这里就涉及形象权与版权竞合的问题。例如，在“Lugosi”案中，知名演员 Bela Lugosi 在环球电影公司拍摄的电影中扮演吸血鬼的角色。在 Bela Lugosi 去世之后，环球电影公司对他扮演的吸血鬼形象进行了二次开发和利用，制作并销售了相关的游戏、面具和卡片。原告是 Bela Lugosi 的继承人，认为被告环球电影公司未经许可擅自使用吸血鬼形象侵犯了 Bela Lugosi 的形象权。但是，被告辩称自己对电影享有版权，可以对角色的照片自由使用。这里就产生了版权和形象权之间的冲突与协调问题。经审理，地方法院认为 Bela Lugosi 的继承人享有形象权，被告的行为构成侵权。上诉法院推翻了地方法院的判决，认为被告对 Bela Lugosi 的角色照片享有版权，根据版权优先性原则，被告不构成对原告形象权的侵犯。[②] 在“Tony”案中，原告 June Tony 是知名模特，为强生公司的一款名为“Ultra Sheen Supreme”的洗发水代言，原告同意强生公司在 1995 年至 1996 年将她的形象用于洗发水广告中。在 2000 年，被告欧莱雅购买了强生公司“Ultra Sheen Supreme”洗发水的生产线，在促销活动中使用了原告的照片。原告以被告未经许可擅自商业使用自己的形象为由，向法院提起诉讼。地方法院驳回了原告的诉讼请求，因为适用了版权优先性原则。然而，上诉法院推翻了地方法院的判决，认为原告形象未固定，无法满足版权优先性的先决条件。[③]

版权与形象权冲突的原因在于两者的保护原则不同。版权法旨在鼓

---

① 参见马波：《美国形象权法律制度研究》，知识产权出版社 2012 年版，第 230 ~ 231 页。

② 参见 Lugosi v. Universal Pictures, 25 Cal. 3d 813, 205 USPQ 1090 (1979)；李梦佳：《论版权与形象权的冲突与协调——以美国法规则与案件为视角》，载《电子知识产权》2020 年第 5 期。

③ See Toney v. L'Oreal USA, Inc. 406 F. 3d 905 (7th Cir. 2005).

励创作和作品传播，希望创作者能够站在前人的肩膀上自由创作作品。而形象权保护的是自然人的形象要素，以阻止他人对原告形象的商业盗用为目的，与创作自由毫无关联。尤其在电影作品、美术作品的创作过程中，作者会不可避免地使用到他人的身份特征，若阻碍作者对他人的形象的利用，势必会影响版权产业的发展。但是，这并不代表可以任意使用他人的形象进行创作，版权的优先性应建立在一定的限制条件下。美国《版权法》第301条规定，版权优先性的成立需要同时满足两个条件：（1）客体相同（the same subject matter）：涉案的对象是否符合版权客体的要求，即原告的形象是否为独创性的作品并能够通过有形的形式固定和呈现，即所保护的形象的特征是否满足美国《版权法》第102条的规定；（2）权利等同（equivalent right）：州关于形象权的立法是否将复制、发行、改编、公开展览、公开表演这几种行为归纳为侵权行为，因为美国《版权法》第106条规定了几种基本的版权内容，分别为复制权（right to reproduction）、发行权（right to distribution）、改编权（right to adaptation）、公开展览权（right to public display）、公开表演权（right to public performance）。综上所述，只要自然人的身份特征被固定之后，属于联邦版权法保护的客体，州法所授予的权利等同于联邦版权法所授予的权利，版权法就会排除州法的规定。[①]

在涉及自然人照片的形象权纠纷中，通常比较容易满足版权优先性原则，致使“被告享有版权”成为形象权侵权的一种抗辩事由。但是，在有些案例中，权利等同原则不一定容易满足，因为这取决于州法的规定。版权优先性原则契合美国宪法的基本理念以及版权法的历史演变。美国是一个联邦制国家，州和联邦都具备独立的立法权限。例如，版权法就是国会制定的法律，属于联邦法，在全美范围内统一使用，不允许州的立法机关再制定州一级的版权法。相比之下，美国没有联邦层面的形象权法，各州可以根据州内的实际情况制定形象权法。[②]

---

① See 17 U. S. C. §301；Toney v. L'Oreal U. S. A，Inc. 406 F. 3d 905（7th Cir. 2005）.

② 根据美国宪法第十修正案的规定，州可以制定法律，只要不是宪法所禁止的即可。

美国《宪法》第6条第2项确立了宪法最高条款原则和优先原则，规定美国的宪法和联邦法具有优先于州法的效力，州法的制定和实施不能违背联邦法的立法目标。优先原则的适用情形有两种：第一种是明示的优先（express preemption），指的是联邦法的条款明确提到此法的适用具有排他性或专属性，比如美国《版权法》第301条具体阐述了版权法比形象权法优先适用。第二种情形是默示的优先（implied preemption），适用的前提是州法和联邦法规制了相同的事项。例如，虽然某一联邦法没有明确说明在法律适用上自身优先于某一州法，但是州法的规定及立法目的都明显地与联邦法的规定和立法目的相冲突。在这种情况下，州法的相关的条款是无效的。

四、声音

声音是人类声带通过振动而产生的声波，由于每个人声带的发声频率有差别，故基本没有完全一样的声音。美国联邦第九巡回上诉法院的法官曾提道："声音就像人的面貌一样具有独特性，人类的声音是呈现身份的最显著的表现。"[①] 声音的独特性体现在口音、腔调、声调等方面的差异上，若能够被普通听众有效地识别出来，就可以获得形象权的保护。[②]

形象权可以保护的声音涵盖范围较为广泛，不仅包括自然人的原声，还包括歌唱家的演唱声音、演员的配音、朗读者的朗诵声音、戏曲演员的戏曲声音以及模仿的声音。在早期的一些判例中，对于他人对名人声音的模仿，原告只能依据仿冒提起诉讼，这一点在本书的第二章中已经论述。随着形象权立法的颁布和不断完善，形象权已经可以规制模仿的声音（voice imitations）。

例如，在美国联邦第九巡回上诉法院审理的"米德乐"案中，原告米德乐是全美知名的演员和女高音歌唱家，曾经在1973年获得过格

---

① Midler v. Ford Motor Co., 849 F. 2d 460 (9th Cir. 1988).

② See Sinatra v. Goodyear Tire & Rubber Co., 435 F. 2d 711, 716 fn 12 (9th Cir., 1970) cert denied 402 U. S. 906 (1971).

莱美艺术新秀奖，她的代表作品为《你想跳舞吗》（*Do you want to dance*）。被告是福特汽车公司，为了推销一款新车，制作了一则 30 秒到 60 秒的电视广告，使用了《你想跳舞吗》作为背景音乐。但是，广告中录制的背景音乐并不是由原告演唱的，而是被告找了另一个演唱者模仿原告的声音演唱《你想跳舞吗》。法院认为，声音是可以保护的形象特征之一，演唱者模仿了原告的声音并制作和发布了带有这个声音的广告，侵犯了原告的形象权。①

在涉及声音的形象权案件中，也会出现版权优先性的问题，因为被记录下来的声音是版权所保护的录音制品（sound recordings），符合客体相同原则。在"Laws v. Sony Music"案中，原告 Debra Laws 是一位专业歌手和录音艺术家，与 Elektra 签订了一个录音合同，允许 Elektra 录制自演唱的歌曲，并给予 Elektra 对录制歌曲的独家版权，Elektra 可以发行、出租、许可或者通过其他方式使用录制歌曲。但是，Elektra 使用或授权他人使用录制歌曲里的声音需要获得 Debra Laws 的书面同意。在 1981 年，Debra Laws 录制了一首名为《Very Special》的歌曲，发行的专辑包含 Elektra 的署名和版权。在 2002 年，Elektra 的代理商与被告索尼公司签订了一份协议，允许索尼公司对原告的歌曲 *Very Special* 进行采样（sample）② 并制作一首新歌 *All I Have*。索尼公司在对原告的声音采样时并未经过原告的书面同意，因此原告向法院起诉被告侵犯形象权。法院认为，被告所采样的声音被录制下来后符合版权法所保护的录音制品的特征，录音合同中授权给 Elektra 的权利与版权法的排他性权利具有一致性。因此，这里满足版权优先性的原则，法院驳回了原告的诉讼请求。③

五、其他身份特征

根据美国加利福尼亚州的普通法，形象权客体不局限于姓名和肖

---

① See Midler v. Ford Motor Co., 849 F. 2d 460 (9th Cir. 1988).

② 采样是指从现有音乐作品中抽出一个片段或旋律，重新演绎成新的音乐作品并录制下来，属于对音乐文化的传承。

③ See Laws v. Sony Music Entertainment, Inc. 448 F. 3d 1134 (9th Cir. 2006).

像，而是涉及所有能够指示原告身份的特征（indicia of identity），比如经典的口号、动作、独特装扮或者其他综合性的身份因素。① 只要被告使用了原告的身份特征，就可能构成侵权，因为形象权保护的就是具有商业价值的个人核心特征（essence）。并非所有的身份特征都可以获得形象权的保护，必须是自然人的具有辨识度的显著特征，也就是本书第一章和第二章所提到的“唤醒模式”。比如，在1974年美国联邦第二巡回上诉法院审理的“Motschenbacher”案中，形象权保护的是原告驾驶赛车的侧影。该案的原告是一位知名的国际赛车手，经常参与广告宣传，在大众面前享有较高的知名度。原告拥有一辆独特装扮的赛车，该赛车是红色的，车上有一条很明显的白色条纹，赛车号码为椭圆白色背景装饰的11号。相比之下，其他赛车基本不使用白色条纹的装饰，赛车号码的背景是圆形。被告是一家烟草公司，在香烟的广告中使用了原告驾驶赛车的场景，将原告的赛车号码改成了71，对原告的面貌做了模糊化处理。虽然原告的面部不清晰，赛车号码也由原来的“11”改成了“71”，但整个车身的颜色和装饰可以令公众立即识别出广告中的赛车手就是原告。法院提道：“赛车上的装饰性标志不仅仅是原告所拥有的物品，更是能使公众联想到这辆车属于原告的身份标志，从而使公众推断出驾驶车辆的人就是原告。”②

类似的案例还有1983年的“Carson”案。原告卡森是电视节目 *Tonight Show* 的主持人和明星，每当节目开始前都会有一个未见其人先闻其声的口号“这里是强尼”（Here’s Johnny）。由于这个节目每个工作日都播放1次，观众非常熟悉“这里是强尼”和原告的密切关系，因此法院认定“这里是强尼”这句经典台词可以获得形象权的保护。③

---

① See Waits v. Frito-Lay, 978 F. 2d 1093, 1098 - 1100 (9th Cir. 1992).

② Motschenbacher v. R. J. Reynolds Tobacco Co., 498 F. 2d 821 (9th Cir. 1974).

③ See Carson v. Here’s Johnny Portable, Inc., 698 F. 2d 831 (6th Cir. 1983).

第三节 形象权的主体

一、自然人

自然人是形象权最常见的主体类型。具体而言，自然人是人格商品化权或形象权的权利主体。在多数情况之下，形象权的权利主体以知名人士为主，非名人是否享有形象权在美国的法学界曾一度存在争议。因此，学界探讨的焦点在于形象权主体的界定范围上。根据非名人是否享有形象权，美国的法学界对于形象权的主体理论形成了两种不同的观点：形象权主体一元论和形象权主体二元论。

持形象权主体一元论观点的学者认为，形象权的主体仅限于知名人物，形象权不保护非知名人物的形象特征。形象权保护名人形象中存在的经济价值，非名人形象难以产生商业价值。[①] 这一观点其实是受美国隐私权法的影响，即名人通过形象权来保护形象利益，非名人可以通过隐私权来保护形象中的经济价值。[②] 美国有些判例将形象权的主体限定为名人群体。例如，在“Lerman”案中，法院认为，由于原告经常出现在杂志、新闻访谈和报纸中，在当地具有一定的名气，因此她的形象才具备商业价值。同样，在“Cheatham”案中，法院认为，当一个人的形象具有商业价值时，他才会享有形象权。而一个人享有形象权的前提条件有两个：（1）该形象具有可识别性；（2）该形象在公众眼里具有一定的知名度。原告必须要先证明自身形象的知名度，才能成为形象权的主体。

形象权主体一元论以自然人知名度的高低来判断一个人是否享有形象权的保护，这不利于保护非名人的形象权，也违背了判例法中的基本

---

① See Peter L. Felcher & Edward L. Rubin, *Privacy, Publicity, and the Portrayal of Real People by the Media*, 88 Yale Law Journal 1577 (1979).

② See Martin Luther King, Jr. Ctr. for Soc. Change, Inc. v. Am. Heritage Prods., Inc., 296 S.E. 2d 697, 700 (Ga. 1982).

法律规则。

首先，隐私权难以保护非名人的形象价值。盗用原告的姓名或肖像中的商业价值已经被大多数州的形象权立法或判例法所取代，这些州也普遍承认非名人也享有形象权。因此，没有必要单独适用隐私权法中的盗用规则去保护非名人的形象价值。

其次，在隐私权纠纷中，原告不仅需要证明被告的侵权行为损害了自身的经济利益，还必须证明被告的行为对自己造成了精神损害。商业利用非名人的形象不一定会产生精神损害，因此，原告很难通过举证获得精神损害赔偿。如果用隐私权来解决非名人的形象利益纠纷，那么非名人很难获得相应的救济。① 相比之下，在形象权的理论框架之下，原告不需要证明所遭受的精神损失，仅需要证明如下 3 个要件：（1）被告未经许可使用了原告的姓名、肖像等形象特征；（2）被告的使用是一种以商业为目的的使用；（3）被告的使用行为与商业性的使用目的存在直接的因果关系。②

最后，高知名度并非形象权存在的必备要件，自然人知名度的高低并不会影响形象权的存在。在涉及形象权的侵权案件中，原告的知名度仅仅为计算损害赔偿数额的基础，并非权利存在的前提。原告的知名度越高，他所受到的损失就越大，被告的赔偿数额就越多。③ 在美国司法实践中有大量的判例不区分自然人知名度的高低。例如，在"Zacchini"案中，原告是一名杂技演员，并非明星，但是，他的"大炮喷射活人"的杂技表演给他带来了很高的声誉和经济价值，被告在新闻节目中报道原告的表演就构成了对原告形象权的侵犯。④ 在"Canessa"案中，原告是一个普通人，被告擅自将原告的照片附在自己发表的文章中。法院认为，被告使用原告的肖像是以商业为目的，可以

---

① See J. Thomas McCarthy & Melvin B. Nimmer, *The Right of Publicity: A Tribute*, 34 UCLA Law Review 1703 (1987).

② See California Civil Code Section 3344 (e).

③ See Waits v. Frito-Lay, Inc., 978 F. 2d 1093 (9th Cir. 1992).

④ See Zacchini v. Scrips-Howard Broadcasting Co., 433 U. S. 562 (1977).

推定原告的形象包含商业价值，无论名气高低，名人与非名人的形象都具有经济价值。[①] 综上所述，形象权主体一元理论具有不合理性。

美国法学界和司法实践普遍认可的观点是形象权主体二元论。在形象权主体二元论的理论体系中，名人和非名人都可以成为形象权的主体。具体而言，形象权主体二元论不以形象权是否具有公众知名度作为区分的标准。麦卡锡教授曾将形象权定义为每一个人都固有的权利，每个人都可以控制或商业利用这项权利。[②] 同样地，1995 年美国的《反不正当竞争法重述》（第 3 版）关于形象权的描述为：出于商业性的目的，未经许可而使用他人的姓名、肖像或其他身份标记，属于盗取他人身份中的商业价值，侵权人应当负法律责任。该重述没有刻意将“他人”区分为名人和非名人，而是对名人和非名人的形象价值给予了同等的保护。[③]

二、角色的扮演者

角色的扮演者不同于普通的自然人。扮演者的形象往往通过化妆、服装和造型塑造，而普通的自然人展现的则是他真实的人物面貌。角色的扮演者通常扮演的是影视作品中的虚拟角色或电子游戏画面中的虚拟角色，但不包括文学作品中非可视化的角色。美国法官拜尔德（Bird）曾提出：“角色的扮演者应当就其扮演的虚拟角色享有形象权，因为扮演者在塑造这些人物角色的同时，控制对其肖像商业利用或职业投入的经济利益，这与他们控制对自己‘真实形象’的使用利益是完全相同的。”比如，卓别林、六小龄童就对自己的表演形象享有形象权。事实上，表演者对于保护个人表演形象的诉求比保护个人的自然形象特征的诉求还要强烈。因此，当一个人在刻画某个特定的虚拟人物时，没有理

---

① See Canessa v. J. I. Kislak, Inc., 235 A. 2d 62 (N. J. Sup. Ct. 1967).

② See J. Thomas McCarthy, *The Right of Publicity and Privacy* (*second edition*), A Thomson Reuters Business, 2009, p. 3.

③ See Restatement (Third) of Unfair Competition Section 46 cmt f (1995).

由去否定角色的扮演者为权利主体。[①] 但是，法官莫斯克（Mosk）持相反的观点，即角色的扮演者不能仅仅因为扮演了一个虚构的角色就享有财产权。[②]

美国联邦第九巡回上诉法院也在判例中承认了形象权的主体涵盖角色的扮演者。当他人盗用演员的形象特征并且该表演形象足够贴合演员本身时，演员可以主张形象权的保护。例如，在 Wendt v. Host International, Inc. 案中，Paramount 是电视节目 *Cheers* 的版权所有者，它将一系列的影视角色许可给被告使用。被告想设计一个包含上述角色的主题酒吧，因此在酒吧放置了一些模仿影视角色的机器人。其中一个机器人模仿的是由 George Wendt 扮演的角色“Norm”，另一个机器人模仿的是由 John Ratzenberger 扮演的角色“Cliff”。提起诉讼的原告是两位演员，法院认为，只要演员的角色形象能够被识别出来，演员即可成为形象权的主体。鉴于影视角色已经独立地呈现在荧幕上，电视节目的版权所有者不对影视形象享有形象权。[③] 类似的案子还有“Waits”案，此案涉及声音的模仿纠纷。一位歌手模仿了配音艺术家的声音，被告通过广告宣传了该模仿的声音，导致公众无法区分歌手的声音和配音艺术家的声音。法院认为，被告侵犯了艺术家对自身声音享有的形象权。[④]

三、角色的继受主体

形象权是一种财产权，可以通过转让、许可、继承或信托的方式产生新的权利主体。根据权利是原始取得还是受让取得，可以将形象权的主体划分为原始主体和继受主体。原始主体指的就是拥有姓名、肖像、声音等形象特征的自然人或角色的扮演者，而继受主体是通过自然人的转让、许可或者继承而获得形象权的人。形象权的继受主体可以是自然

---

① See Lugosi v. Universal Pictures, 603 P. 2d 425, 444 (Cal. 1979).

② See Lugosi v. Universal Pictures, 603 P. 2d 425, 432 (Mosk, J., concurring).

③ See Wendt v. Host Int.'l, Inc. (Wendt Ⅱ), 125 F. 3d 806 (9th Cir. 1997).

④ See Waits v. Frito-Lay, Inc., 891 F. Supp. 381, 387 (W. D. Ky. 1995).

人、法人或其他组织。[①] 在形象权的侵权案件中，不仅原始主体具备诉讼资格，继受主体同样可以提起诉讼。例如，在2001年加利福尼亚州最高法院判决的“喜剧第三”案中，提起诉讼的主体为一家专门替去世的喜剧演员发放许可和主张权利的公司，这家公司通过转让或许可合同的方式获得了喜剧演员的形象权。[②] 在“Cardtoons”案中，全国棒球职业联盟协会通过棒球明星授权的方式获得了主张权利的资格。[③] 美国有些州的形象权法规定：“形象权人死亡后，权利不会随之消失，仍可以由继承人享有，继承人可以提起侵害该形象权的诉讼。”[④]

第四节　形象权的侵权判定与救济

一、侵权构成要件

形象权侵权是指未经许可商业性使用了他人的姓名、肖像、声音等形象特征。构成形象权的侵权，必须满足四要素分析法（four - step test）中的4个要素：第一，被告直接使用（literally use）或模仿使用（imitation）了原告的姓名、肖像等身份特征；第二，投入商业使用或广告宣传；第三，未征得原告的同意；第四，被告对原告的形象造成了损害。[⑤]

形象权的侵权构成要件借鉴了盗用他人的商业价值的3个要素：（1）挪用的行为；（2）挪用的是他人的商业价值；（3）用作商业性的用途。这一部分在本书的第二章中有所论述。在判断形象权侵权的时

---

① 《华盛顿州名人法》第63.60.020条第（7）项规定形象权的主体为自然人、公司、法人、合伙、非营利性机构、教育培训机构、政治团体、共同持股公司、信托机构等。

② See Comedy Ⅲ Prods. Inc. v. Gary Saderup, Inc. 25 Cal. 4th 387, 106 Cal. Rptr. 2d 126, 21 P. 3d 797 (2001).

③ See Cardtoons, L. C. v. Major League Baseball Players Association 95 F. 3d 959 (10th Cir. 1996).

④ California Civil Code, section 3344. 1. New York Civil Rights Law § 50 - f.

⑤ See *Eastwood*, 198 Cal. Rptr. at 347.

候，最重要的考量因素是被告的行为要件和损害要件。

被告的行为要件指的是形象权侵权中的第一、第二和第三个步骤。只有当被告未经许可的商业性使用能够指向形象权所属人物时，才构成侵权。在直接使用人物的姓名、肖像、照片和声音的情况下，一般不存在问题，因为这些身份特征比较容易识别。但是，在模仿使用他人的肖像、声音或其他身份要素的时候，需要仔细判断这些特征是否能够指向原告本人。[①] 损害要件指的是被告的行为确实给原告造成了直接或间接的损害。如果被告没有利用或损害原告身份中的商业价值，就不会构成侵权。比如，被告在教科书中使用了原告的姓名和成长经历不会侵犯原告的形象权，因为原告的身份特征仅仅用于教育用途而非商业性使用。虽然学生或家长购买教材的行为属于商业使用，但购买行为与使用原告的身份之间不存在直接的因果关系。[②]

形象权侵权案件采用的是无过错责任体系，因此不要求原告证明被告的主观过错责任，如同版权侵权、专利侵权和商标侵权一样，形象权侵权关注的并不是被告的主观意图，而是被告行为所造成的结果。无过错责任体现在不论被告主观上是否具有侵犯他人形象权的故意，只要客观行为上构成了对他人形象权的侵犯，就可以认定侵权的成立。[③] 这一规定是受美国法学会的《侵权法重述》（第 2 版）的影响，这一版删掉了过错责任，将未经许可使用他人姓名、肖像或商业价值的行为直接定性为侵权。[④] 根据《纽约州民权法》第 51 条的规定，在侵犯形象权的案件中，无论是下达禁令还是给予经济赔偿，原告都无须证明被告具有主观上的故意，只有在给予惩罚性损害赔偿或判给轻罪的时候，才需要

---

① See Wendt v. Host Int.'l, Inc. (Wendt Ⅱ), 125 F.3d 806 (9th Cir. 1997); Motschenbacher v. R.J. Reynolds Tobacco Co., 498 F.2d 821 (9th Cir. 1974); Carson v. Here's Johnny Portable, Inc., 698 F.2d 831 (6th Cir. 1983).

② See Johnson v. Harcourt, Brace, Jovanovich, 43 Cal. App.3d 880, 118 Cal. Reporter 370 (1974).

③ See Downing v. Abercrombie & Fitch, 265 F.3d 994, 1001 (9th Cir. 2001); Butler v. Target Corp., 323 F. Supp.2d 1052, 1056 (C.D. Cal. 2004).

④ See Restatement (Second) of Torts Section 652C (1977).

考虑。而根据《加利福尼亚民法典》第 3344 条，未经许可使用活人的形象特征时，需要证明被告主观上的故意，但在侵犯死者形象权的问题上，没有规定故意的要求。如果原告难以证明被告主观上的故意，还可以根据加利福尼亚州普通法中的形象权规定提出要求，因为普通法并不要求证明主观意图这个要件。

二、救济途径

在形象权案件中，原告通常会要求法院下达禁令，要求金钱赔偿、律师费用或者寻求其他的救济途径弥补形象价值受到的损害。在大多数的案件中，法院更倾向下达禁令而不是判给损害赔偿。主要的原因是经济损失在形象权案件中难以计算，禁令能够更好地防止财产的进一步损失。

（一）禁令（injunction）

在有关财产权的案件中，禁令是一种非常重要的救济手段，可以禁止被告继续实施正在发生的侵权行为，避免原告的财产遭受进一步的损失。形象权的禁令救济可分为两类：永久性禁令（permanent injunction）[①] 和临时性禁令（interlocutory injunction）[②]。

永久性禁令可以令原告获得永久性的保护，使被告永远不得实施侵害行为，但是，被告可以通过签订授权许可合同的方式获得原告形象的使用权。而临时性禁令是一种诉前的救济手段，因此需要满足严格的条件。美国大部分法院在处理形象权人申请的临时禁令时，会考虑如下 4 个因素：第一，原告是否有胜诉的概率？第二，原告是否证明自身遭受了不可弥补的损失（irreparable harm）？第三，禁令的下达是否对双方

---

① 永久性禁令指的是在诉讼中法院通过判决的方式强制被告以后不得侵犯原告的形象权。

② 临时性禁令指的是被告即将或正在侵犯原告的形象权，如果不及时制止将会给原告带来无法弥补的损害，此时原告可以在诉讼前向法院申请禁令。

当事人产生影响？第四，禁令的下达是否会损害公共利益？[①] 关于第一个因素，只要原告拥有形象特征，被告商业性使用原告的形象有可能构成侵权，原告就具有胜诉的可能性。关于第二个因素，若不下达禁令，原告的形象价值会一直遭受损害，就可以认定原告可能遭受无法弥补的损失。关于第三个因素，如果不下达禁令，原告遭受的损害会大于被告遭受的损害，则原告和被告之间会发生利益失衡。关于最后一个因素，禁令的下达是否会损害公众的利益，比如影响市场秩序或欺骗消费者。在原告胜诉概率很大，遭受了不可弥补的损失，原被告双方利益平衡以及不会损害公共利益的情况下，法院必须下达临时性禁令。在分析上述4个因素时，第一个和第二个因素是最重要的，因为这两个因素与形象权的侵权构成要件息息相关。

无论是临时性禁令还是永久性禁令，法院还需要考虑禁令的适度性。司法实践总结了诸多的参考因素：

（1）受保护利益的性质；

（2）不当占有的时间和性质；

（3）禁令或其他救济对原告保护的适当性；

（4）比较原告和被告在授予或不授予禁令之下的利益关系；

（5）考虑是否影响第三人的利益和公共利益；

（6）原告在申请禁令时是否存在不当行为或拖延；

（7）下达禁令的实际情况。[②]

（二）金钱损害赔偿（monetary damages）

金钱损害赔偿是被告对给形象权人造成的经济损失的补偿。原告可以获得的损害赔偿主要有补偿性的损害赔偿（compensatory damages）、法定赔偿（statutory damages）、惩罚性损害赔偿（punitive damages）以及律师费用（attorney's fees）。补偿性的损害赔偿又包括原告的实际损

---

① See J. Thomas McCarthy, *The Right of Publicity and Privacy* (*second edition*), A Thomson Reuters Business, 2009, p. 685.

② See eBay, Inc. v. MercExchange, LLC, 547 U. S. 388 (2006).

失、侵权利润所得（profits）和未来潜在收益（future potential earnings）。

实际损失指的是直接的经济损失，是原告形象价值的贬损，也就是形象的合理市场价格（fair market value）。法院可以通过原告形象授权许可合同中获得的收益来计算合理市场价格，也可以通过专家鉴定的方法判断与原告名气相当的人所获的形象收益。①

侵权利润所得是被告侵犯原告形象所获得的利润，属于不当得利。原告需要证明被告在侵权行为中获得的总收入（gross revenue），被告也可以举证证明应当从总收入中减掉的成本（deductible expenses）。给予侵权利润所得可以弥补权利人的实际损失和制止侵权，还能要求被告返还不当得利。

未来潜在收益指的是在原告形象价值受损时原告失去的未来应当获得的经济利益，例如原告失去的工作机会、商业价值或者声誉。未来潜在收益通常会出现在商标淡化的纠纷中，将原告的形象用作商标并置于质量低劣的产品上，会冲淡原告的形象价值，影响原告的未来收益。②

法定赔偿是法律规定的赔偿，一般由法律直接规定或者法院根据案件的具体情况确定一个合理的数额。法定赔偿在美国《版权法》第 504 条有所体现，以一件作品为例，原告可以获得最低 750 美元最高为 3 万美元的法定赔偿。在形象权侵权中，原告也可以要求法定赔偿。例如，《华盛顿州名人法》第 63. 60. 060 条规定形象权人可以获得至少 1500 美金的法定赔偿，前提是不能再请求获得侵权所造成的实际损失或利润。《加利福尼亚民法典》第 3344 条规定了至少 750 美元的法定赔偿金。法定赔偿为权利人提供了自由的选择空间，尤其是在原告无法准确证明实际损失和侵权利润的时候，或者举证证明实际损失和侵权利润对自己不利时，就可以选择法定赔偿。

当被告具有主观恶意时，法院可以要求被告承担惩罚性损害赔偿。

---

① See Weinstein Design Group, Inc. v. Fielder, 884 So. 2d 990 (Fla. Dist. Ct. App. 4th Dist. 2004).

② See Hirsch v. S. C. Johnson & Son, Inc., 90 Wis. 2d 379, 280 N. W. 2d 129, 138, 205 U. S. P. Q. 920 (1979).

不同于补偿性损害赔偿，惩罚性损害赔偿的主要目的不在于弥补原告的损失，而在于威慑恶意侵权人，防止被告未来继续实施侵权行为，这就类似于刑法当中的罚金刑（fine）。惩罚性损害赔偿的数额需要满足比例原则，即惩罚性赔偿数额应该与一般的损害赔偿之间保持合理的比例，不得超出一般损害赔偿数额的几倍数，同时也应当设定惩罚性损害赔偿的最高限额。例如，美国专利侵权案件中的惩罚性损害赔偿不得超过损害赔偿数额的 2～3 倍。① 在美国商业秘密侵权纠纷中，惩罚性损害赔偿不得超出损害数额的 2 倍。②

法院还可以要求败诉一方给予胜诉一方一定的律师费用和诉讼费用，③ 胜诉一方还可以要求叠加不同类型的损害赔偿。比如在“Wait”案中，法院判决被告应赔偿原告 10 万美元的实际损失，20 万美元的原告的平静、幸福和感情的损失（injury to peace，happiness and feelings）以及 75,000 美元的商誉和未来预期收益的损失。此外，由于被告具有主观故意，法院还判决被告承担 200 万美元的惩罚性损害赔偿。④

第五节 形象权的限制与例外

形象权的限制与例外，又称为形象权的免责事由。如果对他人形象特征的使用方式落入形象权的限制与例外情形，那么将不构成对他人形象权的侵犯。这一制度类似于版权的限制与例外，多数情况涉及平衡测试法（balancing test），即如何平衡权利人和社会公众之间的利益。

自然人的姓名、肖像、声音等是一种文化符号，往往成为他人表达思想的媒介。尤其是公众人物，社会群体需要使用名人的形象去讨论一

① See 35 U. S. Code，Section 292.

② See *Uniform Trade Secret Act*，Section 3.

③ See Kirby v. Sega of America，Inc. 144 Cal. App. 4th 47，50 Cal. Rptr. 3d 607 (2006).

④ See Waits v. Frito-Lay，Inc.，978 F. 2d 1093 (9th Cir. 1992).

些话题，从而表达自己的观点。因此，形象权人控制自己形象的商业利用在某种程度上也会影响社会公众的创作自由，当某一姓名或肖像的使用涉及公共利益的时候，相关形象权的行使势必会受到一定的限制。[①]形象权可以防止他人通过商业性使用盗用形象权人的身份价值，但是不禁止他人对形象权人的评价、批评、讽刺、滑稽模仿或其他表达性使用。[②]

创作自由的含义非常广泛，社会公众可以通过出版书籍，新闻报道，发布照片，制作电影，艺术创作或者其他方式表达自己内心的想法和观点。根据社会公众表达信息的类型差异，创作自由可以划分为 3 种类型：对新闻信息[③]的表达、对娱乐信息[④]的表达以及对商业性信息的表达。美国宪法第一修正案对新闻信息和娱乐信息提供充分的保护，因为它们涉及公共利益或公共事务[⑤]。《加利福尼亚民法典》第 3344 条列举了一系列的包含公共利益的信息表达，比如新闻、体育节目、戏剧、书籍、音乐、电影、广播节目。但是，美国宪法第一修正案对商业性信息表达提供有限度的保护，只有在满足特定条件的时候才能对形象权产生限制的法律效果。[⑥] 商业性表达在何种情况下可以限制形象权需要具体案件具体分析，法院并未形成统一的规制，这取决于个案中的法官如何平衡形象权人的个人利益与社会公共利益。[⑦] 除了创作自由，在作品中使用他人的形象特征也不会构成形象权侵权。本章的这一部分主要介

① See Paulsen v. Personality Posters, Inc. , 59 Misc. 2d 444, 299 N. Y. S. 2d 501 (1968).

② See Comedy Ⅲ Productions v. Gary Saderup, 25 Cal. 4th 387 (Supreme Court of Cal. 2001).

③ 新闻信息是传达和报道社会重要事件的信息，具有时效性和通讯功能，应当包含一定的新闻价值。

④ 娱乐信息是满足社会公众休闲和娱乐需求的信息，娱乐信息的载体包括电影、电视剧、电子游戏、文学和艺术作品。娱乐是人类自我表达、信息传播和文化交流的重要手段。

⑤ 对公共利益或公共事务应作广义解释，公共利益或公共事务不仅包括新闻报道、政治事务报道，还包括广播公司介绍社会文化和生活的纪录片，报社刊登的有关体育赛事的报道和出版社出版的人物传记等。

⑥ See Liquormart, Inc. v. Rhode Island, 517 U. S. 484 (1996).

⑦ See Kwall, *The Right of Publicity vs. the First Amendment: A Property and Liability Rule Analysis*, 70 Indiana Law Journal 47 (1994).

绍常见的几种形象权的限制。

一、新闻报道使用

新闻报道使用（newsworthiness）指的是媒体为了挖掘对社会公众有新闻价值的信息，向社会传达重要事件，不可避免地使用他人的姓名、肖像或其他身份特征。例如，电视台为了报道抓捕在逃的通缉犯，使用了通缉犯的姓名和照片，方便社会大众知晓此事并能够协助警方抓获罪犯。新闻报道使用享有美国宪法第一修正案的保护，不属于以商业为目的的使用。①

早在1977年美国联邦最高法院判决的“Zacchini”案中就讨论了新闻报道与形象权的逻辑关系。原告是一名杂技演员，在集市上表演“人体炮弹”的节目。被告是一家电台，在原告不同意拍摄的情况下，于晚间新闻播放了“人体炮弹”表演的全过程。原告向法院起诉被告侵犯了他的财产权，被告抗辩自己具有新闻报道的自由。地方法院支持了被告的观点。但是，上诉法院却认为，虽然被告确实享有宪法赋予的新闻报道权利，但法律并没有允许被告在新闻中播放原告表演的全部过程，而且被告未向原告支付相应的报酬。州最高法院认为，被告只是单纯地报道了原告的表演，原告的表演是一个客观的事实，被告并没有利用原告表演中的商业价值，因此不侵犯原告的形象权。这个案子到了美国联邦最高法院后，美国联邦最高法院认为并非所有的新闻报道都享有美国宪法第一修正案的保护。如果被告是报道原告“人体炮弹”表演的这个事实，并加以解说和评论，那么就属于新闻报道的范畴；但如果被告是借助新闻报道的方式再现原告表演的整个过程，并非以报道客观真实的消息为目的，那么这种使用就超出了新闻报道的保护范围，侵犯了他人的形象权。美国联邦最高法院认为，倘若被告的新闻报道超出了美国宪法第一修正案的保护范畴，就相当于未经许可使用了原告的形象特征

---

① See Davis v. High Society Magazine, Inc., 90 Appellate Division, second 374, 457 N. Y. S. 2d 308 (1982).

并录制和播放了一个戏剧作品，法律是不会赋予被告这样的特权的。[①]

通过“Zacchini”案可以得出一个结论：能够限制形象权的新闻报道必须具有新闻价值。关于新闻价值的界定一共有3种方法：（1）事实的客观性和真实性是新闻价值的开端，新闻价值应当包含在所要报道的事实中；（2）是否具有新闻价值应当由新闻的传播者来判断；（3）新闻价值体现在能够满足社会的基本需求上。[②] 第三种判断方法是主流观点，正如在“Carlisle”案中法官所提到的那样：“无论报道的事件是已经发生的还是正在发生的，只要能够启发民众，具有一定的社会价值，该信息就应当获得保护。”[③]

二、商业性表达

商业性表达（commercial speech）是指经营者出于商业性的目的向社会公众提供商业性信息，主要的表现方式为营销，广告宣传，促销，招揽顾客，筹募基金以及商品化行为。商业性表达的存在不以经营者获利为前提。商业性表达有利于商业信息的自由流通，可以方便经营者获取交易机会，帮助消费者了解商品或服务的基本性能和特征。只有真实客观的商业信息才能维持良好的市场秩序；反之，具有误导性或欺骗性的商业性表达无法获得法律的保护。[④]

商业性表达并非完全被创作自由排除在外，有时也会成为形象权侵权的限制。关于被告的商业行为是否侵犯他人的形象权，法院在个案中存在不同的认定标准，主要包括 Felcher & Rubin 测试法、Pamela 测试法和转换性使用规则。

（一）Felcher & Rubin 测试法

Felcher & Rubin 测试法源于菲尔凯尔和罗宾两位学者在1979年发

① See Zacchini v. Scrips-Howard Broadcasting Co., 433 U. S. 562 (1977).

② 参见马波：《美国形象权法律制度研究》，知识产权出版社2012年版，第357页。

③ Carlisle v. Fawcett Publications, Inc., 201 Cal. App. 2d 733, at 746, 20 Cal. Retr. 405 (1962).

④ See Central Hudson Gas & Electric Corporation v. Public Service Commission, 447 U. S. 557 (1980).

表的《隐私、形象和媒体描绘下的真实人物》一文。他们认为，在界定商业性表达和形象权保护的关系时，应当考虑以下几个因素：第一，被告的主观意图是什么？如果被告的意图在于传播信息或交流文化，则可以获得保护；但如果被告的主观目的是进行商业性的活动，那么有可能侵犯他人的形象权。第二，被告的商业行为是否具有虚假性？如果被告的商业行为是展示相关产品或服务的客观信息，不会误导消费者，那么被告的商业行为不构成侵权；但如果被告传播的信息具有欺骗性，则不会受到创作自由的保护。第三，原告是否因为被告的行为遭受了经济损失？这里所谓的经济损失指的是原告的形象价值遭受了明显的损害。如果原告的形象价值只是遭受了轻微的损害，则不足以构成侵权。原告的经济损失包括直接的经济损失以及未来形象收益的损失。

虽然 Felcher & Rubin 测试法在某种程度上解决了商业性表达和形象权的冲突，但还存在不少的弊端。首先，如何界定传播信息和交流文化的主观意图？这里缺乏一个明确而具体的标准。比如，什么样的形象才具有信息传递的功能？什么样的形象是纯粹展现商业价值的？其次，假如原告没有实际遭受经济损失，是否还能获得救济？对关于形象权的案件进行分析，可以发现形象权人更多地会向法院申请禁令作为救济手段。禁令救济的给予不以实际损失为前提，而是维持财产权利的现有状态，确保形象权人不再遭受损害。形象权人是否遭受经济损失都不会阻碍被告承担法律责任。①

（二）Pamela 测试法

Pamela 测试法是帕梅拉教授对版权合理使用制度的类推适用。美国《版权法》第 107 条规定合理使用为“基于批评、评论、新闻报道、教研研究等目的使用作品的复制件、录音制品或通过其他方式使用作品。在判断使用某一作品是否合理时，应考虑 4 个因素：（1）使用的目的和性质，包括使用是出于商业目的还是非营利教育目的；（2）受版权保护的作品的性质；（3）被使用部分的数量和占原作品的比例；（4）使用对

---

① 参见马波：《美国形象权法律制度研究》，知识产权出版社 2012 年版，第 366 页。

原作品潜在市场或价值的影响”①。

合理使用规制之所以能够被引入形象权侵权分析，主要是因为如下几点：第一，版权保护的是人类的表达，而非思想。合理使用的目的就是在已有作品的基础上创作新的作品来产生更多的表达内容。在形象权纠纷中，被告商业性使用他人的形象特征也属于一种再创作的行为。第二，合理使用以激励理论为基础，一方面给予版权人有限的垄断权，另一方面可以促进文学和艺术领域的繁荣和创新。而激励理论也适用于形象权领域。比如，对公众人物代言产品给予一定报酬，这种报酬能够对他起到激励作用，他会因此代言更多的产品来满足市场的需求。第三，版权和形象权都是通过控制公众对财产价值的使用来获取经济利益。版权人是通过控制作品的复制、发行和传播来获取版权费，而形象权人是通过控制形象的商业价值来获得许可费。② 根据 Pamela 测试法，被告的行为是否构成合理使用，需要考虑 4 个要素：

（1）被告行为的目的和性质。这个要素有助于判断被告的行为是否为商业行为。如果被告将原告形象用于广告、促销或营销，那么可能侵犯到原告的形象权。如果被告对原告形象的使用出于非商业性目的，比如娱乐、教育、新闻报道或传播信息，则不构成商业使用。

（2）原告形象的性质。这里需要判断被告使用的是原告的真实形象还是虚拟形象。如果被告使用的是原告的真实形象，那么构成侵权的可能性较大。

（3）被告使用原告形象的数量和比例。被告使用原告形象的数量越多或者突出性使用原告的某一特征，越容易侵犯到原告的形象权。

（4）被告的使用是否影响了原告形象的潜在市场。这个要素考虑的是被告的行为是否会替代原告形象的市场。

如果被告的行为符合上述的合理使用 4 要素，则被告的行为不会侵犯原告的形象权。如果无法满足上述的任何一个要素，法院就会推定被

---

① 17 U. S. Code Section 107.

② See Pamela Samuelson, *Receiving Zacchini: Analyzing First Amendment Defenses in Right of Publicity-city and Copyright Cases*, 57 Tulane Law Review 836 (1983).

告要承担侵权责任，除非被告能举证证明其他的免责事由。[1]

Pamela测试法也存在诸多缺陷，合理使用的第二个要素、第三个要素和第四个要素并不适合用于分析形象权侵权的案件。首先，原作品的性质以及使用的数量和比例似乎是专门为保护作者独创性的表达而设置的，与描绘名人的形象是否可以获得美国宪法第一修正案的保护似乎没有关联。原告的姓名、肖像、声音等形象特征不属于表达，而属于思想范畴。其次，构成侵权的关键是被告商业盗用了原告的形象，且能被公众识别出被侵害的就是原告本人，不以使用的数量和比例为判断基准。最后，只要被告在描绘原告形象的时候融入了创造性的元素，就不构成侵权，是否会影响原告形象的潜在市场是一个无关紧要的因素。[2]

（三）转换性使用规则

转换性使用规则（transformative use doctrine）是司法实践中法院判断形象权侵权与否的主流标准。这一规则是从版权法上的合理使用发展出来的，与合理使用的第一个因素使用的目的和性质密不可分。[3]转换性包含目的转换和内容转换两个方面。目的转换侧重于新作品是否有不同于原作品的使用目的，如批评、评论、戏仿、讽刺原作品等。内容转换是指新作品是否在原作品的基础上融入了创新的元素、含义和信息，对原作品中的素材进行了实质性修改，从而演绎出新的表达。

“Campell v. Acuff-Rose”案率先确立了转换性使用规则。该案的原告Acuff－Rose是音乐*Oh，Pretty Woman*的版权所有人，被告Campell公司未经原告的同意擅自改编了歌曲*Oh，Pretty Woman*，并以恶搞和讽刺的方式重新创作了一首说唱歌曲名为*Pretty Woman*。在

---

① See Pamela Samuelson, *Receiving Zacchini: Analyzing First Amendment Defenses in Right of Publicity-city and Copyright Cases*, 57 Tulane Law Review 836 (1983).

② See Comedy Ⅲ Prods. Inc. v. Gary Saderup, Inc. 25 Cal. 4th 387, 106 Cal. Rptr. 2d 126, 21 P. 3d 797 (2001).

③ See Pierre N. Leval, *Toward a Fair Use Standard*, 103 Harvard Law Review 1005 (1990).

判断被告的改编行为是版权侵权还是合理使用时，法院讨论了“什么是转换性以及何种程度的使用是符合转换性的”。在该案中，被告采用戏仿的手法改编了原作品的歌词，完全改变了音乐中对漂亮女人的描绘，给原作品增添了新的内涵和表达，符合目的转换和内容转换。①

在将转换性使用规则运用于形象权侵权判定时，法院会考虑转换的目的和内容以及融入了多少商业性元素，因为这涉及判断转换性的程度。如果被告的艺术表达纯粹是为了商业利益而模仿他人形象，就会直接侵犯形象权，因为这里面没有增加新的表达内容。被告的行为若要构成转换性使用，需要满足下列几种情形之一：

（1）被告增加了新表达，融入了显著性的改造元素，致使现在的形象特征不同于原先的形象特征；

（2）原告的形象特征在新的表达中并没有被直接模仿；

（3）原告的形象作为一种素材进行使用，转化成新的表达方式，而不是突显原告的形象本身。②

在 2001 年加利福尼亚州最高法院判决的“Comedy Ⅲ”一案中，原告是喜剧第三公司，职能是代表喜剧演员发放许可和提起诉讼，也会替去世的喜剧演员主张权利。被告是一名擅长平板画的艺术家，将 3 名喜剧演员的形象印制在了短袖衫和印刷品上并在市场大量销售。这 3 名喜剧演员是 20 世纪 20 年代至 40 年代的知名演员，绰号为“三名臭皮匠”（three stooges）。虽然这 3 位喜剧演员已经去世，但是原告已经对他们的形象进行了商标注册，3 位演员的形象权也在保护期内。原告向法院起诉要求认定被告侵犯了原告所拥有的形象权，并要求禁令和损害赔偿。加利福尼亚州最高法院认为，名人一旦将自己置于公众场合，他

---

① See Campbell v. Acuff-Rose Music, Inc., 510 U. S. 569 (1994).

② 参见李明德：《美国知识产权法》（第 2 版），法律出版社 2014 年版，第 732 页；Comedy Ⅲ Prods. Inc. v. Gary Saderup, Inc. 25 Cal. 4th 387, 106 Cal. Rptr. 2d 126, 21 P. 3d 797 (2001); Winter v. DC Comics, 30 Cal. 4th 881, 69 P. 3d 473, 134 Cal. Rptr. 2d 634 (2003)。

人对名人的评论、滑稽模仿、批评和讽刺就不可避免，因为这些都是美国宪法第一修正案所保护的表达性使用。只有他人超出了表达性使用的范畴，对名人的形象价值进行商业描述或模仿的时候，名人的经济性权利才会获得保护。法院在分析被告的行为时，会考量被告是否直白地描绘了原告的形象。由于该案中的被告在短袖衫上原封不动地再现了3位喜剧演员的形象，因此被告对原告的描绘与原告形象不存在实际差异，侵犯了原告的形象权。①

不同于“Comedy Ⅲ”案，在“Cardtoons”案中，原告是一家卡片制造公司，以幽默搞笑的方式制作和销售了一些关于棒球运动员的卡片。卡片的正面包含棒球运动员的肖像，背面是对运动员基本信息和比赛情况的幽默表达。被告是管理这些棒球运动员的协会，主要职能是代表全国的棒球运动员发放许可，许可的内容是授权他人在商品上使用运动员的姓名或肖像。原告没有经过协会的同意就将自己的产品推向市场，因此协会发出律师函要求原告停止销售相关产品。原告向法院起诉，请求确定自己制作和销售的卡片没有侵犯棒球运动员的形象权，属于美国宪法第一修正案保护的范畴。法院认为，卡片公司使用运动员姓名和肖像，是为向社会公众传达运动员的比赛能力和相关信息，具有教育功能，有利于公众了解和掌握棒球知识，这也是消费者收集和购买棒球卡片的缘由。此外，卡片公司并没有直接使用棒球运动员的姓名和肖像，而是通过滑稽诙谐的方式来描述名人，这就构成了对运动员形象的转换性使用。②

最典型的转换性使用莫过于对他人形象的滑稽模仿。在“Winter v. DC Comics”漫画案中，原告是两位具有白化病特征的音乐家，为了讽刺原告，被告在漫画中将原告描绘为半人半虫的邪恶生物，具有白发苍苍和白化病的特征。法院认为，虽然被告在漫画中借鉴了原告的形象

---

① See Comedy Ⅲ Prods. Inc. v. Gary Saderup, Inc. 25 Cal. 4th 387, 106 Cal. Rptr. 2d 126, 21 P. 3d 797 (2001).

② See Cardtoons, L. C. v. Major League Baseball Players Association 95 F. 3d 959 (10th Cir. 1996).

特征，但是被告对原告的描绘与原告形象差异显著。被告是通过讽刺和戏仿的手法，在原告形象特征的基础上融入了半人半虫的表达元素，不属于对原告的模仿。因此，被告创作出了包含足够表达内容的转换性作品，构成转换性使用。①

在“White”案中，原告怀特女士是节目《幸运之轮》（*Wheel of Fortune*）的主持人，这个节目每天都播出，大约有4000万观众，还通过大量的广告宣传令怀特女士家喻户晓。被告是三星电子公司，为新上市的合适录像带产品制作和发布了一系列的广告，广告画面是一位酷似怀特女士的机器人。被告刻意在广告中模仿原告的形象，比如机器人身穿晚礼服，头戴金色假发，佩戴珍珠项链，这些都是原告在电视节目中的日常装扮。除了模仿原告的肖像，这个机器人还站在一块牌子旁边，模仿了原告在节目中的站立姿势。唯一不同的是机器人表情略显严肃恐怖，而原告是面带微笑。原告向法院起诉被告侵犯了自己形象权。法院认为，机器人是对原告的恶搞，这是文化传播的一种方式，可以获得转换性使用的保护。②

类似的案情还体现在“Cariou v. Prince”案中。此案的原告卡里欧是一名专业的摄影师，自20世纪90年代起就生活和工作在牙买加，了解当地的土著居民的生活习性并用相机记录他们的肖像和日常生活。在2000年，原告出版了一本名为*Yes Rasta*的书籍，里面涉及许多原住民的照片，其中一张照片中的人物拥有长长的脏辫，身材魁梧，眼神犀利，与他身后的原始丛林非常搭配。由于这几组照片颇有艺术特色，*Yes Rasta*销量极高，原告借此获得了巨大的利润。此案的被告普林斯是一位知名的艺术家，在原告作品的基础上增加了许多艺术元素，比如将原住民的五官画成蓝色并配上一把吉他，还将弹吉他的手以夸张的方式放大处理。法院在判定被告是否转换性地使用了原告的作品时，重点分析了内容上的转换程度。普林斯的作品与卡里欧的照片呈现了完全不

① See Winter v. DC Comics, 69 P. 3d 473 (Cal. 2003).

② See White v. Samsung Electronics American, 971 F. 2d 1395 (9th Cir. 1992).

同的美感。普林斯是通过客观的手法描绘了土著居民的形象、风格以及周围的自然景观，照片是黑白色并印在一本 9.5 英寸 ×12 英寸的书中，而普林斯融合了色彩以及讽刺、夸张、搞笑的表达元素，向公众展现了人物扭曲的性格特征，整个作品是在照片尺寸 100 倍大的画布上展现的拼贴画。无论是在构图、比例、色彩上，还是在作品的表现载体上，被告的表达方式和原告都存在本质的区别。因此，被告的行为构成转换性使用。①

三、作品使用

将他人的形象用于作品之中才会构成对形象权的限制，因为作品本身就是一种内涵表达，包括电影作品、电视剧、电子游戏、体育赛事、杂志等。名人的形象权不妨碍他人在文学作品、电影或娱乐节目中使用名人的姓名或其他身份特征。② 在司法实践中，法院通过司法判例的方式确立了几种关于作品使用是否会限制形象权的规则，主要有：Rogers 测试法、主导使用规则以及附带性使用规则。

（一）Rogers 测试法

Rogers 测试法起源于美国联邦第二巡回上诉法院在 1989 年审理的“Rogers Grimaldi”案。在该案中，原告是知名舞蹈演员 Ginger Rogers，她经常与另一名舞蹈演员 Fred Astaire 合作表演。当提到“Rogers and Astaire”时，公众会立马联想到两人。被告是一家电影制片公司，将 *Ginger and Fred* 作为了电影的名称。该电影讲述了两个舞蹈家的职业生涯，以 Ginger Rogers 和 Fred Astaire 为故事原型，模仿他们的人生经历进行拍摄。原告认为被告未经许可将两位舞蹈演员的姓名用作电影作品的名称是侵犯了原告的形象权。法院认为，Rogers 测试法有助于平衡作品使用和形象权保护的关系，该方法应当包含两个方面：（1）关联性，即原告的形象是否与被告的作品之间存在内在的联系。如果被告对原告

---

① See Cariou v. Prince, 714 F. 3d 694 (2nd Cir. 2013).

② See Matthews v. Wozencraft, 15 F. 3d 432 (5th Cir. 1994).

形象的使用构成对作品思想的一种表达，那么就落入了表达性言论的保护范畴，不属于对原告形象价值的商业利用。但是，如果被告使用原告形象中的姓名或肖像仅仅是为了吸引消费者的眼球，则此种行为不受创作自由的保护。（2）真实性，即被告是否真实客观地描述了原告的形象。如果被告的行为会误导公众，从而使公众对作品的内容产生误解，则被告对原告形象的描述无法获得美国宪法第一修正案的保护。由于被告在电影作品中使用的原告的姓名和电影内容密切相关，电影也是以两位舞蹈演员的真实经历为模板进行角色描绘，因此该案符合关联性和真实性两个要素。①

类似的情况还体现在 1990 年的“Finger”案中。该案的原告是一对夫妻，他们曾经和自己的 6 个小孩拍摄过一组照片。被告是一家杂志社，未经这对夫妻的许可，在一篇文章中使用了这对夫妻和 6 个孩子的照片。这篇文章的内容是咖啡因与生育的关系，表明过量摄入咖啡因会有助于女性受孕。原告向法院起诉，认为杂志社未经许可使用他们的肖像，违反了纽约州对形象权保护的规定。法院认为，被告使用原告照片是为了说明咖啡因与生育的内在联系，照片与文章的主题和中心思想密切相关，原告的照片是作者表达思想的一种方式。因此，被告没有侵犯原告的形象权。②

不过，Rogers 测试法存在不少的缺陷。有观点认为，这一标准过于僵硬，没有考虑到商业性利用他人的形象特征同时包含商业性和表达性的成分。Rogers 测试法中的关联性判断忽略了对表达中商业性成分的分析，直接将所有对他人形象特征的相关性使用都认定为表达。从本质上分析，这样的判断没有区分商业性表达和一般性表达的边界。因此，有法院采用主导使用规则（predominantuse test）来明确创作自由和形象权侵权的界限。③ 还有观点认为，Rogers 标准无法普遍适用于电子游戏领域，因为在电子游戏中使用他人形象的行为都会导致诉因的排除。首

① See Rogers v. Grimaldi, 875 F. 2d 994 (2nd Cir. 1989).

② See Finger v. Omni Publications Ltd., 77 N. Y. 2d 138, 564 N. Y. S. 2d 1014 (1990).

③ See Doe v. TCL Cablevision, 110 S. W. 3d 363 (Mo. 2003).

先，很多电子游戏角色是以名人为原型，在此基础上融入一些色彩、造型等元素。有些游戏为了满足玩家的沉浸式需求，通过使用名人的形象去再现某个场景。在这种情况下，电子游戏的角色形象与真实的人物形象存在足够的相关性。其次，在电子游戏中使用他人的形象通常不会导致公众的混淆。"Brown v. Elec. Arts, Inc." 案中的消费者调查报告显示，大部分的消费者认为，那些名人不会授权电子游戏公司使用自己的形象，只是商家为了推销产品利用了名人的声望描述某款游戏，这属于推广产品的一种表达的方式。因此，公众不会误以为名人和电子游戏公司之间存在许可与被许可的关系。[①]

（二）主导使用规则

作品虽然是人类思想和情感表达的内容，但也是市场交易中的商品。吸引眼球的作品标题不仅可以激发消费者的购买欲望，也可以成为帮助作者营利的商品。对于同时包含一般性表达和商业性表达的混合型的表达（mixed speech），法院通过主导使用规则来判断哪一部分可以限制形象权。主导使用规则是一种平衡测试法（balancing test），用来衡量作品中对原告的描绘是表达性价值（expressive value）的成分多，还是商业性价值（commercial value）的比例高。当被告在作品中利用名人的形象的主要目的是获取商业价值时，即使作品里对原告形象的描述属于表达性内容，也会构成形象权侵权。反之，如果被告在作品中使用名人形象是为了对此人做出评价和嘲讽，那么被告的行为会受到美国宪法第一修正案的保护。比如，在"Doe v. TCL"案中，原告是全美著名的橄榄球运动员，被告是一家出版漫画的公司，在一幅名为"Spawn"的漫画中使用了原告戴墨镜的形象，还将此人物描绘成了一个内心黑暗又超现实的恶棍。漫画书的受众群体恰好是原告的球迷。法院认为，被告在作品中使用原告的形象无非是鼓励球迷们购买漫画，主要目的并非嘲讽和恶搞原告。因此，被告在漫画中对原告形象的使用侵

① See Brown v. Elec. Arts, Inc., 724 F.3d 1235, 1245 – 47 (9th Cir. 2013).

犯了原告的形象权。①

主导使用规则很少被法院适用，因为这一标准充满不确定性。该规则涉及的利益平衡的测试在很大程度上取决于法官的主观臆断，法官在这个过程中同时扮演裁判家和艺术鉴赏家的双重角色。在一个具体的表达中，表达性价值和商业性价值本身就存在模糊的界限，类似于版权法中思想与表达的临界点，主导使用规则会加强对创作自由的“激冷效应”（chilling effect）的影响。②

（三）附带性使用规则

附带性使用规则是反不正当竞争法中盗用他人商业价值行为的免责事由。正如本书的第二章所论述的，附带性使用自然人的形象不构成形象权的侵权。附带性使用的前提是不以商业性使用为目的，仅是为了向消费者提供正确的商业信息而不可避免地引用和说明了他人的形象特征。

美国联邦第七巡回上诉法院在2014年的“Jordan v. Jewel Food Stores”案中充分解释了附带性使用规则在形象权限制中的适用。在该案中，被告Jewel Food Stores是一家百货连锁店，在《体育画报》的特别发行版上发表了一整版图片，祝贺篮球运动员迈克尔·乔丹进入体育名人殿堂。被告同意《体育画报》在自己位于芝加哥地区的门店出售该杂志，以换取该杂志的整版广告位。广告展示了一双乔丹的运动鞋，向一位芝加哥同胞表示祝贺，并表示乔丹是名人堂的“常客”。被告的商标“Jewel－Osco”就置于祝贺语下方的显著位置。虽然被告没有在发行的杂志上直接使用迈克尔·乔丹的肖像，但是在图片中突出呈现了迈克尔·乔丹在比赛中常穿的球鞋，这会唤起消费者的联想，读者会将这双特殊的球鞋和迈克尔·乔丹本人联系在一起。况且，被告将自己的商标置于球鞋的上方，这就意味着被告在向公众表达自己与迈克尔·乔丹存在某种关联。毫无疑问，被告在商业上利用了乔丹的名气，并在唤

---

① See Doe v. TCL Cablevision, 110 S. W. 3d 363 (Mo. 2003).

② See Hart v. Electronic Arts, Inc., 717 F. 3rd 141, 154 (3rd Cir. 2013).

起消费者对乔丹的身份的联想方面获得了商业优势。因此，被告的行为侵犯了乔丹的形象权，不符合附带性使用的要求。[①]

四、首次销售原则

首次销售原则（first – sale doctrine），又叫作权利穷竭或者权利一次用尽，是指权利人将含有知识产权的商品销售或许可他人销售之后，合法获得了产品的人，可以进一步销售、转让或处理，权利人无权干预知识产权产品的后续流通。[②]

权利一次用尽适用于专利、版权和商标领域。[③] 在 1873 年的 “Adams” 案中，美国联邦最高法院确立了专利领域的首次销售原则。法院认为，专利权人或者出让人获得了销售专利产品的相应报酬后，后手可以自由使用专利产品而不受专利权人的限制。[④] 在 1908 年的 “Bobbs – Merill” 案中，原告是一家出版商，在发行的书籍上附上了一则通告：“每本书售价 1 美元，任何人不得低价销售，否则构成版权侵权。” 被告在零售商那里合法购买了原告出版的书籍，以 89 美分的价格在市场销售。于是，原告起诉被告侵犯了自己的复制权和发行权。美国联邦最高法院认为，该案的版权人已经通过自己满意的价格销售了书籍的复制品，已经使用了销售权。如果再额外加一个控制未来销售的权利，他要按照权利人规定的价格出售，那么这就成为一项在法律中没有被包含的权利。由于被告是从合法的途径购买了书籍，所以被告以何种价格转售都不会受到版权人的限制。因此，被告没有侵犯原告的复制权和发行权。[⑤]

---

① See 743 F. 3d 509 (7th Cir. 2014).

② 参见吴汉东、胡开忠：《无形财产权制度研究》（增订版），法律出版社 2005 年版，第 105 页。

③ See 17 U. S. Code Section 109 (a); Intel Corp. v. ULSL Sys. Tech., Inc., 995 F. 2d 1566, 1568 (Fed. Cir. 1993); NEC Electronics v. CAL Circuit ABCO, 810 F. 2d 1506, 1509 (9th Cir. 1987).

④ See Adams v. Burke 84 U. S. 453 (1873).

⑤ See Bobbs Merill Co. v. Straus, 210 U. S. 339 (1908).

与专利权和版权一样，形象权作为一种无形的财产权，也同样适用首次销售原则。在形象商品化的过程中，形象权人也可以推销包含自身形象的商品，对形象价值享有排他性的权利，但是，为了保障商品的自由流通和交易，形象权人对商品的控制和垄断需要受到合理的限制。因此，首次销售原则适用于形象权领域需要满足3个条件：第一，形象权人将含有形象的商品以合法的方式销售；第二，后手通过合法途径购买含有形象的商品；第三，形象权人无法控制后手对商品的生产和许可。①

例如，在1992年的"Major League Baseball Players Association"案中，原告是美国职业棒球大联盟，对棒球运动员的肖像和姓名享有形象权，还将这些棒球明星的形象许可给多家公司使用。被告没有获得原告的授权，但在生产的卡片上使用了棒球明星的照片和姓名，于是原告起诉被告侵犯形象权。被告以首次销售原则抗辩，认为自己从合法的被授权许可人那获得了使用原告形象的许可。法院认为，原告对相关形象权的收益和报酬已经在第一次授权许可中获得，原告已经耗尽了有关的形象权，不能再次行使。因此，其他被授权许可人对含有棒球明星形象的卡片的制作和发行不再受原告的控制，被告没有侵犯原告所拥有的形象权。②

第六节　形象权的保护期限

自然人的形象特征具有无形性，自然人的形象是否会因为自然人的死亡而发生损耗呢？一般而言，自然人的形象不会因为死亡而消亡，具有存续性。形象的存续期间如何界定呢？这就涉及形象权的保护期限问

---

① See Allison v. Vintage Sports Plaques, 136 F. 3d 1143, 1149, 46 U. S. P. Q. 2d 1138 (11th Cir. 1998).

② See Major League Baseball Players Ass. v. Dad's Kid Corp., 806 F. Supp. 458, 25 U. S. P. Q. 2d 1559 (S. D. N. Y. 1992).

题。美国的学者曾经通过分析形象权是否可以继承来探讨形象权的保护期限。如果形象权可以继承，那么形象权就具有期限性，有必要进一步探讨自然人死后形象权的保护问题；如果否定形象权的可继承性，那么就没必要探讨形象权的存续问题。

一、形象权的可继承性

从形象权的理论发展来看，关于形象权是否可以继承可分为两种观点：（1）形象权不具有可继承性，形象权的保护期限为自然人的有生之年，形象权随权利人的死亡而消失；[①]（2）形象权具有可继承性，形象权的保护期限可延续到权利人死亡后的一段时间，即权利人死后由继承人主张形象权。

关于死后形象权（post - mortem right of publicity）的观点，又分为两种：一种观点认为，保护死后形象权的前提条件是自然人生前利用了自身形象中的商业价值，否则法律无法保护死后的形象权；[②] 另一种观点认为，对于死后形象权的保护不需要设置前提条件，权利人是否在生前商业性利用了自己的形象与死后形象权获得保护并不相关。[③]

在美国早期的判例中，法院几乎不承认形象权的继承性，即否定自然人死后还享有形象权的保护。这一观点实际上受隐私权保护的影响。隐私权的保护期限为自然人的有生之年。隐私权保护的是尊严、名誉、情感和身体，具有人身专属性。当隐私权遭受侵害时，只有受到伤害的本人能提起诉讼，他人不能代为起诉。因此，一旦某个人死亡，该自然人的隐私权也随之消失，继承人无法主张该自然人的隐私权。由于形象权起源于隐私权，普罗瑟教授又将形象权的盗用归为隐私权侵权的一类，因此受隐私权期限保护理论的影响，形象权的保护也应当终止于自

---

① See Memphis Development Foundation v. Factors Etc. Inc. , 616 F. 2d 956 (6th Cir. 1980).

② See Lugosi v. Universal Pictures, 25 Cal. 3d 813, 205 USPQ 1090 (1979).

③ See Martin Luther King, Jr. , Center for Social Change, Inc. v. American Heritage Products, Inc. , 694 F. 2d 674 (11th Cir. 1983).

然人死亡的瞬间。

这一观点在 Memphis 案中获得了支持。Memphis 是一位知名歌手，于 1977 年在田纳西州去世。为了纪念这位歌手，孟菲斯发展基金会准备在市中心建立一座大型雕塑。该基金会通过私募社会基金的方式筹集资金，公众只要捐出 25 美元以上，就可以获得一个锡制的“Memphis”雕像的复制品。Memphis 在去世之前已经将自身形象权转让给了原告 Factors 公司，原告可以授权他人使用或自己使用 Memphis 姓名或肖像的排他性权利。由于该基金会未经 Factors 公司的同意就使用了 Memphis 的肖像，Factors 公司向法院提起了诉讼，要求该基金会停止发行雕像的复制品并赔偿经济损失。地方法院做出了有利于原告的判决，认为原告享有 Memphis 死后的形象权，被告未经许可使用 Memphis 的肖像属于侵犯形象权，因此禁止被告分发雕像的复制品，但仍可以建造大型雕塑。美国联邦第六巡回上诉法院推翻了地方法院的判决，认为田纳西州的普通法不保护死后的形象权，也没有先例支持形象权可以继承。由于形象权具有人身依附性，对形象权给予死后的保护会导致权利的垄断，不利于他人对该形象的商业利用，并且会限制自由竞争。此外，权利人已经从生前对自身形象的商业利用中获得了相应的报酬，没必要再留给后代继承收益。该案原告如果想要获得救济，那么必须在 Memphis 在世的时候提起诉讼。①

最初的加利福尼亚州法院也不承认自然人死后还需要形象权的保护，深受普罗瑟教授的隐私权四分法的影响。在 1979 年加利福尼亚州最高法院判决的“Lugosi”案中，原告是知名的电影明星 Lugosi 的妻子和儿子，被告是环球电影公司。Lugosi 在活着的时候与被告签订了影视合同，在电影中扮演吸血鬼杜拉克，这个形象深入人心。在 Lugosi 去世之后，被告还继续将他扮演的吸血鬼形象印制在短袖衫和其他商品上。Lugosi 的妻子和儿子认为他们是形象权的继承人，有权对未经他们

---

① See Memphis Development Foundation v. Factors Etc. Inc., 616 F.2d 956 (6th Cir. 1980).

许可而使用 Lugosi 形象的行为提起诉讼。地方法院认为，Lugosi 对扮演的杜拉克角色享有形象权。这种形象权是一种财产权，不仅在权利人活着的时候受保护，还应当在权利人死后继续被保护，因此，被告侵犯了原告的形象权。然而，上诉法院却不认同自然人死后形象权应受保护的观点。加利福尼亚州最高法院维持了上诉法院的判决，并从两个方面论证了判决意见。第一，自然人的姓名、肖像等形象特征依托于隐私权的保护，加利福尼亚州的普通法并不承认独立于隐私权的形象权法，隐私权的保护期限是自然人的有生之年。因此，任何人在 Lugosi 去世之后都可以随意使用他的形象，不构成侵权。[①] 第二，Lugosi 在生前并没有商业利用他的角色形象，这就表明他的形象缺乏价值，因此更不会存在自然人死后形象权财产价值的继承和保护问题。

无论是“Memphis”案还是“Lugosi”案，都遭到了很多的质疑和批评。早期的判例对形象权的认知不够具体和全面。首先，形象权虽然源自隐私权，但形象权并不是具有人身依附性的人格权，而是一项财产权。财产权可以通过转让、继承、受让等方式脱离自然人本人而被他人所占有和使用，这就类似于版权，可以自由转让和继承。因此，否定形象权的可继承性将不利于这项财产权利的流转。其次，否定死后形象权的保护期限不利于商品的自由交易和竞争。形象权存在的一个重要原因是利益平衡，即平衡形象权人和使用人的利益关系。如果否定形象权具有期限性，则不利于他人对形象价值的商业利用，这将违背财产权的转让和自由支配。形象权类似于版权，存在的目的在于鼓励创造性的回报和鼓励，只要商业性的活动持续存在，名人的名气就不会消失，名人是否死亡都不会影响名人形象中的商业价值。如果形象权随着名人的死亡而消失，那么名人活着的时候所具有的经济价值就毫无意义，因为这会

① 在 1979 年 Lugosi 案作出判决之前，加利福尼亚州没有关于形象权的立法，还是采用普罗瑟教授的隐私权四分法的理论，因此有关盗用形象的问题都需要在隐私权的框架之下处理和解决。

影响他人对名人商业价值的继续利用。[①] 最后，形象权与其他财产性权利一样，应当具有可继承的财产利益，权利人后代应当享有形象价值带来的收益和回报。尤其是名人，生前为了吸引消费者，投入了大量的资本和精力营销自己的形象。如果在名人死后，允许他人自由使用名人的形象价值，将导致大量“搭便车”行为出现，继承人将无法从这些价值里获取利益。

尼莫教授曾通过探讨隐私权和形象权的关系，间接地表达过形象权具有可继承性的观点。尼莫认为：“普罗瑟将形象权的盗用归纳为隐私权侵权的一种类型是具有缺陷的。侵犯他人独处的权利，披露隐私事实或诽谤他人涉及对个人情感的伤害，符合隐私权保护的重点。但是，名人的姓名和肖像所蕴含的商业价值是可以转让的，这意味着形象权可以脱离权利的主体而存在。既然形象权可以独立于个体，那么形象中的商业价值在主体死亡之后仍然可以存在。因此，不能因为主体的消亡就否定对形象权的保护。”[②]

出于上述原因，田纳西州在 1984 年通过立法的方式肯定了形象权的可继承性。根据该法的规定，形象权的保护期限为形象权人生前加死后 10 年。[③]《加利福尼亚民法典》第 900 条专门规定自然人死后形象权的保护期限为 50 年。在 1999 年，加利福尼亚州立法机关将 50 年的保护期延长至 70 年。[④]

在明确了形象权具有可继承性之后，又出现了一个关键性的问题：形象权可继承性的适用前提是什么？自然人死后形象权的保护是否需要自然人生前在商业活动中使用自身形象？这里存在不同的观点：一种观点认为，如果自然人生前未曾商业性利用自己的形象价值，那么死后的形象权将不存在，这一前提条件被称为生前利用的限制（*inter vivos*）；[⑤]

---

① See Martin Luther King, Jr., Center for Social Change, Inc. v. American Heritage Products, Inc., 694 F. 2d 674 (11th Cir. 1983).

② Memphis Development Foundation v. Factors Etc. Inc., 616 F. 2d 956 (6th Cir. 1980).

③ See Tennessee's Personal Rights Protection Act of 1984.

④ See *California Civil Code*, Section 3344. 1.

⑤ See Lugosi v. Universal Pictures, 25 Cal. 3d 813, 205 USPQ 1090 (1979).

另一种观点认为，不以生前利用的限制作为保护的前置条件，无论形象权人生前是否对自身形象价值进行商业性使用，死后形象权都存在。①

肯定生前利用的限制的观点源自“Lugosi”案，法官要求名人在生前商业性利用自己的形象，只有这样名人的形象权才可能由他人继承。该案将形象价值界定为一种实用型的价值，只有对价值进行了充分的利用才能获取未来收益和回报。法官将形象权比喻为退休金。退休金是在个人退休的时候工作单位给予个人的一笔金钱待遇，退休金的数额与个人工作时的职称或贡献挂钩。在退休前，劳动者在岗位上的付出越多，越容易获得更高的退休金。因此，退休金是一种考虑投入和回报的财产性权益。形象权与退休金类似，也需要根据权利人生前对形象价值利用的程度来决定是否给予继承人一定的收益。②

菲尔凯尔和罗宾两位学者采纳了这一观点。他们认为设置生前利用的限制有利于激励形象权人付出更多的努力来换取具有商业价值的形象，从而满足社会文化传播的基本需求。他们还通过对版权可继承性的分析来论证形象权的生前利用。两位学者认为，版权之所以可以被继承，是因为这可以激励人们提供更多的创作。作者从事的创造性活动越多，留给继承人的经济利益就越多。只有形象权人生前对自身形象的价值贡献得多，留给后人的形象价值才具有可继承性。③

但是，这一观点存在不少的缺陷。形象权具有显性价值和隐性价值。显性价值指的是权利人积极地使用或者授权他人使用自己形象的价值，而隐性价值指的是没有被权利人发现或利用的内在形象价值，隐性价值在侵权损害赔偿中以未来收益的方式出现。生前利用的限制只考虑到了形象权的显性价值，忽略了形象权的隐性价值。有些名人不利用自己的形象主要原因有几点：第一，出于某些特殊原因，没有来得及

---

① See Martin Luther King, Jr., Center for Social Change, Inc. v. American Heritage Products, Inc., 694 F. 2d 674 (11th Cir. 1983).

② See Lugosi v. Universal Pictures, 25 Cal. 3d 813, 205 USPQ 1090 (1979).

③ See Edward L. Rubin & Peter L. Felcher, *The Descendibility of the Right of Publicity: Is There Commercial Life After Death*, 89 Yale Law Journal 1125 (1980).

与被授权人签订许可使用自身形象的合同；第二，权利人不希望自己的形象被商品化，担心商品或服务的质量低劣从而影响自身的声誉；第三，权利人可能没有发现自己的姓名或肖像能够产生不菲的经济利益，于是就没考虑授权许可的问题。[①] 在“Lugosi”案中持少数判决意见（dissenting opinion）的拜尔德（Bird）法官就探讨了形象权中的隐性价值。他认为，虽然 Lugosi 已经去世了 20 多年，但是他的名气始终可以唤起公众心目中对吸血鬼形象的认知。在公众的印象里，环球电影公司依靠吸血鬼的角色获取了丰厚的利润，在商品化的产品上使用吸血鬼的形象获取的利益最多。这种利益正是通过对 Lugosi 形象价值的商业利用交换的，未经许可使用 Lugosi 的姓名和肖像的行为侵犯了 Lugosi 的形象权。虽然 Lugosi 没有在生前积极地利用自己的形象，但这并不意味着 Lugosi 的形象在 Lugosi 死后失去了价值，该形象价值仍然可以当作遗产留给后人。[②]

因此，否定生前利用的限制更具有合理性，这最大限度地尊重了自然人对自身形象价值的处分自由。这一观点是美国目前的主流观点，只有犹他州还在坚持生前利用的限制。[③] 例如，《华盛顿州名人法》第 63. 60. 020 条第 2 款规定，本条中的“死者”是指任何自身姓名、肖像、照片、声音在自身死亡的时候具有商业价值的自然人，无论该自然人生前是否曾将自身姓名、肖像、照片、声音等形象特征用于商业用途，广告宣传，招揽顾客或将形象置于商品或服务上。

同时，在 1983 年的“Martin”案中，被告未经许可将马丁路德·金的半身雕像用于广告使用，马丁路德·金的继承人起诉被告侵犯形象权。地方法院认为，马丁路德·金在生前没有商业性地使用自己的肖像，所以不存在死后形象权保护的问题。美国联邦第十一巡回上诉法院认为，有关死后形象权保护的规则不明确，所以该案需要提交佐治亚州

---

① See Andrew B. Sims, *Right of Publicity: Survivability Reconsidered*, 49 Fordham Law Review 453 (1981).

② See Lugosi v. Universal Pictures, 25 Cal. 3d 813, 205 USPQ 1090 (1979).

③ 参见李明德：《美国知识产权法》（第 2 版），法律出版社 2014 年版，第 738 ~ 739 页。

最高法院探讨。佐治亚州最高法院认为，不应当仅将死后的形象权保护适用于生前利用过自身形象的群体。即使某人生前没有利用自己的形象，也不代表他的形象缺乏商业性的价值。自然人可以选择不通过商业性的方式使用自己的姓名或肖像，这不代表他人可以随意商业性使用他的姓名或肖像，也不能因此剥夺他的继承人或受让人对他的形象的排他性权利。因此，不能因为马丁路德·金生前不选择商业性利用自己的身份，就否认他的继承人享有形象权。①

二、死后形象权的保护

如同其他类型的无形财产权一样，形象权也具有期限性，这意味着形象权仅在法律规定的期限内受到保护。目前，美国有部分州通过立法或判例的方式确立了形象权的存续期限。最有代表性的是《加利福尼亚民法典》第 3344 条之一的规定。根据该法条规定，形象权可以全部或部分转让给他人，转让的方式可以为合同、信托或遗嘱继承。转让可以发生在自然人死亡之前，也可以发生在自然人死亡之后。就死后的形象权，自然人的继承人或受让人还需要去州政府的秘书处登记备案，如此才能产生法律效力。如果没有注册，那么无法在侵权诉讼中获得损害赔偿。形象权的保护期限为自然人终生与死后的 70 年。

关于死后形象权的保护期限，各州有着不同的规定。最长的保护期限是俄克拉荷马州立法规定的死后 100 年。华盛顿州的制定法规定死后形象权的保护期是死后 75 年。然而，大部分的州规定死后形象权的保护期是死后 50 年，这一点参考了版权的保护期限。之所以受版权保护期限的启发，是因为二者的保护期限都是利益平衡的产物。权利人不可能享有永久性的垄断，这会妨碍公众对知识的贡献。公众也不可能无限度地利用他人的财产权，这会损害权利人对财产的控制和利用。因此，给予权利一定的保护期限最能保证经济上的激励，可以通过给予利益来

① See Martin Luther King, Jr., Center for Social Change, Inc. v. American Heritage Products, Inc., 694 F. 2d 674 (11th Cir. 1983).

激励公众的创作和贡献。

纽约州关于死后形象权的规定比较特殊，从最初的保护死后形象权到否定死后形象权，又再次回归到承认死后形象权的法律地位。例如，在 1978 年的“Factors”案中，著名歌手普莱斯利在生前将自己的形象权转让给了鲍克斯公司，后来又接着转让了给菲克多公司。被告未经许可在招贴画上使用了普莱斯利的形象，菲克多公司起诉这侵犯了它的形象权。法院认为，形象权作为一种财产性权利，在普莱斯利死后仍然存在，可以由受让人主张权利。[①] 然而，到了 1984 年的“Stephano”案，法院又认为纽约州的形象利用问题应当依据制定法而非判例法，《纽约州民权法》第 50 条和第 51 条没有规定对死后形象权的保护，因此形象权在自然人去世的时候会消失。[②] 直到 2020 年，受其他州对死后形象权保护的影响，纽约州的立法机构才通过修订《纽约州民权法》第 50 条确立了对“已故名人”（deceased personality）和“已故表演者”（deceased performer）的形象权的保护，保护的期限为死后 40 年，该法从 2021 年 5 月 29 日开始生效，对于之前的形象权人不具有溯及既往的效力。[③]

---

① See Factors Etc., Pro Arts, Inc., 579 F. 2d 215 (2nd Cir. 1978).

② See Stephano v. News Group Publications, 64 N. Y. 2d 174, 485 N. Y. S. 2d 220 (1984).

③ See New York Civil Rights Law § 50 - f.

第四章　虚拟角色与知识产权专门法保护

与真实人物的形象价值不同，虚拟角色不具有人格要素特征，保护的正当性来源并非隐私权法和形象权法。对虚拟角色的商业价值的保护涉及学理上的角色权概念，需要依靠版权法和商标法来实现。当然，仿冒、盗用、虚假广告等反不正当竞争法中的重要概念也可以解决虚拟角色在商品化过程中出现的问题。然而，制止不正当竞争行为对虚拟角色保护的视角不同于版权法和商标法。反不正当竞争法保护的是虚拟角色背后的商誉，而版权法保护的是满足独创性表达要求的虚拟角色，商标法保护的是能够识别商品或服务来源的虚拟角色。

第一节　虚拟角色的概念和类型

虚拟角色，也称为虚构角色，是指在文学作品、影视作品、动画作品等作品中出现的人物、动物或机器人等，是通过语言、名称、装扮、经典动作、口头禅、关键性短语要素创造出来的富有个性特征的艺术形象。[①] 例如，哈利·波特、人猿泰山、蝙蝠侠、唐老鸭、米老鼠、猫和老鼠等都是家喻户晓的虚拟角色。虚拟角色具有虚拟性、价值性、依附性和要素组合性这四大特征。角色的虚拟性是相较于真实人物形象而言的，虚拟角色并非在现实生活中客观存在的。虚拟角色还具有依附性，主要依赖于作者的构思和表达，依托作品而存在。虽然部分虚拟角色还可以脱离作品独立存在，成为一种独创性表达，例如一些卡通动漫角色

① 参见吴汉东：《西方诸国著作权制度研究》，中国政法大学出版社1998年版，第54页。

可以作为美术作品获得保护，但是大多数文学作品中的虚拟角色无法脱离作品本身。虚拟角色的要素组合性体现在一个虚拟的角色形象离不开角色姓名、性格、体态表征及生活习惯等多重要素。在文学作品中，如果作者仅仅是对角色用文字的方式轻描淡写，没有对角色进行充分的描述，难以令读者留下深刻的印象。①

依据角色的描绘方式以及载体形式的不同，可以将虚拟角色分为两大类，即可视性的虚拟角色和非可视性的虚拟角色。可视性的虚拟角色是具有视觉形象的虚拟角色，包括卡通角色和影视角色。卡通角色是指在动画片、绘画、动漫、网络游戏中手绘或电脑合成的角色。这类角色具有色彩与线条构成的形象外观，能够给公众留下深刻的视觉体验。影视角色指的是在电影、电视剧、话剧等视听作品中的表演者形象、动物形象或机器人形象。非可视性的虚拟角色指的就是文学作品塑造的人物或角色。② 相较于卡通角色或影视角色，文学作品中的虚拟角色的性格特质只能通过语言文字描述，无法给读者带来视觉感官上的体验。文学作品中的虚拟角色还具有抽象性，不同的读者会有不同的体会和理解，即使描绘得十分详细，在读者的心目中仍然会留下很多的想象空间。③

第二节　虚拟角色与版权法保护

一、虚拟角色的可版权性问题

版权的客体是作品。作品是在文学、艺术和科学领域内具有独创性并能够通过一定形式表现出来的智力成果。如果要使作品中的虚拟角色获得版权法的保护，则需要满足以下 4 个条件：第一，虚拟角色是人类

---

① 参见牛强：《文学作品虚拟角色形象的固定及版权保护》，载《中国出版》2018 年第 19 期。

② 参见丛立先、刘乾：《同人作品使用原作虚拟角色的版权界限》，载《华东政法大学学报》2021 年第 4 期。

③ See Gaiman v. McFarlane, 360 F. 3d 644 (7th Cir. 2004).

的智力成果；第二，虚拟角色属于文学、艺术和科学领域内的智力创造；第三，虚拟角色构成表达并能通过一定的形式表现出来；第四，虚拟角色具备独创性，即角色是作者本人创作，并非抄袭他人的智力成果。对于作品中的虚拟角色而言，第一个和第二个构成要件比较容易满足，最关键就是判断虚拟角色是否属于独创性的表达。

各国的版权法鲜有将虚拟角色列为保护对象的，除非虚拟角色能够成为独创性的表达，只有这样版权法才会给予虚拟角色间接性的保护。卡通角色和影视角色包含了更多的表达性元素，容易获得版权法的保护。文学作品中的虚拟角色能否获得版权的保护充满争议。有观点认为，文学角色无法成为一个可被感知的表达，如果给予版权保护将会限制他人的创作自由。[①] 另有观点认为，文学角色容易落入不受版权保护的思想领域，除非这些角色形象非常突出，本身与作品融为一体，只有这样才能获得独立于作品的版权保护。美国司法实践曾通过个案来认定虚拟角色的可版权性，但尚未形成一般规则。我国法院在个别案例中亦采用了类似的做法。

（一）独创性的判断

独创性是作品的构成要素之一，也是作品能够成为版权客体的重要因素，还是区分不同类型作品的判断标准。独创性的概念出自英国的两个著名案例："米勒诉泰勒"案和"唐纳森诉贝克特"案。这两个经典案例争议的对象是作品《四季》。《四季》以英格兰的山川河流等自然景观为创作元素，作者詹姆斯·汤姆将自然风光进行提取并混入自身的创作灵感，从而产生了具有私人财产权性质的生成物。在对上述案件进行审判时，法官将独创性比喻为作者的个性印记。当一个人在创作中融入自己个性并通过具体的方式表现出来时，所取得的就是一部具有独创性的作品。[②] 在 18 世纪，独创性的概念有了进一步的完善。爱德华在

---

① 参见陶乾：《文学角色的可版权性批判》，载搜狐网 2023 年 5 月 19 日，https://www.sohu.com/a/677037371_121124708?scm=1102.xchannel:325:100002.0.6.0。

② 参见［美］马克·罗斯：《版权的起源》，杨明译，商务印书馆 2018 年版，第 130 页。

《写给作者查尔斯·格兰蒂森爵士的信：对独创性作品的猜想》中提到了作品的独创性，并提到了作品的主观和客观的双重属性，即作品不再仅是对自然风景的客观描述，而更多的是来自创作者的个性理解和表达。[①]

随着独创性在版权领域的重要性逐渐凸显，独创性的概念和认定的标准也成为学术界和司法界不断探讨的内容。有关独创性的定义呈现多样化的趋势。例如，英国的彼得尔逊法官认为“独创性是思想表达形式的独创性，并非思想的独创性”[②]；李明德教授认为“独创性是最低限度的创造性，是作者独立创作的，并且在创作过程中投入了智力劳动”[③]。

从文义解释上进行分析，不难发现独创性涵盖“独”和“创”两个方面。“独”指的是独立性（independence），而“创”则是创造性（creativity）。有关独立性的判断，无论是大陆法系国家还是英美法系国家，具有认定上的一致性。独立性指的是作者独立完成，且没有抄袭复制他人的作品。独立完成具体包括两种情形：第一种是作者从无到有的创作；第二种是以他人作品为基础进行的二次创作。无论是哪种类型的创作，创造成果都是基于作者自身的智力付出的产物，作者应当对自己的劳动成果享有版权。关于第一种情形的创作，创作的灵感和内容通常来自自然、生活、社会或历史发展，即使恰好有两个人创作出来的作品完全一致，但鉴于两个人的作品都是作者自身创作的结果，两人都会对自己的创作成果享有版权。[④] 关于第二种创作情形，作者以他人已有的作品为创作基础而完成的作品，需要与他人的作品存在实质性的差别。倘若两部作品在内容上构成实质性相似，则很大程度上会构成版权侵权，同时也会否定作品的独创性，因为抄袭他人的作品并没有体现作者

---

① 参见［美］马克·罗斯：《版权的起源》，杨明译，商务印书馆2018年版，第137页。

② 朱梦云：《论人工智能生成物的著作权保护》，知识产权出版社2021年版，第173页。

③ 李明德：《美国知识产权法》（第2版），法律出版社2014年版，第243页。

④ 《最高人民法院关于审理著作权民事纠纷案件适用法律若干问题的解释》第15条规定：“由不同作者就同一题材创作的作品，作品的表达系独立完成并且具有创作性的，应当认定作者各自享有独立著作权。”

的个性与情感的表达。

关于创造性的判断，大陆法系和英美法系存在不同的认定标准。根据相关的立法规定和判例，大陆法系国家采用的是创作程度高低之分的创造性标准，而英美法系国家采用的是创作程度有无之分的原创性标准。唯有将两大法系的认定标准进行对比和分析，才能发现其中的差异，从而为创造性的界定提供一个相对合理的判断标准。

大陆法系国家对创造性标准立法和研究较早的国家是德国。德国要求作品必须具备一定的创作水准。要达到创造性标准，需要满足 3 个条件：第一个条件是满足“小硬币标准”，即作品的创作只要满足了小硬币的厚度，就可以被认定为具有创造性。第二个条件是作品的创作必须包含一定的深度和广度，需要作者在作品中表达出相应的思想、情感、氛围，还同时要求作者展现独立的智力选择、判断和个性特征。大陆法系国家深受作者权概念的影响，强调将作者精神、情感和人格融入表达，因而那些仅体现劳动、技能、判断的行为都无法归入智力创造。因此，对于某种事实或思想的简单表述，新闻报道，直播体育赛事等都无法满足创造性的要求。第三个条件是作品应当具有相当的创作高度，即作者的创作水平能超越平均水平，但不需要作者达到专家的水平或艺术家的高度，只要能够让他人从作品中感受到这种创作的高度即可。[①] 从上述 3 个条件分析，德国对创造性标准的界定十分严苛，并非所有的创作都能够满足这一标准。

英美法系国家采用了比较容易满足的原创性标准去判断作品的创造性。在英国，法院采用了“额头流汗”原则（sweat of the brow doctrine）或者劳动收集理论（industrious collection doctrine），将创造性的标准设置得极低，仅仅需要作者在创作中付出辛勤的劳动，不一定是智力方面的创造，体力劳动上的创造也可以满足相应的要求。英国在 1988 年颁布的《版权、外观设计和专利法》中提到，版权客体不仅包括具有原创性的文字、戏剧、音乐、美术等作品，还包括不要求原创性的录音制

① 参见卢海君：《版权客体论》，知识产权出版社 2014 年版，第 108 页。

品、电影作品、电视节目作品等。这意味着，英国的版权法不要求作者创作的高度和水平，也不需要作者在创作中提供个性和选择。受英国版权法的影响，美国最早采用的也是“额头流汗”原则，只要作者不是抄袭他人的作品就满足原创性的要求。在这个标准的适用下，几乎所有独立完成的作品都可以获得版权的保护。然而，在1991年的“Feist”案中，美国的司法实践推翻和摒弃了“额头流汗”原则，转为适用最低限度的原创性（minimum creativity）标准。这个案件涉及原告汇编的电话号码本，该电话号码本按照字母顺序编排了所有电话用户的地址和电话号码，并且被免费分发给社区居民参考和使用。被告是一家出版社，想通过支付费用的方式出版原告的电话号码本，但遭到了原告的拒绝。后来，被告直接复制了电话本里的数据信息并进行出版，因此被原告起诉侵权。法院认为被告的行为不构成侵权，因为原告的电话号码本缺乏原创性。具体缘由是按照字母顺序排列地址和电话号码的电话号码本仅仅是额头流汗创作的产物，不具有思维创造力。[①] 由此可见，英美法系对于创造性的认定标准需要在作者智力活动的基础上额外增加一点创造性，但不需要像大陆法系规定的创造性标准那样严格。以体育赛事直播画面为例，依据美国《版权法》有关独创性的规定，由导演指导摄像机拍摄并向公众传送的赛事直播画面已经满足了原创性，构成作品。但是，这种情况在德国等大陆法系国家就不可能满足独创性的要求，只能作为录像制品获得邻接权的保护。

我国对于创造性的认定方式和判断标准类似于美国。虽然法律未明确规定什么是创造性，但是学界对创造性的理解可以印证这一点。例如，李明德教授认为“创造性与作品本身的智力和水准无关，与作品的市场价值也无关，只要作者投入某种智力劳动，就不构成对他人作品的抄袭”；王迁教授提到“独创性并非要求成果比他人的成果高明，或者是完成了别人轻易无法完成的成果，只要成果是智力创作的结果即可”。

---

① See Feist Publications, Inc. v. Rural Telephone Service Co., Inc., 499 U.S. 340, 18 USPQ 2d 1275 (1991).

（二）思想与表达的区分

表达是版权法上一个极为重要的概念，它与思想与表达二分法密切相关。虚拟角色若想获得版权保护，除了满足独创性的标准，还必须是一种具体的表达。思想与表达二分法在版权法领域中发挥着至关重要的作用，国际条约和国内立法都在成文法律中明确了这一规则。如《TRIPS 协议》第 9 条第 2 款规定："版权的保护应当延及表达，不及于构思、程序、操作方法或数学概念。"美国《版权法》第 102 条规定："程序、过程、概念、发现、系统、操作方法、名称、标语、姓名等，在任何情况下都不属于版权的保护范畴，也不构成版权的客体。"我国通过《著作权法》第 5 条明确排除了那些不属于著作权保护的客体来确立思想与表达二分法。具体规定为，"著作权法无法保护官方文件、单纯事实消息、历法、通用数表、通用表格和公式"。

世界上最早提出思想与表达二分法的判例是美国联邦最高法院于 1879 年裁决的"Selden v. Baker"案。该案的原告根据美国《版权法》的规定获得了对《簿记概述》一书的版权，此书介绍了一种特殊的记账方法，以年、月、周、天等周期为单位记载账目，并且此书还包含一些适用该记账方法的空白表格。人们借助书中的方法和表格，可以将自己的商业活动记录下来。被告也出版了一本记账书籍，该书所采用的记账方法与原告的十分相似，但是对用于记录的表格内容做出了改变。因此，原告起诉被告抄袭了自己的记账方法，侵犯了自己合法的版权。该案的争议焦点在于版权法保护的究竟是记账的方法还是对记账方法的描述。法院认为，受到版权保护的内容仅限于对记账方法的描述，而无法及于记账方法。记账方法本身属于技术方案，理应获得专利法的保护，如果无法满足专利法保护的要求，就属于知识产权的公有领域，任何人都可以自由使用，不会受到法律的限制。①

思想与表达二分法真正确立下来是通过"Stowe v. Thomas"案。该案的原告是一位知名的小说家，发表了小说《汤姆叔叔的小屋》。被

---

① See Baker v. Selden, 101 U.S. 99 (1879).

告未经原告同意将这本书翻译成德文并出版，原告认为被告侵犯了自己的版权。经过审理，法院认为原告的书在公开出版之后，书中的观念、方法等思想部分已经成为公共财产，因此可以被他人自由使用，这并不会影响作者对书籍本身享有版权。因此，原告仍然有权对书籍或书籍副本进行印刷、出版、进口和发行。而且对书中内容的翻译实质上是对书中思想观念的复制；翻译者也会在翻译时选择将要翻译的内容，这构成思想领域的一种表达。综上所述，法院确立的规则为："对于版权而言，其保护的是对于思想的表达而不是思想本身，思想与表达必须区分开来。"① 思想与表达的区分对于确定版权保护的对象具有重要影响，但由于作品的不同类型和性质，在区分思想与表达的界限时，需要结合特定的作品类型进而适用不同的测试标准予以区别。

作品中的虚拟角色通常涉及思想与表达区别的困境，尤其体现在纯文字描述的虚拟角色上。由于文学角色的形象特征是通过语言描述的，并不是通过特定的图案、线条、色彩而客观展现的，每个读者的思维方式存在差异，对于文字的理解及对于角色的感受也具有多样化，因此对于文学角色中思想与表达的界限区分更多地取决于人的主观想法。文学角色通常被视为不受保护的思想，因为凸显角色特征的个性、相貌、人物关系都属于思想的范畴，这就使人物很难成为受保护的表达。与文学角色相比，可视性的角色更容易被认定为受保护的表达。例如，在我国法院裁判的"迪迦奥特曼"案中，法院认为"奥特曼融合了真人的形象特征，创作者采用夸张的手法用线条、色彩和图案对奥特曼的五官进行艺术创作，使其与真人的面貌存在区别，这个角色特征具有独创性，属于可以单独使用的美术作品"②。又如，美国的"Detective Comic Inc. v. Bruns Publications"案，漫画中的"Wonderman"的角色是对原告的"Superman"的超人形象的复制。虽然两者在面貌特征上不构成相似，

---

① Stowe v. Thomas, 23 F. Cas. 201, 1853 U. S. App. LEXIS 751, 2 Am. Law Reg. 210, 2 Wall. Jr. 547.

② 上海世纪华创文化形象管理有限公司与武汉百佳超级市场有限公司关于"迪迦奥特曼"角色形象著作权侵权纠纷再审案，最高人民法院（2013）民申字第368号民事判决书。

但人物的性格、举止、气质构成实质性相似，于是法院判决被告侵权。①

在某些情况下，思想与表达的界限并不清晰，会出现思想与表达混同的情景，只能依据作品的性质和特点具体分析。如果虚拟角色恰好处于思想与表达的临界点，则需要判断该角色能否从作品中剥离和独立。若该角色既有思想成分也同时具备表达的构成要素，则即使无法析出也会被纳入思想领域，这是混同原则（Doctrine of Merger）的体现。混同原则又名合并原则，指的是思想与表达是一个无法分割的整体，或者某种思想只能通过一种或有限的方式表达。在这种情况之下，版权法选择不保护与思想混同的表达。混同原则是在 1967 年的“Morrissey v. P&G Co.”案中确立的。该案的原告设计和出版了一套比赛规则，适用的范围是销售、促销和抽奖。被告原封不动地照搬和使用了原告的比赛规则，原告认为被告侵犯了他的版权。但此案的法官并没有支持原告的诉讼请求，因为针对比赛规则进行方案设计的表达方式特别有限，可以获得版权保护的范围非常狭小。倘若某个规则的使用已经达到了穷尽的状态，那么版权法无法对这样的表达提供保护，因为也会同时保护该思想，这违背了版权法的基本原则。②

如果某个角色成为一个通用的模板或主题，也会落入版权法无法保护的思想领域。这一点与场景原则（scènes à faire）或情景原则密不可分。“scènes à faire”是一个法语短语，英文的表述方式为“scenes which must be done”，翻译成中文为“必须被采用的场景”。场景原则指的是某些表达必须采用的场景或思想，是描述某些主题必不可少的因素，比如文学作品中的事件、人物、文化背景和历史背景等。为了确保新作品的产生和创作，避免作者对某一特定主题在使用中的垄断，对于

① See Detective Comic Inc. v. Bruns Publications, 111F. 2d 432 (2nd Cir. 1940).

② See Morrissey v. Proctor & Gamble Co., 379 F. 2d 675, 1967 U. S. App. LEXIS 5802, 154 U. S. P. Q. (BNA) 193.

场景原则中的相关因素不予版权法上的保护。[①] 美国联邦第九巡回上诉法院审理的“Satava v. Lowry”案就体现了场景原则。该案的原告是一名制作玻璃艺术品的艺术家，他在参观水族馆里的水母时产生了灵感，于是便设计了一款水母雕塑，将该雕塑放置在“玻璃中的玻璃材质”（glass – in – glass medium）里，随后在市场上售卖。被告也制作了一款水母雕塑，放在玻璃材质中并售卖。原告和被告的雕塑作品极为相似，于是原告起诉被告侵犯了他对水母雕塑的版权。法院认为雕塑中的水母是公有领域的产物，也是玻璃雕塑作品中普遍适用的一个主题或场景，即使具有独创性，也是极其微小（extremely thin）的创造性元素，无法成为受版权保护的表达。[②]

二、可视性角色的版权保护标准

影视角色是否能获得版权保护及如何获得版权保护取决于角色本身的性质。影视作品中由真实人物扮演的虚拟角色不需要考虑版权的路径，完全可以通过形象权来保护，表演形象也是形象权保护的客体之一。至于在影视作品中出现的不具有生命体征的虚拟角色，可以参照卡通角色的保护标准，因为它们像卡通角色一样具有视觉外貌的特征。

卡通角色由图片、色彩和造型构成，卡通角色固定的视觉呈现特征（visual embodiment）可能构成独特的表达，这使卡通角色比纯文字描绘的虚拟角色更容易获得版权的保护。美国联邦第九巡回上诉法院曾经在“Walt Disney Productions”案中表示，应用于非可视性虚拟角色的充分描述测试标准不适用于卡通角色，因为以图像表现的卡通人物本身就是一种独创性的表达，不需要像文学作品中的虚拟角色那样适用极为严格的判断标准。[③] 卡通角色可以视为美术作品或图形作品获得版权保护。

---

① 参见朱梦云：《论人工智能生成物的著作权保护》，知识产权出版社 2021 年版，第 154 ~ 155 页。

② See Satava v. Lowry, 323 F. 3d 805 (9th Cir. 2003).

③ See Walt Disney Productions v. Air Pirates, 581 F. 2d 751 (9th Cir. 1978).

我国的司法实践中也存在类似观点。例如，在我国法院审理的“小黄人形象”案中，被告千尺雪公司擅自使用环球公司制作的小黄人动漫形象，大量生产和销售含有小黄人图案的乳制饮品，还通过展销会以及线上平台推销产品。环球公司向苏州市中级人民法院起诉，要求千尺雪公司停止销售侵权产品，并要求经济赔偿。一审法院认为，小黄人卡通形象构成美术作品，可以获得著作权法的保护。被告使用的侵权形象虽然有局部改动，但与环球公司的小黄人形象实质性相似，构成侵权。[①] 又如，在我国的“迪迦奥特曼”一案中，法院认为迪迦奥特曼融合了真人和虚拟人物的特征，创作者用色彩、线条对该形象五官进行艺术创作，具有独创性，该形象构成具有一定审美意义的美术作品。[②]

有些法院甚至会在卡通角色的可版权性认定上采用更为严格的标准，比如特别显著标准（the especial distinction test）、可预见性标准（the predictability test）和三部分检验标准（three – step test）。这 3 个标准聚焦的是卡通角色中的人格要素（personality features），这其中涉及公众的主观性分析较多。人格要素指的是角色的个性特征，包括角色装扮、口头禅、行为方式、风格、习惯、姓名。[③] 事实上，上述标准对于文学角色的人格要素是否具有可版权性也具有重要的参考价值。虽然文学角色不具有可视性，但是对于角色性格和特质的描绘与卡通角色具有共通之处，都属于一种文化符号。

（一）特别显著标准

特别显著标准源自美国联邦第九巡回上诉法院在 2003 年审理的“Rice v. Fox Broadcasting”案。该案争议的焦点是魔术师变魔术那一刻的角色装扮。法院认为，获得版权保护的形象还应当是极其显著的，显

---

① 参见江苏省高级人民法院民事判决书，(2020）苏知终 60 号。

② 参见上海世纪华创文化形象管理有限公司与武汉百佳超级市场有限公司关于“迪迦奥特曼”角色形象著作权侵权纠纷再审案，最高人民法院民事判决书（2013）民申字第 368 号。

③ 参见卢海君:《论角色的版权保护——以美国的角色保护为研究视角》，载《知识产权》2008 年第 6 期。

著性体现在角色形象具有连贯性与可以被大众广泛识别的特别显著特征。[①] 这一标准应用于文学作品角色中，需要同时满足两个条件：第一，该角色具有特别显著性；第二，该角色应当具备广泛辨识度以及特别的表达。在 2008 年的 “Halicki Films LLC v. Sanderson” 案中，原告文学作品《极速 60 秒》中的主角 “Eleanor” 是一辆肌肉车，车身粗大，速度是其他车辆和飞机无法比拟的，能够在危急关头帮助人化险为夷，这个特征就有广告辨识度和特别显著性。[②]

(二) 可预见性标准

可预见性标准是指将一个角色置于新的创作背景或情节中，这个角色会足够具体并能以可预见性的方式出现。在适用该标准时，需要考虑角色的外形（physicality）、来历（story of origin）以及行为（behavior）是否同时具备可预见性。只有当上述 3 个要素同时具备可预见性时，角色才能获得版权保护。角色外形指的就是角色本身的身体特征，包括角色的体态、面貌、服装和道具，对反映角色个性尤为重要。角色来历指的是角色的来源，比如出生故事，这对于研究角色的历史起源和发展具有重要的意义，也有助于读者找到相关线索预测角色的未来走向。角色来历通常也会和特定的情节或事件紧密相连，推动故事的发展。角色行为包括角色的举止（actions）和反应（reactions），举止是角色主动的行为，反应是角色被动的应激表现。可预见性标准有利于分析角色的可版权性。当角色的特征都是可以预见的，就证明作者对角色进行了充分的展开和描绘并融入了个性的表达，角色就不落入不受版权保护的思想层面。[③]

(三) 三部分检验标准

三部分检验标准（Three - Step Test）源自 2013 年的 “DC Comics v. Towle” 案。该案的争议角色是原告在 DC 漫画中创作的蝙蝠车

---

① See Rice v. Fox Broadcasting Co., 330 F. 3d 1170 (9th Cir. 2003).

② See Halicki Films LLC v. Sanderson, 547F. 3d 1213 (9th Cir. 2008).

③ See Mark Bartholom, *Protecting the Performers: Setting a New for Character Copyrightability*, 41 Santa Clara Law Review 341 (2001).

(Batmobile)。蝙蝠车在观众心目中的知名度极高，已广为流传 80 多年。蝙蝠车是一种具有蝙蝠造型的虚构汽车，可以帮助蝙蝠侠对抗敌人，兼具高科技和武器功能，行动起来灵活快速，难以捕捉，能够与犯罪分子斗争。虽然在有关的漫画和影视作品中蝙蝠车的外形时常改变，但蝙蝠车的名称和基本特征一直未改变。被告未经原告的授权，在仿冒复制品上使用了蝙蝠车的形象并销售，并且在广告中将每个仿制品都描述为蝙蝠车以及使用包含蝙蝠车字样的域名。法院认为，卡通角色的可版权性应当满足 3 个步骤的检验：第一，该角色具有物理和概念上的特征（physical and conceptual qualities）；第二，该角色被充分描述并具有可识别性（sufficiently delineated to be recognizable）；第三，该角色具备特别显著的特征以及独创性表达元素（especially distinctive and contain some unique elements of expression）。三部分检验法实质上是融合了充分描述测试标准和特别显著标准。由于蝙蝠车的外观特征和基本特点具有识别性和显著性，所以蝙蝠车可以获得版权保护。虽然蝙蝠车的外形不断变化，但蝙蝠车基本的特征未发生改变，比如蝙蝠车的一些固定特征：蝙蝠外形、高技术汽车、快速行动、超级英雄、蝙蝠侠的搭档等。①

卡通虚拟角色版权保护的重点还在于版权侵权，只要侵权角色与被侵权角色外形相似就构成侵权。例如，在 1978 年的 "Walt Disney Productions" 案中，原告迪斯尼公司创作了一系列卡通形象，以连环画的方式出版，原告就连环画本身享有版权。被告在自己的反传统文化的喜剧作品中抄袭了原告迪斯尼公司的 17 个卡通人物，其中包括唐老鸭和米老鼠，但被告模仿的角色性格是肆意妄为的，并非角色本身的天真、活泼、善良的性格。原告起诉被告的行为构成版权侵权，被告辩称虚拟角色并不是版权保护的对象。地方法院裁定原告的卡通人物形象享有版权，被告的复制行为构成侵权。美国联邦第九巡回上诉法院赞同地方法院的判决，从如下两个方面解析了该案的争议焦点：第一，原告的

---

① See DC Comics v. Towle, 989 F. Supp. 2d 948 (C. D. Cal. 2013).

卡通形象是否享有版权保护？第二，如果享有版权，被告是否侵犯了原告的版权？就第一个问题而言，连环画中的卡通人物享有版权。根据1909年美国《版权法》第3条的相关规定，版权既保护作品，也保护特定的作品元素。一些判例也表明卡通人物形象可获得版权保护，这些形象具有有形的外观和有观念的特质，包含了更多的独创性表达元素。不同于纯文字描述的形象，喜剧人物通常不会落入思想的范畴。关于第二个问题，被告侵犯了原告的版权，因为被告作品中的卡通角色在外形上酷似原告作品中的卡通角色，构成了实质性相似。①

三、非可视性角色的版权保护标准

对于文学作品中的虚拟角色而言，版权保护的门槛较高。这是因为虚拟角色具有抽象性与非可视性，所以法官难以判断虚拟角色是否构成独创性的表达。在美国的司法实践中，美国联邦第二巡回上诉法院和第九巡回上诉法院对非可视性的虚拟角色采用不同的保护标准：充分描述测试标准和故事叙述标准。这两个判断标准都有自己的固有缺陷，因此，美国目前的法院更倾向于适用混合测试标准去判断非可视性角色的可版权性。然而，美国法院在适用版权法保护非可视性角色的时候，采用了相对谨慎的态度。因此，在司法实践中这方面的案子也相对较少。

（一）充分描述测试标准

充分描述测试标准（The Sufficiently Delineated Test）又称为独特描述与展开（distinctive description and development）标准，源于1930年美国联邦第二巡回上诉法院裁判的“Nichols”案。该案的汉德（Hand）法官提出虚拟角色可以获得作品之外的保护，对于虚拟角色描述得越详细或具体，表达的成分就越多，思想的成分就越少，虚拟角色就越能获得版权保护。根据思想与表达二分法的规则，思想观念无法获得版权保护，唯有表达的部分才具有可版权性。如果虚拟角色形象不是独特的构思（originally conceived），也没有充分展开（presented

---

① See *Metro-Goldwyn-Mayer v. American Honda*, 900 F. Supp. 1287 (C. D. Cal. 1995).

sufficiently)，就无法获得版权保护，这是作者因为没有独特描述人物而必须承担的惩罚。① 这一点关注的是作品中的虚拟角色是否具有可版权性（copyrightability）。判断完这一点之后，还需要法院认定侵权角色是否模仿了被侵权的角色，这里需要结合版权法侵权判定中的“接触+实质性相似”（access and substantial similarity）的规则来判断。② 充分描述测试标准在“Burroughs v. Metro-Goldwyn-Mayer”案中得到了充分运用。该案的虚拟角色人猿泰山是一个从小在丛林中长大的人物，被猩猩饲养并且善于与动物交流，富有人类的情感，具备温和、强壮以及年轻等特质。法院认为这个角色已经被充分展开，足以与原作品分离。③

虽然充分描述测试标准为文学角色的版权保护提供了前提条件，但是法院并没有统一这个标准的内涵，对于何为充分描述未达成统一意见。因此有些学者提出需要首先判断角色能否被特质化（idiosyncratic）以及能否超越思想层面构成独创性的表达。特质化指的是角色形象能够从作品中析出或剥离，这是文学作品中的虚拟角色获得版权保护的起点。在文学作品中，角色析出的主要手段是通过具化的方式脱离原作品而形成新作品，将角色最独特的特质单独拿出来指代整体形象，比如用角色名称代替角色本身。比较成功的例子有机器猫代指“哆啦A梦”，“哈利·波特”代指所有哈利·波特科幻系列的小说。④ 其次，法院再对比侵权角色和被侵权角色之间的相似性。这种相似性应当建立在角色的独特风格相似的基础之上，需要分析两个角色之间是否构成实质性相似。⑤

（二）故事叙述标准

1954年美国联邦第九巡回上诉法院在“Warner Brothers”案中确立

---

① See Nichols v. Universal Pictures, Corp., 45 F. 2d 119 (2nd Cir. 1930).

② 参见牛强：《文学作品虚拟角色形象的固定及版权保护》，载《中国出版》2018年第19期。

③ See Burroughs v. Metro-Goldwyn-Mayer, Inc. 519 F. Supp. 388 (S. D. N. Y. 1981).

④ 参见牛强：《文学作品虚拟角色形象的固定及版权保护》，载《中国出版》2018年第19期。

⑤ 参见刘亚军、曹军婧：《虚拟角色商品化权法律保护刍议——美国实践的启示》，载《当代法学》2008年第4期。

了故事叙述标准（The Story Being Told Test）。在该案中，作家哈米特创作了侦探小说《马耳他猎鹰》，故事的主人公为一名侦探，名叫 Sam Spade，小说最早是以杂志和书籍等形式出版，后来被改编成动画。该作家和出版社一同授权华纳公司以拍摄电影、广播、电视转播等方式使用该小说作品。该作家随后又在原作品虚拟角色的基础上，创作了新的小说《萨姆·斯派多历险记》，并且许可哥伦比亚广播公司摄制电影，广播和电视转播。华纳公司起诉该作家和哥伦比亚广播公司侵犯小说《马耳他猎鹰》中人物形象的版权。经审理，地方法院驳回了华纳公司的请求。美国联邦第九巡回上诉法院肯定了地方法院的裁决，并讨论了文字作品中的虚拟角色形象是否可以获得版权保护。第一，美国版权法未曾明确提出角色形象为版权保护的客体，在美国司法判例中也没有这方面的判决。因此，从法条文义解释的角度来看，虚拟角色形象无法获得版权保护，作者有权以原作品中的人物为基础创作新的作品，这符合版权法上鼓励创新的立法目标。第二，法院指出，虚拟角色唯有得到了最充分的描述，该角色本身成为被叙述的故事时，才能获得版权的保护。从另一个角度解读，虚拟角色不能仅仅为作者叙述故事的辅助性工具，必须能构成读者脑海中能够想象的完整故事内容，只有这样此文学作品角色才具有可版权性。根据以上两种思路，美国联邦第九巡回上诉法院认为，相关的角色形象是叙述故事的工具，没有构成被叙述的故事。①

关于故事叙述标准的争议最大，该标准遭到了许多诟病，这一标准比充分描述测试标准还要严苛。这一标准要求角色与故事融为一体，即故事就是角色，角色本身围绕故事。正如尼莫教授所说的那样：“故事叙述标准是对充分描述测试标准的过度保护，在司法实践中难以适用。”首先，文字叙述本身具有极高的抽象性，单独的角色很难成为独立的作品。单纯文字的描述缺乏故事情节的开展，故事情节铺垫得越单薄，作

① See Warner Bros. Picture, Inc. v. Columbia Broad. Sys., 216 F. 2d 945 (9th Cir. 1954).

品中可版权性的表达成分就越少，这会导致几乎所有的文学角色被排除在版权保护的行列。其次，不同读者对于文字的解读差异较大，个人的主观判断充满着不确定性，有些群体可能认为对角色的文字描述可以构成独立的故事情节，然而其他群体可能会认为文字叙述缺乏对角色性格或特质的塑造。① 因此，法院更倾向于适用充分描述测试标准。

（三）混合测试标准

在后来的一些判决中，法院有时候会融合充分描述测试标准和故事叙述标准，合成一个混合测试标准。这个标准要求虚拟角色既要被充分挖掘和描绘，又要成为故事陈述的中心内容。例如，在著名的系列电影《洛基》（*Rocky*）中，电影中的虚拟角色洛基是一个拳击手，既是这部电影的核心人物，也是这部电影高度描绘的角色之一，因此成为整个影片的主角，该角色同时也是所要叙述故事的全部。② 又如，在关于"007"系列小说和改编电影的诉讼中，虚拟角色詹姆斯·邦德（James Bond）被充分、清晰地描绘，该角色的内涵成为故事所要叙述的核心，该角色足以获得版权法的保护。

四、不受版权保护的角色类型

（一）定型角色

定型角色（stock character）也称为传统形象或者创作原型，是在小说、戏剧、电影、电视节目中重复出现和继承的刻板化角色，也是在艺术创作中经常出现的一个主题。③ 常见的定型角色为复仇者、落难的少女、白马王子、女巫、私家侦探、花花公子、超级英雄和小跟班等，还有一些老生常谈的爱情悲剧人物也是定型角色。1930 年美国联邦第

---

① See Jasmina Zecevic, *Distinctly Delineated Fictional Characters that Constitute the Story Being Told: Who Are They and Do They Deserve Independent Copyright Protection*, 8 Vanderbilt Journal of Entertainment and Technology Law 372 (2006).

② See Anderson v. Stallone, 11 U. S. P. Q. 2d 1161, 1165 (C. D. Cal. 1989).

③ See Sven Schonhofen, *Holy Copyright Law, Batman! The Batmobile is a copyright character*, 11 Journal of Intellectual Property Law & Practice 12 (2016).

二巡回上诉法院审理的“Nichols”案就探讨了爱情悲剧下的犹太年轻人和爱尔兰姑娘。

定型角色主要有三大功能：第一，定型角色本身就是公有领域的一部分，是文学创作中的模板，创作者可以直接套用再融入新的创作元素而不构成版权侵权，这将节约故事创作的时间、精力和成本。第二，定型角色出现在大量的作品中，公众对此耳熟能详。在文学创作中使用定型角色更有助于公众理解故事情节和人物关系，还有利于建立公众对作品欣赏的预期。[①] 第三，定型角色方便作者的创作自由。

（二）逾期角色

若作品已经超过了版权的保护期限，成为公有领域的产物，那么任何人都可以自由使用该作品中的内容，其中也包括该作品中的虚拟角色，逾期角色即其中的虚拟角色。例如，吴承恩《西游记》里的孙悟空、曹雪芹《红楼梦》里的林黛玉以及莎士比亚创作的经典角色哈姆雷特都是超过版权保护期限的虚拟角色。

经典的虚拟角色极有可能被多个作品重复使用，甚至有可能被创作时间跨度很大的作品所使用。[②] 如果承认逾期角色的版权保护，那么后续作品就可以一直延续先前作品里的角色描绘。通过作品对某个经典角色的不断传承，此角色将能获得永久性的保护，这违背了版权法的立法本意，也打破了创作者和社会公众之间的利益平衡关系。[③] 由于虚拟角色具有依附性，不可能脱离相关作品而独立存在，因此虚拟角色的保护期就取决于作品的版权保护期。当包含此角色的作品逾期时，虚拟角色便没有版权保护的必要了。

然而，在逾期角色的基础上新增加的独创性表达仍会受到版权的保

---

① See Dwight V. Swain, *Creating Characters*: *How to Build Story People*, University of Oklahoma Press, 2012, p. 21 – 32; Gaiman v. McFarlane, 360 F. 3d 644 (7th Cir. 2004).

② 参见丛立先、刘乾：《同人作品使用原作虚拟角色的版权界限》，载《华东政法大学学报》2021 年第 4 期。

③ See Leslie S. Klinger v. Conan Doyle Estate, 755 F. 3d 496 (7th Cir 2014).

护，因为版权法保护的就是具有独创性的表达。[①] 比如，《西游记》里的孙悟空属于公有领域，已经超过了版权的保护期限，但上海美术电影厂依据此角色在《大闹天宫》动画片里创作的孙悟空形象就可以获得版权的保护。

（三）融合角色

融合角色与混同原则和场景原则相关联。融合角色是指在文学创作中与某个特定的场景相结合的虚构角色。特定的场景包括具有典型性或者代表性的故事、情节、风景、历史年代、生活背景等。许多的融合角色是对现实生活的写实，这就不可避免地导致一些作品中的场景十分相似。例如，在某个案件中，原告的小说 *Jubilee* 和被告的小说 *Roots* 都以美国黑人奴隶的辛酸历史和生活为背景，反映他们所面临的苦难和不堪，因此二者在人物的描绘上必然伴随某些相似的情节和场面。法院判决被告使用原告作品中的融合角色不构成版权侵权，并提到，“版权无法保护共同主题或者典型情景，因为它们是叙述故事的固有表达模式，这部分应当归入公有领域”[②]。

（四）虚拟角色的相关元素

虚拟角色的相关元素是指与角色关联度较高的组成部分，包括角色名称和角色的其他要素。角色名称是虚拟角色的称谓，既可以是角色本身的真实姓名，也可以是角色的绰号或代号。例如，在“007”系列影视作品中，主人公詹姆斯·邦德的代号为“007”。当提到代号“007”时，公众会不由自主地联想到詹姆斯·邦德。又如，电影《神奇女侠》（*Wonder Woman*）的女主人公姓名为戴安娜，但观众通常用绰号“神奇女侠”来指代戴安娜。虚拟角色的姓名囊括范围广阔，既包括文学作品中虚拟角色的姓名，比如令狐冲、黄蓉和郭靖，也包括卡通角色的姓名，如功夫熊猫和葫芦娃，还包括影视作品中由真人扮演的角色的姓名，比如花木兰和孙悟空。

---

① See Silverman v. CBS, Inc., 870 F. 2d 40 (2nd Cir. 1989).

② Alexander v. Haley, 460 F. Supp. 40 (S. D. N. Y. 1978).

角色的其他要素指的是能够突出角色显著特征的作品名称、经典台词乃至场景物件。作品名称与作品题材、作品中的人物角色、情节发展和故事背景一样，是构成一部完整作品不可或缺的重要元素。一个好的作品标题能够直接体现作品的重要内容和中心思想，吸引公众的注意力。例如，在老艺术家石夫创作的歌曲《娃哈哈》中，有一句重要的歌词便是“娃哈哈，娃哈哈，每个人脸上都笑开颜”，这句话强调了歌曲的标题《娃哈哈》。经典台词是作品中的主人公经常使用的口头禅，熟知作品的读者一看到某一经典台词，便可以联系到特定的人物角色，如孙悟空的经典口头禅“吃俺老孙一棒”。场景物件是指角色经常使用的道具。比如，《哈利·波特》里的魔法杖和魔法袍，还有金庸小说《笑傲江湖》里的武林秘籍“葵花宝典”。

虚拟角色的相关元素无法满足可版权性的要求，除非相关元素能够依托虚拟角色以及作品的具体内容获得间接性的保护。1998 年上海市第二中级人民法院审理的“娃哈哈”副歌短词案[①]以及 2003 年云南省高级人民法院裁判的“五朵金花”剧本名称案[②]已经论证过简短的名称不应受版权法保护。角色名称、作品标题、角色道具名称因内容简短，字数有限，无法反映作者所要表达的思想、情感、个性和创作风格，缺乏独创性。若对于简短的文字授予权利保护，容易阻碍他人的创作自由。[③] 综上所述，虚拟角色的相关元素就像定型角色、逾期角色以及融合角色一样，倘若无法满足反不正当竞争法或商标法的保护要件，就属于不受保护的公有领域，任何人都可以自由地使用它们。

五、虚拟角色与同人作品

同人作品是以他人作品中的虚拟角色为创作原型而创作的，涉及对他人作品元素的使用。不同方式的同人创作可能涉及的版权侵权风险不

① 参见上海市第二中级人民法院民事判决书，(1998) 沪二中知初字第 5 号。

② 参见云南省高级人民法院民事判决书，(2003) 云高民三终字第 16 号。

③ 参见虞婷婷：《作品元素商品化利用的法律规制——兼论对独立商品化权益的否定》，载《财经法学》2024 年第 1 期。

尽相同。在面临版权侵权指控时，同人作品的创作者通常会将合理使用作为抗辩事由。合理使用影响着同人作品侵权和创作自由之间的关系。一方面，合理使用的推广适用有利于激发公众产生更多的同人创作。另一方面，合理使用的限制适用更能充分地保护权利人的私人利益。由此，有必要抓住利益平衡的焦点去分析同人作品与合理使用的关系。

（一）同人作品的概念和创作方式

同人作品（fan fiction）源自日语词汇“どうじん”，是志趣相投的人以原作品的角色或元素为基础进行再创作而形成的产物。早期的同人作品以同人小说里的文学角色、动漫或者流行文化中的人物为创作原型，创作主体大多为原作品的爱好者或与原作者志趣相投的人，也就是同人粉丝。作品的传播范围局限于同行团体的圈内分享，不包括大范围的外行传播。[①] 随着信息网络技术的飞速发展，作品创作和传播的渠道更加多元化，同人作品的类型、创作主体以及作品的传播范围都发生了实质性的改变。同人作品不再局限于小说和动漫，电影、电视剧、电子游戏、音乐 MV 等作品中的人物也可能成为他人同人创作的基础。创作主体也不再仅仅为原作品的忠实粉丝，任何对原作品熟悉的人都可以创作同人作品。同人作品的传播方式也变得广泛，网络平台的发展令很多同人作品家喻户晓。

同人作品的生成和创作离不开对原著文本部分的重述。从文本生成的角度来看，同人作品是原作品的次生文本，正是基于这种互文关系才能唤起读者对原著的联想。互文关系是文本生成中的一个逻辑关系，同人创作一般不会原封不动地照搬原作中有关某个特定角色的全部表达，而是通过引用、讽刺、戏仿、续写等方式重现原著中的角色特征。[②] 同人作品的创作方式大致有如下几种类型：第一种是续写类的同人创作；第二种是改编类的同人创作；第三种是参照类的同人创作；第四种是架

---

① 参见徐丽苑、曹莉亚：《论同人作品的出版现状及其发展前景》，载《杭州电子科技大学学报（社会科学版）》2011 年第 3 期。

② 参见李琛：《版权闲话之四：续写的美学根由与法学评判》，载《中国版权》2018 年第 5 期。

空类的同人创作。

1. 续写类的同人创作

续写类的创作者一般是原著的忠实爱好者，为了在原作的基础上进一步地挖掘故事情节，会在新的创作中延续既有的情节发展和人物关系，甚至有时候会继承原作的部分具体细节，只有这样才能使续写的作品更具有连贯性，使读者能够快速联想到原作品的内容。《红楼梦》后四十回就是典型的续写类的同人作品，里面的人物关系和故事脉络高度还原了《红楼梦》前八十回。由于续写的作品和原作品中的人物特征和情节高度一致，所以很容易满足实质性相似，进而侵犯了原作品的版权，除非在续写的作品中加入了足够多的新增表达从而构成改编作品。[①]

2. 改编类的同人创作

改编类的同人创作是指在原作品的基础上，虽然借用了一些元素，但创作的同人作品在情感表达、价值取向或风格上有别于原作品，因为其中融入了创作者独特的观点和感受。这种类型的同人作品不容易引发版权侵权的诉讼，但还需要判断改编的对象是否为原作品中的表达。如果同人作品的创作者改编和转换了原作品中的表达内容，就不会构成版权侵权。[②] 最常见的改编类的同人创作方式为转换性使用。比如，在“Dr. Seuss Enterprises”案中，被告作品《猫不在帽子里》（*The Cat NOT in the Hat*）是在原告作品《帽子里的猫》（*Cat in the Hat*）的叙述风格基础上重述了轰动美国的辛普森杀妻案。虽然被告使用的是戏仿的手法，但戏仿的对象是辛普森杀妻案本身，并非原告的作品。因此，被告使用了原作品中的表达部分，构成版权侵权。[③]

---

① 参见孙玉荣、李贤：《同人作品著作权合理使用问题探析》，载《科技与法律》2020年第6期。

② See Casey Fiesler, *Everything I Need To Know I Learned from Fandom: How Existing Social Norms Can Help Shape the Next Generation of User-Generated Content*, 10 Vanderbilt Journal of Entertainment and Technology Law 746 (2007－2008).

③ See Dr. Seuss Enterprises, L. P. v. Penguin Books USA, Inc., 109 F. 3d 1394 (9th Cir. 1997).

3. 参照类的同人创作

参照类的同人创作是将原作品中的人物、情节、历史事件等信息通过一种十分简洁的方式呈现，帮助其他读者快速了解原著的内容，即阅读完同人作品便能理解原作品的中心思想和主题。参照类的同人作品由于没有过多的新增表达，转换性不足，很容易被认定为与原作品实质性相似。[①]

4. 架空类的同人创作

架空类的同人创作利用了原作品中不受版权保护的思想、主题、场景或者虚拟角色的相关元素等，通过架空原作品的内容从而创作出一个全新的作品，读者不会从中联想到原作品的内容。架空类的同人作品与原作品之间的关系非常疏远，在创作手法、情节发展以及内容安排上与原作品差异很大。由于这种类型的同人作品和原作品根本不构成实质性的相似，所以很少会产生版权侵权的纠纷。

例如，我国法院于 2016 年审理的“查良镛诉杨治等著作权侵权及反不正当竞争纠纷案”[②] 就讨论了架空类的同人创作行为是否构成著作权的侵权问题。该案的原告为查良镛，笔名“金庸”，是知名的武侠小说作家，创作并发表了《射雕英雄传》、《神雕侠侣》、《天龙八部》和《笑傲江湖》等系列武侠小说（以下简称四部作品），作品被多次改编为电影和电视剧，在海内外广泛传播，享有很高的知名度。被告杨治，笔名“江南”，是北京大学化学系的毕业生，结合自己在北京大学的求学经历，创作和发表了一部小说《此间的少年》。这部作品的历史背景为北宋嘉祐年间，在汴京有一所学校名为“汴京大学”。在这所大学里，主人公郭靖、黄蓉、乔峰、杨康等大侠过着像现在的大学生一般的生活。该作品还描写到郭靖与黄蓉是在一次自行车碰撞中相遇，自行车的车主是化学系的老师丘处机。其中还有一些类似于原著的情节，比如

---

① 参见 Twin Peaks Productions, Inc. v. Publications International Ltd. 996 F. 2d 1366 (2nd Cir. 1993)；丛立先、刘乾：《同人作品使用原作虚拟角色的版权界限》，载《华东政法大学学报》2021 年第 4 期。

② 参见广东省广州市天河区人民法院民事判决书，(2016) 粤 0106 民初 12068 号。

黄蓉的父亲是黄药师，郭靖憨厚老实，黄蓉聪明伶俐。但是，该作品除了利用了金庸作品中主要人物的角色姓名之外，整部作品几乎没有与金庸原著十分相似的故事情节，即《此间的少年》只是借用了原作品中不受著作权保护的元素。《此间的少年》在元素借用的基础上，改变了原作品的表达方式，融入了全新的作品内容，创作出了全新的故事。因此，一审法院认为被告的行为不侵犯金庸系列武侠小说的著作权。二审法院却改判了一审法院的结果。二审法院认为郭靖、黄蓉、乔峰、丘处机、令狐冲等 60 多个角色构成人物群像，角色的名称、性格特征、人物关系、人物背景都体现了金庸的选择和安排，可以认定人物群像已经被充分、清晰地描述，足够具体到形成一个内部元素存在强烈逻辑联系的结构，构成一种独创性的表达。由于《此间的少年》中多个人物的性格、人物关系和情节发展与金庸武侠小说中的角色存在实质性的相似，所以被告侵犯了金庸的著作权。广州知识产权法院对此案做出了终审判决，认定《此间的少年》与四部作品的“人物名称、人物性格、人物关系等元素存在相同或相似”，但人物情节完全不同，属于不同类别的文学作品，受众群体也有区分。为了平衡各方利益，促进文化事业的发展繁荣，不判定停止侵权行为，但《此间的少年》如需要再版，则需要向四部作品的权利人支付经济补偿。[①]

此案的判决结果在学界引发了较大的争议。刘文杰教授认为：“人物群像能否成为获得保护的表达，需要考察角色本身是否足够立体以及人物关系是否足够具体。一个角色名称无法获得版权保护，十个角色名称联合起来就能获得版权保护的法则是不合理的。即使人物群像构成表达，具体到侵权判定的环节，还需要考量被告使用的东西具体是思想层面的还是表达层面的。”[②] 孙远钊教授提到，人物群像这个概念受版权保护具有瑕疵。有一些不受保护的定型角色，因为角色的聚集效应就可

① 根据《此间的少年》所利用的原作品中的元素在整本书中的比例，确定给予再版版税收入的 30% 作为经济补偿。

② 《专家评议｜刘文杰教授：金庸诉江南〈此间的少年〉侵害著作权案》，载微信公众号“中传法学”2024 年 1 月 8 日，https://mp.weixin.qq.com/s/GSrZoGuO3fzmhGGSHLkonA。

以成为独创性的表达，这显然与著作权保护的基本原则背道而驰。另外，内部元素存在强烈的逻辑关系，其可以是一部作品的基本框架。这个基本框架可能是很多小说共同具备的一个场景。根据共同场景原则，这种基本框架就是一种有限的表达，是不受著作权保护的思想领域，无法单独构成作品。①

（二）同人作品中版权侵权和合理使用的界限

同人作品与原作品之间存在依附性。同人作品通常会通过元素借用的手法使用原作品中的角色、情节、背景、题材、人物性格等作品元素，致使读者能够轻而易举地联想到原作品，这极有可能涉及版权侵权。但并非所有使用原作品中的元素的行为都会构成侵权，相关元素也很有可能落入公有领域的范畴。根据版权法的基本目标，任何作品的创作都离不开现有智力成果的启发，版权法的保护不局限于创作者的利益，还要保证文化的繁荣以及创新，兼顾创作者、使用者和传播者之间的利益平衡关系。为了厘清同人作品使用虚拟角色的行为是版权侵权还是合理使用，需要回归到对以下 3 个问题的探讨：（1）同人作品使用虚拟角色的具体方式是什么？（2）同人作品中的虚拟角色是否与原作品中的虚拟角色构成接触和实质性相似？（3）同人作品对原作品的虚拟角色的使用能否满足合理使用？

1. 同人作品使用虚拟角色的具体方式

同人作品使用虚拟角色的具体方式有两种：第一种是使用虚拟角色本身；第二种是仅使用虚拟角色的相关元素，但没有使用角色本身。第一种使用虚拟角色的方式是否构成侵权在于使用的虚拟角色是否具有可版权性。根据虚拟角色的不同类型和表现方式，文学角色是否可以获得版权的保护取决于不同的测试标准。在司法实践中，法院总结了充分描述测试标准、故事叙述标准和混合测试标准。目前，司法实践比较推崇

① 参见孙远钊：《论作品角色与虚拟人物的著作权保护——兼评“金庸诉江南‘同人小说’著作侵权”案两审判决》，载微信公众号“知产前沿”2023 年 6 月 2 日，https://mp.weixin.qq.com/s/vKCyaXB8Gdw1E60mL5_tEg。

混合测试标准。如果一个虚拟角色本身被充分具体地描绘，成为叙述故事的主题思想，那么该角色便可以获得独立于作品的版权保护。倘若在同人作品中使用了这样的虚拟角色，则很有可能面临侵权的风险，但具体能否构成版权侵权，还需要判断同人作品与原作品的人物塑造的个性、故事脉络的发展是否相同或类似。如果原作品中的虚拟角色无法满足可版权性的标准，或者原作品使用的是定型角色、逾期角色和融合角色，那么这个角色就属于不受版权保护的思想领域，在同人创作中使用便不会有侵权的问题。在同人作品中使用虚拟角色的名称、作品标题等通常也不构成版权侵权，因为这部分内容不具有可版权性，属于公有领域的范畴。

2. 接触和实质性相似的判定

判断同人作品是否侵犯了原作品的版权，普遍适用“接触 + 实质性相似”的检验方法。这个判定方法最早是由美国联邦第二巡回上诉法院在 1946 年裁判的“Arnstein”案中提出的。原告为了主张版权侵权，需要证明两个要件：（1）被告复制了（copying）原告的作品；（2）该复制构成不当复制（improper copying）。第一个有关复制的要件，需要由陪审团来判断是否存在接触（access）。仅有复制还不足以证明版权侵权，因为还需要分析复制的程度，这就涉及对第二个要件不当复制的判断。关于不当复制，需由法官来认定是否存在实质性相似。①

接触是指被告有机会接触到原告的作品。当原告公开向社会发表自己的作品时，被告便有机会看到原告的作品。原告可以通过两种方法来证明接触：第一种方法是被告主动承认自己复制了原告的作品，这是一种直接证据，但这种情形十分罕见；第二种方法是原告通过间接证据证明接触的可能性，但这种证明方法有一定的难度。美国联邦第二巡回上诉法院采用了推定的方法，如果被告作品与原告作品极度相似，就可以判断被告接触了原告的作品。在这种判定方法中，只要原告能够证明实

① See Arnstein v. Porter, 154 F. 2d 464 (2nd Cir. 1946).

质性相似这个要件，就会自然满足接触的要件。[①] 美国联邦第五巡回上诉法院认为这种方法存在固有的缺陷，因为它排除了被告独立创作相似作品的可能性。即使两部作品存在高度相似性，原告也需要证明被告有可能接触了自己的作品。[②] 大多数法院认为，要求原告证明被告有接触的可能性这个证明标准过于严苛，不利于原告在版权诉讼中主张自己的权利。因此，在被告没有举证证明自己独立完成创作时，只要两部作品存在实质性相似，就可以认定被告接触了原告的作品。[③]

实质性相似是指被告作品与原告作品在内容和表达上高度相似，这是由于被告对原告作品复制的数量和比例过多。认定实质性相似的传统办法是一般观察者判断法（lay observer test），是指通过一般的读者和听众来比较两部作品是否存在实质性相似。[④] 当读者感觉到两部作品非常相似时，有一部分读者很有可能去购买价格便宜的“盗版”作品，这样“正版”作品的版权人便会失去市场，从而产生经济利益的损失。[⑤] 然而，对于音乐、戏剧、电影等专业性较强的作品，一般的观察者未必能对比出两部作品的相似性和不同点。鉴于此，认定实质性相似可以通过专家和普通观察者相结合的测试方法。这个方法涉及两个步骤：[⑥]

（1）外部调查法（extrinsic inquiry）。第一步由专业人士比较原被告作品中受保护的表达成分。

（2）内部调查法（intrinsic inquiry）。第二步再由陪审团从一个理性的普通人（ordinary reasonable person）的视角比较两部作品是否存在实质性的相似。

实质性相似的比较仅限于表达，不包括对思想、主题、场景等公有

---

① See Arnstein v. Porter, 154 F. 2d 464 (2nd Cir. 1946).

② See Selle v. Gibb, 741 F. 2d 896 (5th Cir. 1984).

③ See Gaste v. Kaiserman, 863 F. 2d 1061 (2nd Cir. 1988).

④ See Arnstein v. Porter, 154 F. 2d 464 (2nd Cir. 1946).

⑤ Paul Goldstein, Copyright §7. 3. 2 (1989).

⑥ See Julie E. Cohen et al., *Copyright in a Global Information Economy*, Wolters Kluwer, 2015, p. 352.

领域元素的对比。在司法实践发展的过程中，法院采用抽象层次法（levels of abstract test），即“抽象—过滤—比较”（abstraction – filtration – comparison）的方法来认定表达层面的实质性相似。抽象层次法由汉德法官在 1930 年的“Nichols”案中创设，用来判断文学作品的版权侵权。该案涉及两部作品，一部是原告创作的小说《阿比的爱尔兰玫瑰》（*Abie's Irish Rose*），另一部是被告创作的电影作品《科恩与凯丽》（*The Cohens and The Kellys*）。两部作品都讲述一个犹太人和一个爱尔兰人谈恋爱，遭到双方父亲的强烈反对，后来因为婚姻和后辈的出生才获得了双方长辈的祝福。当然两部作品也有很多不同点。例如，《阿比的爱尔兰玫瑰》中的男主人公是信奉犹太教的犹太人，女主人公是信奉天主教的爱尔兰人，父辈反对他们结合的原因是犹太人和爱尔兰人的宗教信仰不同。《科恩与凯丽》中的男主是爱尔兰人，女主是犹太人，双方家庭反对他们在一起是因为两家关系不睦以及他们社会地位的巨大差异。还有一个重要的区别是原告作品中的双方父亲都是鳏夫，而被告作品中双方家庭的母亲都健在。由于被告的作品并非逐字逐句地复制原告的作品，而是使用了原告作品中的部分场景和情节，因此在判断两部作品是否具有相似性时就存在一定的难度。在这种情形之下，汉德法官提出，可以对原告和被告的作品抽象出不同层次的摘要，然后通过比对相似的部分，判断相似部分位于哪一层次。如果两部作品相似的部分是出现在思想领域，则不构成实质性相似和版权侵权；如果原告和被告作品的相似部分位于表达范畴，则构成实质性相似和版权侵权。最难判断的是相似部分处于思想和表达的临界点的情况，对于这个问题法官需要进行个案分析，结合作品的性质、特点、类型等因素进行判断，因为没有人能够准确划分思想与表达的界限。该案结合抽象层次法得出的结论是被告的作品与原告的作品不构成实质性的相似。父母因为偏见而反对年轻人的婚姻，孙辈的出生感化父母并使年轻人获得谅解是文学创作中经常使用的一个主题，属于版权法上不予保护的思想观念。因此，被告在作品中使用这一主题不构成对原告作品的抄袭。[①] 在卡通角色的侵权判定中，摘要层次法同样适用。首先，法院会将角色中不受版权保护的因素抽象出来，比如"思想领域"或"基本主题"，然后过滤掉，再针对剩下的超出角色本身的特征部分（characteristics）进行比较来判断是否构成实质性相似。[②]

为了更好地比对角色的特征部分是否构成实质性的相似，查非（Chafee）教授在汉德法官的抽象层次法的基础之上，对规则进行了完善，并提出了模式检验法。查非教授在1945年发表的论文《版权法的思考》中提到"虽然作品中的常见的主题无法获得版权法的保护，但是作品中的模式内容是属于版权法的保护范畴的，模式内容就是事件次序与角色互动的发展"。以"Nichols"案为例，虽然作品中的两个家庭的观念冲突是不受版权保护的思想主题，但具体到戏剧作品中，不同的戏剧反映这个主题的事件发展顺序和角色互动肯定存在差别。因此，还需要进一步抽象剥离作品中的事件发生顺序以及角色的互动发展变化来形成一个模型，然后对比模型之间是否存在实质性相似的部分。[③] 对于这个模型，尼莫教授提出还需要进一步细化这个模型是具体的模型还是普遍的模型。如果事件发生的次序和角色互动的顺序落入普通模型的范畴，则属于不受著作权法保护的公有领域；倘若属于具体的抽象模型，与其他作品具有主题和表达上的相似之处，则需要赋予版权的保护，并认定构成版权侵权。[④]

3. 合理使用的判断

在版权的侵权纠纷中，合理使用通常是被告主张抗辩的"兜底"事由；倘若被告的合理使用主张无法成立，那么被告几乎不可能规避法

---

① See Nichols v. Universal Pictures, Corp., 45 F. 2d 119 (2nd Cir. 1930).

② See Original Appalachian Artworks, Inc. v. Toy Loft, Inc., 684 F. 2d 821 (11th Cir. 1982).

③ See Chafee Z, *Reflections on the law of Copyright*, 45 Columbia Law Review 503 (1945).

④ See Nimmer M B, Nimmer D., *Nimmer on Copyright*, Newark: Matthew & Bender Company, Inc. (2009).

律责任。在欧洲的大陆法系国家，类似于合理使用的规定是著作权的限制与例外。在这方面，多数国家明确列举著作权不侵权的情形，而且采用封闭式规定。欧盟于2001年颁布的《欧盟信息社会版权指令》第5条规定了临时复制的11种例外情形以及复制权的5种例外等，但不可以增加新的限制与例外。德国《著作权法与邻接权法》第45条至第63条规定了若干种限制与例外情形，包括私人复制、对公共场所艺术作品的临摹使用、广播评论的复制等。值得注意的是，没有通过条文明确列举的情况，无法落入限制与例外的其他情形。然而，不同于著作权的限制与例外，美国《版权法》第107条定义的合理使用是一个开放式的规定，不限于条文中列举的情形。①

关于合理使用的法律性质，存在3种理论。第一，侵权阻碍理论。正如美国的尼莫教授所言："合理使用的真正含义在于被告对原告作品的借用，已经跨越了实质性相似的界限。倘若被告能提出合理使用的事由，可以不承担侵权责任。"② 第二，权利限制理论。合理使用作为版权的限制情形，可以防止版权所有权人对权利的过度垄断和滥用。③ 第三，使用者权理论。从版权人的角度来看，合理使用是对自身权利的一种限制；从使用者的角度来看，合理使用则是一项独立的权利。④ 美国学者帕特森认为："版权法需要协调版权人向公众传播作品而获得经济收益的权利与使用者将版权用于增进知识的私人权利之间的冲突。"⑤

合理使用起源于英国普通法中的公平交易（fair dealing）。英国早期的版权法规定，当第一个作者完成作品的出版之后，第二个作者可以在第一部作品的基础上创作出全新的作品，这种行为称为节略

---

① 参见李明德：《两大法系背景下的作品保护制度》，载《知识产权》2020年第7期。

② *Nimmer on Copyright*, Section 13.05.

③ See John S. Lawrence, *Fair Use and Free Inquiry*: *Copyright and the New Media*, The Library Quarterly Vol. 51: 3, p.271 (1980).

④ 参见宋慧献：《版权保护与表达自由》，知识产权出版社2011年版，第329页。转引自吴汉东：《著作权合理使用制度研究》，中国政法大学出版社1996年版，第129页。

⑤ L. Ray Patterson & Stanley W. Lindberg, *The Nature of Copyright*: *A Law of Users' Rights*, University of Georgia Press, p.2, 207 (1991).

(abridgement)，不属于侵权行为。节略这个抗辩事由只能用于 3 种用途：私人研究和学习，批评或评论，报道时事新闻，无法推广适用到其他目的的使用。因此，英国的公平交易制度具有封闭性。[①] 受英国普通法的影响，美国于 1841 年确立了合理使用制度。“Folsom v. Marsh”案是美国最早的有关合理使用的判例。此案的原告根据美国第一任总统乔治·华盛顿的生平创作了一本传记作品，共 7000 多页。被告也创作了一本有关华盛顿的传记。虽然该传记只有短短的 500 多页，但是引用了原告作品中的很多内容。法官斯托里认为，引用他人作品里的内容无非是两种极端情况。第一种极端情况是完全复制了在先的作品，只是在形式上有略微的改动。第二种极端情况是为了评论而引用在先作品的一部分，使用的数量也不多。大多数人对于他人作品的使用处于这两种极端情况之间的区域。为了判断在后的使用是否以合理的方式进行（a justifiable use），需要考虑使用是否真正地付出了创造，原作品的本质和目的，使用的数量和质量，以及使用是否会损害原作品的销量或削减原作品的利润或替代原作品等因素。上述的因素为美国《版权法》第 107 条的合理使用四要素的基本框架。由于该案的被告不构成对原告作品的合理使用，因此该案被判定为版权侵权。[②]

美国《版权法》第 107 条规定了分析合理使用的 4 个要素：使用的目的和特点、原作品的性质、使用的数量和比例以及对原作品市场的替代性影响。同人创作者在面临版权侵权指控时，经常使用的抗辩事由是转换性使用。在对合理使用的判断中，法院侧重考虑第一个因素即“使用作品的目的是否具有转换性”。美国联邦最高法院于 1994 年的“Campell”案中认定，对于他人音乐作品的戏仿构成转换性使用。[③] 转换性使用要求同人创作重新赋予作品新内涵和新功能，最常见还是戏仿。“Suntrust Bank”案就讨论了戏仿他人文学作品的情况。在该案中，

---

① 英国于 2014 年在公平交易制度中增加了“讽刺、戏仿和仿作”的情形。法官在裁判过程中还会考虑潜在的市场影响和使用数量这两个因素。

② See Folsom v. Marsh, 9 F. Cas. 342 (C. C. D. Mass. 1841) (No. 4901).

③ See Campell v. Acuff-Rose Music, Inc., 510 U. S. 596 (1994).

被告的小说《风已逝》(*The Wind Done Gone*)是原告小说《飘》(*Gone With the Wind*)的同人作品，其中涉及许多对原作中虚拟角色、历史背景等元素的使用，但两部作品表达的思想感情差异较大。原作品对于主人公的描绘采用了讽刺和批判的手法，表现了作者对美国内战时期南方黑人的傲慢态度；而被告在作品中将主人公描绘成智慧、美丽、勇敢的形象，目的就是纠正原著作者对主人公的偏见。虽然是相同的人物角色，但同人作品在人物性格描写方面增加了新的内容、新的视角和新的价值，并驳斥和反对原作品中的人物关系和主题，这足以构成对原作品的转换性使用。[①]

合理使用规范的价值基础有助于分析版权人和同人创作者之间的利益冲突与平衡关系。其中一个很重要的价值基础为纠正市场失灵，这是从市场运作以及功利主义的角度来分析的。作品的许可和使用离不开版权人和同人创作者的谈判博弈。当双方顺利达成许可协议时，市场秩序维持良好，合理使用没有发挥的空间；但当某一方因为高昂的交易成本无法签订协议时，法律允许以合理使用来替代版权的许可，目的是保证市场交易的平衡状态。[②] 戈登教授认为，当公平交易有可能达成时，版权人与使用者之间就能维持市场平衡。合理使用只能在市场失灵的情况下使用，即合理使用并非适用于所有场合。为了补救匮乏的市场机制，合理使用应当由被告举证，只有满足两个特定的条件才能成为有效的抗辩事由。首先，被告应证明有无法弥补的市场失灵，只有合理使用才能有助于确保公共利益。其次，被告应证明合理使用有助于实现更大的公共利益，且对版权人的损害是极小的。许多同人作品的创作者事前未征得版权人的同意，而是出于对原作品的欣赏，依附于原作品的角色、故事情节、背景等创作了一个新作品。在这种情况下，市场失灵的前提条件可以满足。

然而，纠正市场失灵这个理论基础有时过于强调市场因素，反而忽

---

① See Suntrust Bank v. Houghton Mifflin Co., 268 F. 3d 1257 (11th Cir. 2001).

② 参见宋慧献：《版权保护与表达自由》，知识产权出版社 2011 年版，第 333 ~ 334 页。

略了不以市场为导向的社会因素和公共利益。倘若过于坚持功利主义，而市场秩序维持良好，那么合理使用将永远无法适用，这必然会影响使用者的创作自由。以《风已逝》和《飘》为例，读者不会认为《风已逝》会替代《飘》的市场或损害《飘》潜在的市场价值，被告也没有想要与原告的作品进行竞争，只是想纠正原著作者对人物角色的偏见。此时，同人作品不会损害原作品的经济利益，反而会对原作品的市场产生积极影响，吸引更多的读者去了解原著。由此，市场失灵的状况不复存在，法官对于合理使用的判断也没有受到影响。鉴于此，纠正市场失灵的理论基础存在内在缺陷。本杰明教授提出，美国版权法过于强调财产权和经济价值，忽略了教育、艺术和娱乐等社会传播价值。合理使用的模式不应当完全依赖于信息的市场交易，还应当考虑信息的社会价值。[①] 洛伦教授认为，一味地把合理使用当作纠正市场的工具，实则忽略了社会利益的市场失灵。如果分析的焦点落在经济因素上而不是非经济因素上，那么案件裁判的优势也会倾向于版权人。[②] 由此，合理使用的基础理论从纠正市场失灵转变为维系公共利益。

值得注意的是，有些构成转换性使用的同人创作未必也构成合理使用，还应当结合个案的具体事实判断。例如，《哈利·波特》小说的作者 J. K. 罗琳起诉一名粉丝制作的《哈利·波特词典》构成版权侵权。《哈利·波特词典》是一本在线的百科全书，在原告《哈利·波特》系列全书的内容基础上汇编形成，可以检索原告出版的 7 本《哈利·波特》中的虚拟角色、道具、场景、重要事件等内容。虽然词典的功能与小说完全不同，具备转换性使用的目的，但由于使用了原告作品内容的数量过多，因此不构成合理使用。[③] 还有一些同人作品因为转换程度过

---

① See Benjamin J. Bates, *Reinvigorating Fair Use: A Social Economics Approach* (Paper presented to the Communication Law and Policy division, International Communication Association annual conference) (May 1999).

② See L · ia Pallas Loren, *Redefining the Market Failure Approach to Fair Use in an Era of Copyright Permission Systems*, Journal of Intellectual Property Law 5: 1, p. 5 - 6 (1997).

③ See Warner Bros. Entertainment Inc. v. RDR Books, 575 F. Supp. 2d 513 (S. D. N. Y. 2008).

高，曲解了原作品中的虚拟角色，无法构成合理使用。例如在“Walt Disney”案，被告在漫画作品中模仿和批判了米老鼠等迪士尼卡通形象，从角色外表上观察，构成与原告作品中角色的实质性相似。虽然被告的行为属于戏仿，但戏仿的对象是角色的个性特征，并非角色的形象特征。由此，法院认定这种戏仿超出了合理使用的保护范围。①

第三节　虚拟角色与商标法保护

商标是将某一商品或服务与其他商品或服务区别开来的标记。为了防止相关公众对商品或服务来源混淆或误认，商标法对商标提供保护。商标作为一种区别性和识别性的符号标识，构成要素呈现多样性，可以由文字、图形、色彩、设计或以上元素的组合构成。② 从形式上看，角色姓名与名称、角色形象、作品名称等也是由文字、字母、颜色等元素构成，这与商标的组成要素完全吻合。从功能上看，如果角色姓名与名称、角色形象、作品名称能够指示商品或服务的来源，则可以获得商标法的保护。倘若角色名称、作品名称等要素取得了一定的知名度，也可以成为阻却他人注册商标的事由。英美法系商标法主要从商标使用产生专有权的角度考虑能否保护虚拟角色。对于角色名称或作品标题，率先需要满足的要件是显著性。角色名称或作品标题通常难以满足显著性，除非能够获得第二含义。另外，角色名称或作品标题还不得与已经注册或使用的商标近似，因为这会导致相关公众混淆特定商品或服务的来源。针对包含色彩、图案和设计的可视性角色，能否获得商标保护还需要考虑非功能性要件。大陆法系商标法，以我国为例，侧重考虑角色名称或作品标题的可注册性。在我国的司法实践中，不良影响和在先权利是阻却角色名称或作品标题注册为商标的常见事由。商标混淆对虚拟角

---

① See Walt Disney Prods. v. Air Pirate, 581 F. 2d 751 (9th Cir. 1978).

② 《TRIPS 协议》第 15 条第 1 款规定：“构成商标的要素包括文字、字母、数字、图形要素和颜色组合等。”

色的保护也存在至关重要的意义。一方面，模仿虚拟角色很有可能造成消费者上商品或服务认可关系上的混淆；另一方面，在商品或服务中使用与虚拟角色相似的标记，存在混淆可能性时，会构成商标侵权。

一、英美法系商标法对虚拟角色的保护

英美法系的商标法起源于英国的普通法和反不正当竞争法。早期的英国商标法，是从防止消费者受欺诈的角度以及基于禁止仿冒的理论来保护商标的，其中也包括对商品化角色的保护。根据英国的普通法，任何人只要在商业活动中使用了商标，保证持续的经营从而获得来自商标的商誉，就可以获得商标权。商标使用是获得排他性权利的前置条件，这与商标是否申请和注册毫无关联。就商标本身而言，商标本身不存在任何的权利，只是属于公有领域的一个符号。唯有投入商业使用，商标本身才能产生财产权。①

早期的商标保护范围非常狭窄，主要体现在如下两个方面：一是在使用的方式上。早期的普通法要求商标必须附着或固定在相关的商品之上，比如将商标贴在某个特定商品的显著位置或外包装上，或固定于商品的标签或牌子上。商标的使用还必须是充分而真实的使用，排除象征性使用（token use）。所谓充分而真实的使用是指商标结合相关的商品或服务使用，能够真正地起到识别商品或服务来源的作用。而象征性使用是指商标没有投入市场使用，无法识别商品或服务来源。很典型的一个例子就是商标的内部使用。比如，将一个商标放置在未经市场流通和销售的样品上，样品只供公司内部人员使用。象征性使用无法被纳入商标法意义上的使用，因为只有在对外公开销售产品的时候，消费者才能知悉某一商标与商品的关系。美国联邦第五巡回上诉法院的法官提道："商标的主要作用就是向消费者提供一个区分自己产品和其他厂家的产品的途径。唯有向社会公众提供商标，才能发挥商标识别来源的功能，

① See Hanover Star Milling Co. v. Metcalf, 240 U. S. 90 (1916).

帮助消费者选择商品或服务。"① 二是在使用的地域范围上。美国早期的商标法保护源于各州普通法，对于商标的保护也局限于商业活动的地理范围。比如，一个厂家的经营活动范围只在纽约州，如果使用了某一特定的商标，那么只能获得纽约州商标法的排他性保护，无法对抗其他人在纽约州之外的区域使用的相同或相似的商标。②

随着经济的发展和贸易的扩张，商标的使用方式不再局限于附着和固定，商品的销售以及服务的提供不再限定在某一区域。如此一来，传统商标法中有关商标的使用方式、使用的地域范围亟须适应新的经济发展模式，否则无法有效地保护商标。首先，商标在使用方式上不再以附着和固定为前提条件，而是可以以任何方式，只要能够结合特定的商品或服务即可。比如，可以将商标置于商品销售的相关文件上，或显示在提供服务的广告上。其次，通过联邦商标保护体系替代州普通法对于商标地域保护的限制。根据美国《宪法》第 1 条第 8 款第 3 项的贸易条款，美国国会于 1946 年制定了联邦一级的商标法《兰哈姆法》，对在跨州贸易中使用的商标予以注册，提供全国范围的商标保护。虽然存在联邦商标注册的保护路径，但是美国商标法还是坚持以商标的使用作为注册的前提。1988 年美国国会通过修改《兰哈姆法》增加了意图使用（intent - to - use）注册商标的规定。意图使用是指申请注册商标的人虽然还未真正使用商标，但有在相关产品或服务上使用的意图。这一修改遭到了许多反对，其中一个原因是担心申请人滥用意图使用的规则，通过注册囤积不予使用的商标。为了解决这一问题，《兰哈姆法》第 1 条第 2 款和第 4 款对于意图使用注册商标设置了以下几个限定条件：第一，申请人需要提供真诚善意（good faith）使用此商标的声明，并说明在哪种类别的商品或服务上使用这个商标；第二，联邦商标局在审查和公示无异议之后，不会向申请人立即颁发注册证书，而是给予一个允许通告（notice of allowance）；第三，申请人需要在允许通告颁发后的

---

① Blue Bell, Inc. v. Farah Mfg. Co., 508 F. 2d 1260 (5th Cir. 1975).

② 参见李明德：《美国知识产权法》（第 2 版），法律出版社 2014 年版，第 455 页。

6 个月内提供对于商标实际使用的证明；第四，如果申请人无法在规定的时间内证明商标的实际使用，那么商标局无法核准商标的注册。虽然意图使用不是对商标的真正使用，但意图使用获取注册也以商标使用作为同意注册的必备要件。综上所述，商标权的获得仍以商标使用为前提，商标注册仅仅是方便管理以及为权利人提供商标权属的证明。

虽然商标注册与商标权的获得无关，但商标注册确实能为权利人提供额外的保护。第一，有利于权利人在商标侵权诉讼中证明自己是商标权人。对于核准注册的联邦商标，商标局会给申请人一个注册证书，用来证明商标注册的有效性，表明申请人对注册的商标享有对抗他人的权利。① 第二，联邦商标注册可以给予权利人一个全国性的商标权。普通法对商标的保护具有局限性，因为权利人仅在自己商业活动的地域范围内享有权利，权利人无法阻止他人在其他区域使用相同或近似的商标。而获得联邦商标的注册，商标局会在商标公报上公开这个全国性的商标权。如此一来，商标权人可以阻止他人在任何区域使用相同或近似的商标。第三，注册商标可以帮助商标权人获得一个无法争议的权利（incontestable right）。在商标注册 5 年之后，商标一般不得撤销。即使在最初商标注册的过程中存在一些问题，只要不是通过欺骗手段获得注册，商标在经过 5 年持续的使用和经营后，消费者也会认可商标背后的商誉。②

虚拟角色获得商标法保护离不开显著性、非功能性以及不与他人商标近似这几个方面。

（一）显著性

显著性是商标获得保护和被允许注册的首要条件，既是识别和区分相关商品和服务来源的能力，也是标记与商品或服务建立的唯一联系。美国的商标法将显著性划分为内在显著性和获得显著性。内在显著性是指商标本身具有一种天然的识别商品和服务来源的能力，但多数的商标

---

① See *Lanham Act*, Section 7.

② See *Lanham Act*, Section 15.

无法具备固有的显著性，只能通过获得显著性产生指示相关商品或服务的能力。获得显著性是指某个标识最初缺乏显著性，但可以通过后期投入商业使用来获得第二含义，起到与内在显著性相同的效果。关于一个标记是否获得显著性，法院通常会考虑标记的市场份额、宣传力度、使用强度、促销的投入、公众认可显著性的程度等相关因素。① 英国的商标法并不区分内在显著性和获得显著性，只要相应的标识包含实际的商誉，就可以视为商标获得保护。② 不同类型的商标的显著性存在差异。根据显著性的强弱程度，美国联邦第二巡回上诉法院在“Abercrombie”案中将商业标识分成 4 种类型：臆造性标记或任意性标记、暗示性标记、描述性标记以及通用标记。③

臆造性标记（fanciful mark）或任意性标记（arbitrary mark）是所有商标中显著性最强的一类，具有内在显著性。它们存在的目的就是指示商品或服务的来源，与该标记所适用的商品或服务毫无关联。臆造性商标是人为编造的某些字词，无法在现有的词典中体现。例如，相机胶卷使用的“Kodak”，咖啡产品使用的“Starbucks”和加油服务使用的“Exxon”。与臆造性标记不同，任意性标记是词典中可以查到的字词，但没有按照字面意思适用在相关的商品或服务上。比如，“苹果”（Apple）牌子的手机和电脑。

暗示性标记（suggestive mark）并没有直接描述商品或服务的性质、特点或者功能，而是消费者需要想象才能将该标记与有关商品或服务联系起来。比如，“企鹅”（penguin）牌的冰箱的制冷效果极好。企鹅生活在寒冷的南极地区，消费者在看到“企鹅”这个商标时会联想到这个标记可能用于冰箱上。暗示性标记具有内在显著性，不必证明第二含义，就可以获得商标的注册和保护。

描述性标记（descriptive mark）直接描述了商品或服务的性能和具

---

① See C－108－109/97 Chiemsee 案判决书第 46、47、49、51 段。

② 参见刘海虹：《英美法“仿冒之诉”研究——以商业标识利用竞争关系的规范为视角》，华东政法大学 2016 年博士学位论文，第 109 页。

③ See Abercrombie & Fitch Co. v. Hunting World, Inc., 537 F. 2d 4 (2nd Cir. 1976).

体特征，如质量、颜色、型号等。描述性标记一般无法直接注册为商标，只有在获得了显著性时，才能够识别商品或服务的来源。比如，“世界图书”（World Book）这一商标被用于百科全书的数据库中。由于“世界图书”体现了数据库的功能和特性，为了能够获得显著性，“世界图书”的权利人需要就该标记投入大量的精力和资本，只有这样该标记才能获得第二含义。描述性标记无法直接获得保护的原因有两个：其一，市场上每一位经营者都有权使用自己的标记去描述经营的商品或服务，倘若某一特定的经营者将该标记据为己有，那么会排除他人使用并阻碍他人对此标记宣称权利。其二，商标的功能是向消费者表示单一来源的商品或服务的提供者。如果描述性标记可以作为商标，那么消费者将很难判断特定的商品或服务是源自哪位提供者。①

通用标记（generic mark）直接说明了商品或服务的基本特征和性能，即使获得了第二含义，也无法获得商标注册和保护。比如，“苹果”标记用于销售的苹果上，“计算机”标记用于笔记本电脑上。通用标记属于公有领域，即使早先注册为商标，商标局也理应撤销。② 另一种通用标记是通过退化（genericide）的方式形成的，即原本具有显著性的商标，因为使用逐渐丧失了显著性，成为某类商品或服务的通用名称。例如，“阿司匹林”（aspirin）本来是臆造性标记，但由于显著性的退化，最终成为药品的通用名称。

角色名称或作品标题属于描述性标记，具有双重含义。第一层含义就是角色或作品本身的含义，反映了角色的个性或作品的特定内容，作用是让社会公众了解角色或作品。第二层含义是用来指示特定商品或服务的含义，在未获得第二含义之前，角色名称或作品标题被当作商标注册和使用的情况非常少见。在美国商标复审委员会裁定的“卡森”（Carson）案中，商标申请人强尼·卡森是一位喜剧演员，想在娱乐服务行业上注册自己的姓氏“卡森”为商标。商标审查员驳回了这一申

---

① 参见李明德：《美国知识产权法》（第2版），法律出版社2014年版，第499～500页。

② See *Lanham Act*, Section 14－15.

请，原因是“卡森”这个标记没有指示娱乐服务，仅表明了演员本人。倘若“卡森”这个姓氏能够识别他在喜剧行业的表演，就可以证明此标记获得了显著性。[①]

《兰哈姆法》第 2 条第 5 款第 4 项规定，姓氏无法注册为商标，也不得作为商标使用。将姓氏用于商品或服务时，消费者无法辨别这一姓氏到底源自哪一位特定的主体，因为重名的现象非常普遍。多个主体可能拥有相同的姓氏，这就导致姓氏无法实现商标识别和指示来源的功能。姓氏并非由个人独有，一旦将姓氏注册为商标，其他人就无法在商业活动中正常使用自己的姓氏。[②] 类似于姓氏，虚拟角色的名称和作品标题属于不受商标法保护的公有领域。然而，如果虚拟角色的相关元素能够识别商品或服务的来源，就可以获得商标注册和保护。

如何证明第二含义呢？首先，角色名称或作品标题是指示商品或服务的唯一来源。例如，在“Universal City Studios v. Nintendo”案中，电影公司、翻拍电影的公司、电影作品蓝本作者的继承人以及多个主体都对“狮子王”的角色名称享有权利。由于该角色与多个权利人存在联系，所以无法成为识别商品或服务来源的商标。[③] 其次，只有角色名称或作品标题具备一定的知名度，成为广为熟知的特有标识，才能达到识别特定商品或服务的程度。1955 年的“瑞维拉”案提到，当某个字词标记是公众所熟知的，具有一定的知名度，才能使消费者在商品或服务上看到该词时不会认为这是一个普通的姓氏或名称，而是作为商标法意义上的标记。[④]

卡通角色或电影角色的形象本身具备线条、色彩、图案或上述要素的组合，也可以作为商标注册和使用。如果将角色形象置于商品的包装、装潢和设计中，可以考虑通过商业外观（trade dress）的方式保护。比如，含有“米老鼠”形象外观的小玩具，印有“哈利·波特”肖像

---

① See In re Carson, 197 USPQ 554 (TTAB, 1977).

② See In re Establishments Darty et Fils, 225 USPQ 652 (Fed. Cir. 1985).

③ See Universal City Studios, Inc. v. Nintendo Co., Ltd. 578 F. Supp. 911 (1983).

④ See Ex parte Rivera Watch Corp., 106 USPQ 145 (1955).

的短袖衫以及以知名设计师“克里斯汀·迪奥”命名的香水瓶。商业外观是产品的整体外观和独特设计，包含颜色、造型、样式。美国商标法将商业外观分成产品的装潢（product packaging）和产品的造型（product configuration）两类。产品的装潢在多数情况之下可以通过内在显著性来获得商标法的保护。例如，美国联邦最高法院曾在“Two Pesos v. Taco Cabana”案中认定一家经营墨西哥菜的餐厅的装饰风格具有内在显著性。这家餐厅的用餐区域采用了一种节日氛围风格，并配上手工艺品、绘画、壁画作为装饰品。餐厅的外部刷了明亮的油漆，搭配了顶部边框和花纹设计。[①] 而产品的造型设计，只能通过获得第二含义来证明显著性。比如，可口可乐的瓶子造型就是通过在市场上大量销售和广告宣传才获得了第二含义，令消费者在看到可口可乐玻璃瓶的时候就能联想到这是可口可乐公司生产的。应用到商品化的角色本身，倘若产品的外包装融入了角色形象，那么显著性的证明就比较容易；如果角色形象就是产品本身，比如包含角色特征的小玩偶或玩具，那么显著性的证明就需要更高的标准。

（二）非功能性

除了显著性，某一产品上的角色特征还需要满足非功能性才能获得商业外观的保护。商业外观除了设计性元素，还包含功能性特征。功能性特征是指产品的某个特征能够让产品的性能更好发挥，或者对于产品的质量和用途起到关键性作用，或者能够更好地吸引消费者。由于商标法不保护功能性，所以相关的商业外观必须具备非功能性（non - functionality），需要把产品的设计与功能性要素分离。正如法官在“Qualitex”案中提到的：“商标法的目的是保护商誉和促进竞争，非功能性可以阻止商标法通过某种有用的商品性能来阻碍竞争。功能性是授予发明专利的条件，在专利保护期届满后，他人可以自由使用这项发明。但如果产品的功能性特征可以成为商标，那么任何人都可以对其垄

---

① See Two Pesos v. Taco Cabana, 505 U. S. 763 (1992).

断，因为商标可以无限续展获得永久的保护。”[①] 对于颜色、产品的造型、艺术形象等设计，通常会落入对功能性的判断中。判例法将功能性分为实用功能性（utility functionality）和美学功能性（aesthetic functionality）。

关于实用功能性的判断有两种方法：其一，产品的某一特征是否使得产品的性能更好，从而帮助竞争者获得竞争优势。[②] 其二，产品曾经是否获得过专利权保护。2001 年美国联邦最高法院审理的“TrafFix”案就涉及保护期届满的专利产品，该案的原告是一个抗风路标牌的专利权人，发明了一种能够抵抗强风的路标牌，路标牌采用该道路指示牌双弹簧固定的方式。在原告专利保护期届满之后，被告模仿原告的产品设计了一个道路指示牌，该道路指示牌也是用了双弹簧的设计。原告起诉被告仿冒自己的商业外观。美国联邦最高法院认为，原告的抗风路标牌无法获得商业外观保护，因为在先授权的专利是证明产品设计功能性的有力推定（strong presumption）。[③]

美学功能性通常涉及颜色和图案设计，判断也有两种方式：第一，消费者在看到产品的颜色或设计的时候，是否会立马联想到某一特定的商品或服务。比如，在 1982 年美国联邦最高法院审理的“Inwood”案中，有一种小药片具有特殊的颜色，有助于药剂师分发正确的药品，也能够帮助病人辨别此药品。当病人看到这个颜色时，就能立马联想到是这个特定的药品。[④] 第二，产品的颜色或设计是否能够提高顾客吸引力，令更多的消费者选择购买特定的产品或服务。在 2000 年美国联邦最高法院审理的“Wal-Mart”案中，原告制造和销售色彩明亮的儿童服装。另一名经营者抄袭了原告的服装样式，以更低的价格在沃尔玛超市售卖。原告起诉沃尔玛超市侵犯了自己服装的商业外观。法院认为，原

① Qualitex Co. v. Jacobson Products Co., Inc., 514 U.S. 159, 164, 34 USPQ 2d 1161, 1163 (1995).

② See Inwood Laboratories Inc. v. Ives Laboratories Inc., 456 U.S. 844 (1982).

③ See Traf Fix Device, Inc. v. Marketing Display Inc., 532 U.S. 23 (2001).

④ See Inwood Laboratories Inc. v. Ives Laboratories Inc., 456 U.S. 844 (1982).

告的服装具有美学功能性，因为吸引消费者注意力的恰恰是服装的色彩和搭配，并非产品的来源。①

（三）不与其他商业标识近似

如果某一角色名称或作品标题与他人的商业标识近似，有可能造成消费者混淆和误认，那么无法注册为商标或作为商标来使用。这里的商业标识不仅包括他人已经注册的商标，还包括他人未注册的商标、商号和商业外观。② 即使某标记满足显著性和非功能性的要求，只要对消费者造成混淆，就会成为阻却商标注册和保护的事由。这里关于混淆的认定标准采用的是商标侵权中的混淆可能性。并非所有近似的标识都会造成消费者混淆，还需要结合特定的个案进行分析。比如，在 1989 年美国联邦第二巡回上诉法院审理的“Cliff”案中，该案的原告出版了著名的书籍《克里夫笔记》（Cliffs Notes），被告模仿了原告的作品并创作出《间谍笔记》（Spy Notes）。两者不仅在作品的标题上具有相似性，在外观设计上也十分相似，比如都有明显的黄色、黑色对角线和黑色字母。从作品标题和作品装潢的相似性来看，该案构成混淆毫无疑问。然而，通过仔细对比，能够发现被告采用了滑稽和讽刺的方式模仿了原告的作品，包括使用显著的讽刺语言和艺术表达手法。法院侧重考虑对创作自由而非商标的保护，即使存在商标混淆的可能性，但若对相关公众造成的影响是微弱的，就应当让步于创作自由的公共利益。③

二、大陆法系商标法对虚拟角色的保护

与英美法系的商标使用制不同，大陆法系商标法强调商标注册。商标所有人需要向所在国的商标行政管理部门提交商标申请，经过审查和公示，才能被授予商标权。在商标注册制下，商标法保护的并不是标记本身，而是对标记的实际使用。这意味着，商标的注册也会对商标使用

① See Wal-Mart Stores, Inc. v. Samara Brothers, Inc., 529 U.S. 205 (2000).

② See *Lanham Act*, Section2.

③ See Cliff's Notes Inc. v. Bantam Doubleday Dell Publishing Group Inc., 886 F.2d 490 (2nd Cir. 1989).

作要求。比如，我国2019年修正的《商标法》第4条规定禁止“不以使用为目的的恶意注册商标”。为了进一步清理只注册而不使用的商标，2023年的《商标法修订草案》第5条要求以在商品或服务上使用商标或承诺使用商标作为注册商标的前提。日本《商标法》第25条规定，商标权人应在指定的商品或服务上使用注册的商标。第50条规定，注册的商标连续3年没有在指定的商品或服务上使用的，会面临商标的撤销。在注册角色姓名、名称、形象的过程中，商标局会考虑是否存在不予注册的事由，主要从不良影响和权利冲突两个方面入手。

（一）不良影响

我国《商标法》第10条第1款第8项提到，有害于社会主义道德风尚或者有其他不良影响的标记禁止注册商标。在涉及角色商品化的纠纷中，法院或者商标局经常适用不良影响这个条款。然而，司法实践对不良影响的解读十分混乱。比如在“鲁西西”商标注册案中，法院认为，“鲁西西”是知名度很高的著名角色名称，维纤宝公司注册近似商标“卤西西”容易使相关公众误认为申请商标由“鲁西西”的创作者授权或者与“鲁西西”存在关联，从而产生混淆和误导公众的不良影响。① 而在“邦德007BOND”商标案中，北京市第一中级人民法院则认为，争议商标“007”和“JAMES BOND”是享有较高知名度的角色名称，该知名度系他人投入大量劳动和资本获得的，由此带来的商业价值应当由他人享有。申请注册的异议商标违反了诚实信用原则和公序良俗，会造成不良影响。②

由此可见，我国司法实践对于不良影响的判断主要基于以下两点：第一，申请注册的商标容易造成消费者混淆或误认；第二，申请注册的商标侵犯了他人特定的权益。但这两点都存在缺陷。首先，不良影响指的是商标本身有害于社会主义道德风尚，而非该商标所在的商品或服务产生不良影响。因此，消费者是否混淆商品或服务的来源并不是界定不

---

① 参见北京知识产权法院行政判决书，（2018）京73行初10297号。

② 参见北京市第一中级人民法院行政判决书，（2010）一中知行初字第2808号。

良影响的因素。其次，最高人民法院在 2010 年发布的《关于审理商标授权确权行政案件若干问题的意见》中提到，不良影响的损害对象应当是公共利益和公共秩序，不包括个人的民事权益。然而，最高人民法院在 2017 年增加了有关将“公众人物姓名等”申请注册为商标会产生不良影响的司法解释。公众人物姓名等属于私权，很难属于公共利益和公共秩序的产物。对于使用知名角色名称或作品标题的情形，更适合通过权利冲突条款予以解决。综上所述，当知名角色姓名、名称或形象的注册损害了他人的特定权利或权益，而不涉及对社会公共利益或公共秩序的损害时，不应当适用我国《商标法》第 10 条第 1 款第 8 项有关不良影响的规定。

（二）权利冲突

注册商标不得与他人在先取得的权利相冲突。《巴黎公约》第 6 条之五提到，注册商标不得损害他人的既得权利。日本《商标法》第 4 条第 1 款第 8 项规定，申请注册的商标，不得涉及名人的姓名或肖像，除非征求名人的同意。这一点是为了保护名人姓名和肖像的商业价值。这一规定还适用于角色名称，但角色名称只有在著名的情况下才能适用第 8 项的规定。因此，如何界定著名的程度，可能会影响角色名称是否能获得商标法保护。① 我国也存在类似的权利冲突条款。现行《商标法》第 32 条规定：“申请商标注册不得损害他人现有的在先权利，也不得以不正当手段抢先注册他人已经使用并有一定影响的商标。”在司法实践中，法院经常会引用《商标法》第 32 条，将知名角色的姓名、名称、形象作为在先权利予以保护，防御他人将商品化的角色注册为商标，进而有效地协调商标权人与其他民事权利人之间的利益冲突关系。

在先权利是在商标注册申请之前已经取得的权利，包括法定权利和其他应当保护的民事权益。② 在先权利涉及的范围比较广泛，除了商标

① 日本最高法院在“国际自由学园”案，平成 17. 7. 22，判时 1908 号 164 页中指出，著名的标准不宜过高，并不要求某一特定的名称享有全国性的知名度，只要在名称使用的市场范围内著名即可。著名程度应由相关商品或服务的消费者判断，而非由名称权利人。

② 我国《民法典》第 126 条规定：“民事主体享有法律规定的其他民事权利和利益。”

权以外的其他权利，还包括姓名权、名称权、肖像权、著作权、外观设计权以及关于知名商品特有的名称、包装、装潢等的权利。[①]

对于真实人物的姓名主要从姓名权和名称权的角度分析。根据《商标授权确权规定》第20条，如果相关公众认为涉案商标与真实人物存在对应关系或特定联系，则法院可以认定商标的注册和使用侵犯了他人的姓名权。倘若商标使用的是真实人物的笔名、艺名、绰号等，那么也能以标记和人物之间的对应关系来判断是否保护名称权。虚拟角色的名称可以考虑适用名称权或者商品化权益的保护。比如，在“葫芦娃”案中，葫芦娃角色与上海美术电影厂存在特定的关联，诉争商标的注册会损害“葫芦娃”角色的名称权。在“甲壳虫”商标注册案中，法院认为，甲壳虫乐队（The Beatles）是世界知名乐队，该乐队对自身队名虽然不享有法定权利，但由于该队名的知名度是长期积累的结果，存在实质的商品化权益内容，所以，该队名应当获得商标法中对在先权利的保护。[②]

对于真实人物的形象可以考虑肖像权的保护，适用《民法典》第1018条的规定，而虚拟角色的形象则通常由著作权来规范。然而，虚拟角色名称和作品标题也纳入了著作权的范畴。例如，在“葵花宝典”案中，最高人民法院就采纳了这个审理思路，将武功秘籍“葵花宝典”认定为《著作权法》第10条第1款第17项规定的保护对象[③]。根据《商标授权确权规定》第22条第2款的规定，“对于著作权保护期限内的作品，如果作品名称、作品中的角色名称等具有较高知名度，将其作为商标使用在相关商品上容易导致相关公众误认为其经过权利人的许可或者与权利人存在特定联系，当事人以此主张构成在先权益的，人民法院予以支持”。这一规定以著作权的保护期作为主张在先权利的前提，实际上是把知名角色名称和作品标题视为著作权保护的派生利益，还以

① 参见李钊：《对“申请商标注册不得损害他人现有的在先权利”的理解与适用》，载《中华商标》2015年第8期。

② 参见北京市高级人民法院行政判决书，（2015）高行（知）终字第752号。

③ 最高人民法院行政判决书，（2021）最高法行再254号。

混淆公众为判断标准，缺乏保护的正当性。首先，简短的名称难以成为作品，正如本书第四章所提到的虚拟角色的名称和作品标题等缺乏独创性，无法成为著作权保护的客体。其次，商标法独立于著作权法，将商标法中的问题置于著作权保护期限内讨论，存在逻辑上的混乱。此外，商标法并不要求对混淆标准的认定结合著作权的保护期分析。鉴于此，有必要厘清知名角色名称和作品标题商品化权益的保护问题，以实现商标法和著作权法制度设计的自洽和融贯。

由于角色名称和作品标题等不属于著作权保护的作品，因此它们自身就不能因为作品的知名度而当然享有在先权益。因此，角色名称和作品标题的权益应当依赖于其他的商业使用行为，也就是将其作为商标使用，由此产生了独立的商业标志性权益。未经实际商品化的角色名称和作品名称，即使具有知名度和潜在的商业价值，也无法成为受保护的权益。[①] 然而，并非所有的角色名称和作品标题都能产生商业标志性权益，必须具备较高知名度。只有角色名称和作品标题具有较高知名度，才能对相关公众产生顾客吸引力，才具有被商品化利用的价值和市场竞争力。那么如何界定较高知名度呢？有观点认为，较高知名度是指角色名称和作品标题被相关公众所熟知，角色名称和作品标题不仅能够指示作品来源，还能在其他商业开发利用中获得第二含义，成为识别特定商品或服务来源的商标。[②] 也有观点认为，较高知名度源自我国《反不正当竞争法》第6条第1项规定的“有一定影响的商品名称”，这与“知名商品特有名称”的概念是对应的。知名商品必须在我国境内具有一定的知名度，被相关公众所熟悉。在认定知名度时可以综合考量商业行为的持续时间、地域范围、宣传力度和程度等因素。[③] 笔者认为，知名的角色名称或作品标题无须像驰名商标那样具有极高的知名度，只要能够

---

① 参见孔祥俊：《作品名称与角色名称商品化权益的反思与重构——关于保护正当性和保护路径的实证分析》，载《现代法学》2018年第2期。

② 参见耿昕然：《论商标法视野下作品名称、角色名称商品化权益的保护》，载《中华商标》2023年第7期。

③ 参见赵明：《作品名称、作品中的角色名称保护路径再探索——兼述“冰雪奇缘”系列商标确权案》，载《中华商标》2020年第7期。

通过商品化的行为获得第二含义，成为公众所熟知的能够识别商品或服务来源的标志，就满足较高知名度的标准。较高知名度的本质就是较高的显著性，而且是不依赖于作品本身获得的显著性。对较高知名度的界定不宜从权利人的角度出发，应当从消费者的视角出发。

三、虚拟角色和商标混淆

商标混淆是商标侵权的核心要素，指的是未经权利人许可使用了他人的商标或近似商标，造成了消费者对于商品或服务来源、关联、认可的混淆。在角色商品化权的纠纷中，通常会出现认可混淆（false endorsement）与形象权侵权或盗用的竞合。未经许可使用他人的形象特征或者虚拟角色特征，不仅侵犯了权利人的商誉，还容易导致消费者误以为权利人认可了在特定商品或服务上使用自己的形象或者角色。

商标混淆源自英国普通法中的仿冒。最初，商标侵权的判断标准是欺诈，只要使用他人的商标或与他人商标近似的商标，就构成对消费者的欺诈。后来，商标侵权的判断标准演变为混淆的可能性，虽然取代了欺诈的判定标准，但混淆与欺诈、误导经常会同时出现，还成为美国商标侵权的标准。在早期的商标法中，关于混淆可能性的分析局限于购买者是否对于商品或服务来源混淆。比如，1946 年的《兰哈姆法》第 32 条规定：“他人未经许可仿造注册商标，可能造成购买者在商品或服务来源上的混淆。”后来，《兰哈姆法》第 32 条经过修订，取消了购买者和来源上混淆的限制。混淆可能性的判断主体扩大为消费者和社会公众，不再局限于购买商品和选择服务的主体。混淆可能性的来源范围也有所扩张，既包括来源混淆，还包括关联混淆和认可混淆。

混淆可能性是判断商标侵权的核心问题。混淆可能性是指社会公众有可能就商品或服务的来源产生认知错误，当看到特定的商品或服务时，会认为原告和被告来自同一个企业或是经济上有关联的企业。社会公众对于混淆可能性的主观判断至关重要，即使消费者明知原告和被告生产经营的地点不同，但只要他们可能认为两者存在经济上的关联，就不能否认混淆的可能性。①

早在1938年，美国《侵权法重述》（第1版）第729条和第731条就在法院以往判例的基础上，提炼出了有关商标混淆可能性的几个要素。第729条适用于具有直接竞争关系的商品或服务，而第731条针对非竞争关系的商品或服务。

美国《侵权法重述》（第1版）第729条列举了4个判定要素：（1）标记的相似程度，包括音、形、义3个方面；（2）在使用方法上，行为人提供的商品或服务与他人提供的商品或服务之间的关系；（3）使用的主观意图；（4）购买者的谨慎选择程度。② 美国《侵权法重述》（第1版）第731条总结了8个要素：（1）行为人的商品或服务被误认的可能性；（2）他人通过扩展业务与行为人竞争的可能性；（3）商标的显著程度；（4）公众对商标的注意程度；（5）行为人与其他人在商品或服务上具有共同购买者或使用者的程度；（6）行为人的商品或服务的功能与他人的商品或服务的功能之间的关系；（7）行为人使用商标的持续时间；（8）行为人使用商标的意图。③

在多年司法实践的积累中，美国各巡回上诉法院都总结了各自认定的混淆可能性的要素。比较具有代表性的是美国联邦第九巡回上诉法院的“Sleekcraft”案，该案采用了非穷尽式列举商标混淆可能性的判定要素。在该案中，原告AMF公司在休闲赛艇上使用了“Slickcraft”商标，被告Nescher公司在赛艇上使用了近似商标“Sleekcraft”，并在商标上附加了一个区别性标志，特别标注了“船只由被告生产”（Boats by Nescher）的字样。为了判断是否构成混淆，法院综合考虑了如下几个因素：商标的显著性；商标的类似程度；商品的类似程度；商品扩张的可能性；实际混淆的证据；被告选择商标的意图；市场营销的渠道；商品类型以及顾客的注意力。下文就按照要素的排列顺序依次分析。④

---

① See C－39/97，Canno.

② See *Restatements of Torts*（*1938*），Section 729.

③ See *Restatements of Torts*（*1938*），Section 731.

④ See AMF，Inc. v. Sleekcraft Boats，599 F. 2d 341（9th Cir. 1979）.

（1）商标的显著性。一般情况下，商标的显著性越高，越容易获得商标保护。按照商标强弱程度，臆造性标记或任意性标记获得保护的可能就高于指示性标记获得保护的可能，而暗示性标记比描述性标记更容易获得保护。一个标记获得保护的程度越高，越容易被他人模仿，从而就越容易产生混淆。在此案中，法院认为原告的商标“Slickcraft”属于暗示性商标，因为“slick”的含义为“平滑的”，“craft”的意思为“小船”。对于公众而言，两个词语拼接在一起可能与船只相关。暗示性商标的显著性并不是很高，因此被模仿的可能性也不高。

（2）商标的类似程度。商标的类似程度可以从标记的外形、声音和含义 3 个方面判断。商标越相似，越容易造成混淆。“Slickcraft”与“Sleekcraft”在发音和含义上极为相似，虽然在形状上有两个字母的差别，但也不影响两个商标的近似性。对商标近似性的判断要从公众的视角进行整体对比，而不是仅比较个别的元素。

（3）商品的类似程度。商品的类别越相似，越容易导致公众混淆。休闲艇的功能是娱乐和舒适，而赛艇的速度快，可操作性强。虽然休闲艇和赛艇的受众范围不同，不存在竞争关系，但是两者都属于船只这个类别。因此，原告和被告经营的商品具有相似性。

（4）商品扩张的可能性。当两个产品非常类似的时候，任何的扩张都可能会导致两个市场主体的直接竞争。在直接的竞争关系中，商标权人值得受到更多的保护。一旦商品扩张的范围变大，消费者混淆双方商品的可能性就会提高。在此案中，已有证据表明原告、被告双方都在扩张自己的生产线，这无疑增加了互相竞争的可能性。

（5）实际混淆。虽然商标侵权不以实际混淆为标准，但实际混淆可以推定混淆的可能性。如果原告和被告在同一区域内长时间使用了他们各自的商标，但没有导致真实的混淆，那么就可以推定不存在混淆的可能性。

（6）被告选择商标的意图。如果被告是故意选择使用类似的商标，那么就可以推定被告是想从原告的商誉中获取利益，容易构成混淆。虽然此案中的被告是无意选择了与原告类似的商标，但这并不影响对混淆的判断，因为法院还会考虑其他要素。

（7）市场销售的渠道。倘若双方销售渠道相同或相近，造成混淆可能性的概率就会更大。在该案中，双方销售的渠道、广告宣传范围都非常接近。双方的客户都是通过参加船舶展会或者在广告促销中发现产品。

（8）商品类型以及顾客注意力程度。商品的质量越高，越容易引起消费者的注意力。若其中一方的产品质量出现了问题，那么消费者很容易去选择购买另一方的产品。在该案中，双方都生产高质量的船艇，消费者仔细考虑后才会购买。初审法院认为，在双方质量相同的情况之下不太容易导致混淆。然而，上述法院却认为关联混淆或认可混淆也有可能出现。如果消费者对销售商不满意，本来想要购买休闲艇的消费者甚至有可能去购买赛艇当作替代性产品。

在该案中，上诉法院侧重考虑了商标的近似程度、商品的类似程度和市场销售渠道这 3 个因素，经过分析，认定成立混淆可能性，被告构成商标侵权；但法院又综合考虑了被告的主观意图、实际混淆、顾客注意力等其他因素，要求被告必须在所有场合使用区别性图标，但不需要声明自己和原告不存在关系，也不用停止产品的扩张。

我国《商标法》在 2013 年之前没有关于混淆可能性的规定，只是在驰名商标保护中出现了“容易导致混淆”的表达方式。2013 年修订了《商标法》之后，在商标侵权要件中才增加了“容易导致混淆”的要件。有关混淆可能性的定义和判定标准还是比较模糊的。直到 2020 年，国家知识产权局发布的《商标侵权判断标准》才明确了什么是混淆的可能性。容易导致混淆的前提是足以令相关公众认为注册商标的权利人与某个商品或服务存在经济关联。“经济关联”有两种情形：其一，商品或服务是由权利人生产或提供的；其二，商品或服务是由权利人投资、许可、加盟或合作的。第一种情形指的就是来源上的混淆，以直接混淆为要件，而第二种情形是认可或关联上的混淆，属于间接混淆的领域。关于混淆可能性的判断涉及 6 个因素：“（1）商标的近似情况；（2）商品或服务的类似程度；（3）注册商标的显著性和知名度；（4）商品或服务的性能及使用方式；（5）相关公众的注意力和认知程度；（6）其他相关因素。”[①]

《商标授权确权规定》第22条第2款对角色名称和作品标题的商品化权益保护设定了混淆可能性的标准。首先，混淆可能性的对象是“相关商品”。关于相关商品的保护范围存在争议。一种观点认为，相关商品是指相同或类似商品，这与商品侵权中混淆可能性的对象一致。[②] 根据我国《商标法》第57条第2项的规定，未经商标注册人的许可，在同一种商品或类似商品上使用与注册商标近似的商标，容易导致混淆的属于侵犯注册商标专用权。另一种观点认为，相关商品不应限定在同一或同类商品上，也可以是作品知名度衍生利益范围内的商品。比如，在“舒克”商标无效案中，商标评审委员会认为“舒克”“贝塔”的角色名称多出现于动画片或图书上，而争议商标的使用范围是洗化用品，两者毫无关联，完全不属于将商标用于作品所在领域或存在交叉可能性的商品类别上。[③] 其次，从《商标授权确权规定》第22条第2款规定的字面意思来看，混淆可能性的标准是关联或认可上的混淆，即相关公众误以为权利人和作品名称或角色名称存在许可关系或其他特定的联系。然而，对角色名称和作品标题的使用未必会对消费者造成混淆，公众选择购买相关的商品或服务可能是基于角色的商誉和吸引力。[④] 比如，对于显著性降低与商誉减弱的情形，无法适用混淆可能性的标准，只能考虑商标淡化的保护路径。基于此，有必要重新审视《商标授权确权规定》中的混淆可能性标准。

---

① 黄晖：《商标法》（第3版），法律出版社2023年版，第162～165页。

② 参见邓朝霞：《虚构角色的商品化权之批判性思考：中美比较视角》，载《电子知识产权》2022年第4期。

③ 参见商评字（2019）第0000215134号无效宣告请求裁定书。

④ 参见杜颖、赵乃馨：《缓行中的商品化权保护——〈关于审理商标授权确权行政案件若干问题的规定〉第22条第2款的解读》，载《法律适用》2017年第17期。

第五章　角色商品化权保护路径优化

迄今为止，世界上没有任何一个国家制定了关于角色商品化权的专门立法。对角色商品化权的保护依靠反不正当竞争法、形象权法、知识产权法以及人格权法来实现。然而，不同的法律在保护角色商品化权的基础法理和视角上存在差异，因此在保护对象、保护力度和保护界限上时常存在模糊不清的地带或重复保护的问题。尽管学界对角色商品化权进行了广泛的研讨，但仍存在一定的认识误区。例如，对于角色商品化权的客体争议较大。我国不少学者照搬了美国的形象权法理论或德国的商事人格权理论，忽略了形象权法无法保护虚拟角色及其特征的客观事实，也没有认识到人格权法对真实人物形象保护的不足之处。从本质上看，角色商品化权保护的就是角色背后的商誉，反不正当竞争法中的禁止仿冒和禁止盗用规则才是保护角色商品化权的正当性基础。同样地，实务界在未探究角色商品化权保护正当性的情况下，对虚拟角色名称和作品标题采用了四不像的保护模式。一方面要求这两类名称在著作权保护期限内，另一方面又以商标法中的误认作为侵权判断的标准，到底是采取著作权法保护路径还是采取商标法保护路径？将虚拟角色名称视为著作权的派生利益会导致著作权客体的不当扩张。未必所有的虚拟角色名称都会造成消费者混淆，采用误认的判断标准未免过于片面。此外，在角色商品化权保护的逻辑顺序上也存在很大的争议，到底是优先适用知识产权专门法，还是直接适用反不正当竞争法，这取决于如何理解知识产权专门法与反不正当竞争法之间的关系。鉴于此，本章将综合考虑前文的理论分析和司法实践，结合角色商品化权的历史演变、基本理论、正当性和保护的实际需求，为我国角色商品化权的路径优化提供思路。

第一节 明确角色商品化权保护的正当性

只有明确了角色商品化权保护的正当性，对角色商品化权保护法律规制的完善或保护路径的优化才能出现确切而具体的标准。本书第一章综合分析了劳动成果理论、激励理论、不当得利理论、禁止仿冒理论、消费者保护理论对角色商品化权保护的利弊与差异。在商誉保护的视角下，笔者主张适用禁止仿冒理论作为制止混淆角色的正当性基础；并且，应用不当得利理论对角色的商业价值提供补充保护。上述两个理论对应的是《反不正当竞争法》保护商业标识的两大规则：其一，禁止仿冒规则，对应的是仿冒之诉，即对未注册的商品化角色的混淆和误认行为提供保护，在我国《反不正当竞争法》第 6 条中有着具体规定；其二，禁止盗用规则，对应的是盗用之诉，即对未经许可使用角色形象的关联性价值的行为进行约束。我国虽然没有明确将盗用纳入不正当竞争行为的具体类型，但在司法实践中会通过《反不正当竞争法》的一般条款（第 2 条）体现禁止盗用规则，如在“金庸诉江南案”[①] 中保护了作品中的虚拟角色名称和人物关系，在“淘宝诉美景案”[②] 和“大众点评诉百度案”[③] 中制止了数据爬取的行为。

一、禁止仿冒规则和禁止盗用规则是现实所需

利用禁止仿冒规则和禁止盗用规则对角色商品化权提供法律保护，具有以下 3 个方面的论证依据。

第一，从角色商品化权保护客体来看，无论是名人形象，还是虚拟角色、角色名称以及角色的其他特征，经历过商品化的行为之后，都可以从一个普通的符号蜕变成一种商业标识，从而可以通过反不正当竞争

---

① 参见广东省广州市天河区人民法院民事判决书，(2016) 粤 0106 民初 12068 号。
② 参见浙江省杭州市中级人民法院民事判决书，(2018) 浙 01 民终 7312 号。
③ 参见上海市浦东新区人民法院民事判决书，(2015) 浦民三（知）初字第 528 号。

法来保护其背后的商誉。因此，角色商品化权保护的正当性来源应当是反不正当竞争法中的基本规则。而劳动成果理论、激励理论、经济分配理论以及消费者保护理论更适合保护知识产权的客体。例如，劳动成果理论有利于保护智力成果，因为作品的创作或发明的创造都离不开个人的持久努力和付出。一个人应当对自身智力成果享有财产权，他人不得随意使用，否则版权法或专利法会介入为权利人提供侵权的救济保护。对于作品中的虚拟角色而言，适用劳动成果理论不会存在太大的问题，因为角色的诞生离不开创作者的辛勤付出和投入。然而，名人形象的知名度未必是个人努力的结果。正如本书第一章提到的那样，自然人的形象与生俱来，是否能获得形象价值可能要根据具体情况判断。有的名人形象与生俱来，根本不是后天努力的结果。还有的名人形象是靠社会或媒体的努力塑造而成，个人未必对自身形象价值的挖掘付出太多。因此，能够保护虚拟角色而无法充分保护名人形象的劳动成果理论就显得略有不足。又如，消费者保护理论更适宜应用在商标法领域。虽然这个理论确实能够有效地制止角色的仿冒和虚假宣传，但该理论的正当性基础是源自消费者视角，而非角色商品化权本身。因此，禁止仿冒规则和禁止盗用规则更适合保护角色商品化权。

第二，从角色商品化权的历史渊源和演变角度来观察，最早用来保护角色商品化权的理论就是禁止仿冒规则。我国是通过《反不正竞争法》第6条来保护知名角色的误认和混淆，英国采用仿冒之诉的经典三要件来保护由对商誉的误导性陈述所造成的损害，美国则是通过来源混淆、许可混淆、认可混淆以及虚假广告对关于商誉的虚假陈述进行规制。世界知识产权组织的《反不正当竞争示范条款》第2条也是通过规制名人或知名虚拟角色的混淆行为来保护角色商品化权。由此可知，禁止仿冒规则是保护角色商品化权的主流做法。禁止仿冒规则适用的前提条件是混淆，因此对于不造成混淆的角色商品化权纠纷就显得捉襟见肘。此时，禁止盗用规则的介入是非常有必要的。禁止盗用规则不以混淆为前提，这恰好可以弥补禁止仿冒规则对角色商品化权保护的不足。禁止盗用规则的理论基础是不当得利理论，即通过不劳而获或“搭便车”的方式获取他人的财产权益。禁止盗用规则的适用前提是存在合法权利或权益，角色商品化权本质上就是一种商业利益，属于禁止盗用规则的规制范畴，不存在有的学者提到的循环论证的误区。[①] 实际上，我国司法实践中的有关裁判已经应用了上述两个规则。比如，在“甲壳虫”案的二审判决中，北京市高级人民法院援引了禁止仿冒规则。法院认为，使用被异议商标“The BEATLES”的商品的类别是钱包、书包和背包等日常生活用品，知名乐队“The BEATLES”会在上述商品上标注乐队名称，将上述商品作为纪念品发售。而该案的苹果公司主张的“The BEATLES”商品化权益恰好可以延及上述商品，致使消费者误以为“The BEATLES”乐队与苹果公司的“The BEATLES”商标存在特定联系，从而使得苹果公司对“The BEATLES”享有的商品化权益受损。[②] 另外，在“驯龙高手”商标异议复审案中，法院援引的是禁止盗用规则。该案判决书提道：“知名电影的作品名称涵摄的衍生产品较多，比如玩具、图书、游戏等。如果诉争商标使用的商品或服务类别与知名电影衍生品的类别交叉，容易致使诉争商标的权利人借助该电影的知名度，获取商誉和交易机会，从而挤占原本属于知名作品标题的市场。”[③] 同理，在“金庸诉江南案”等著作权侵权及不正当竞争纠纷案中，相关法院的判决书也体现了禁止盗用规则。相关法院认为，“金庸作品中的元素是查良镛高度的智力与劳动投入，具有极高的知名度和影响力，这些元素在读者群体中已经与作品建立了对应关系，具有较高的商业价值。如果利用作品元素的知名度创作同人作品，那么会超出必要的限度，属于以不正当手段盗取原告可预期的商业利益”[④]。

第三，禁止仿冒规则和禁止盗用规则有助于降低保护的成本。以商

---

① See Daniel Gervais, Martin L Holmes & Fame, *Property, and Identity: The Scope and Purpose of the Right of Publicity*, 25 Fordham Intellectual Property, Media and Entertainment Law Journal 181 (2014).

② 参见北京市高级人民法院行政判决书，(2015) 高行（知）终字第752号。

③ 北京市第一中级人民法院行政判决书，(2014) 一中行（知）初字第8924号。

④ 张伟君：《从“金庸诉江南”案看反不正当竞争法与知识产权法的关系》，载《知识产权》2018年第10期。

标保护为例，虚拟角色的权利人可以将角色特征注册为商标，但商标注册和维持所耗费的成本过高，恶意抢注的现象未必能通过权利冲突条款及时遏制，毕竟我国司法实践对《商标法》第 32 条的解读和适用存在较大差别。即使权利人在所有相关类别的商品或服务上注册该标识，也未必是一种合适的事前预防手段。在商标侵权中，角色商品化权人获得救济的前提是存在混淆可能性，而这恰恰是很多商品化角色无法满足的条件。其一，角色未必就是指示他人商品或服务的来源，将角色投入商业使用未必会造成消费者混淆。其二，消费者选择购买包含角色的商品或服务并非因为对商品提供者的认可，而是因为对角色本身的喜爱，而商家所要利用的恰好就是角色背后的潜在价值——顾客吸引力。[①] 相比之下，禁止仿冒规则和禁止盗用规则可以解决商标赋权成本过高的问题，因为这两个规则的适用不要求权利人以注册商标为保护的前提。因此，对于未注册的商品化角色，只要角色自身具有一定的知名度，便可以通过禁止仿冒规则和禁止盗用规则解决所有问题。如此既可以减轻角色商品化权人的注册和保护商标的成本，还能实现对角色商品化权人权利的高效率保护。

二、有利于缓解角色商品化权纠纷解决的困境

目前，司法实践在对角色商品化权保护的逻辑上存在误区，即优先适用知识产权法的规则解决纠纷，对于无法解决的空白地带再考虑适用反不正当竞争法。这是受兜底保护说或补充保护说理论的影响。有一个典型的比喻是“冰山和海水”，即把著作权、专利权和商标权比作浮在海面上的冰山，而把反不正当竞争法比作下面托着冰山的海水，借反不正当竞争法弥补知识产权法保护不充分的地方。[②] 事实上，这不符合角色商品化权保护路径的历史发展轨迹。从角色商品化权的制度渊源和演变历史来看，保护角色商品化权的最初手段就是反不正当竞争法。那

---

① 参见虞婷婷：《作品元素商品化利用的法律规制——兼论对独立商品化权益的否定》，载《财经法学》2024 年第 1 期。

② 参见郑成思：《反不正当竞争与知识产权》，载《法学》1997 年第 6 期。

时，还没有专门的知识产权立法以及用知识产权立法保护角色商品化权的先例。反不正当竞争法对于角色商品化权保护其实承担着一个基础保护的功能。后来，针对角色表现方式的差异性，才演变出了保护真实人物角色的形象权法以及保护虚拟角色的版权法和商标法。甚至反不正当竞争法中的一些基础规则也体现在了知识产权法对角色商品化权的保护体系中。比如，禁止盗用规则所蕴含的理论基础就是形象权侵权构成要件的理论基础，禁止仿冒规则是商标法规制角色来源混淆的法理基础。从这个意义上说，兜底保护说或补充保护说的地位遭受挑战，反不正当竞争法具有一定的独立性和排斥性。行为一旦属于反不正当竞争法规制的对象，就需要按照反不正当竞争法的基础规则适用，此时便与知识产权专门法不相干。[①] 倘若能确保禁止仿冒规则和禁止盗用规则的正当性地位，则有助于厘清反不正当竞争法和知识产权法在保护角色商品化权上的适用逻辑。

第二节　完善反不正当竞争法对角色商品化权的保护

我国《反不正当竞争法》对于不正当竞争行为的规制采用了类型化的列举模式和一般条款的补充保护模式。《反不正当竞争法》第 6 条至第 12 条规定了 7 种禁止行为，其中第 6 条的仿冒、第 8 条的虚假宣传以及第 11 条对应的诋毁商誉都在不同程度上保护了角色商品化权。但是，《反不正当竞争法》第 6 条未能明确将名人形象、知名虚拟角色、角色名称、作品标题等元素纳入仿冒规制的对象。笔者建议完善仿冒条款对名人形象、知名角色及其特征的保护。此外，不正当竞争行为的具体类型没有涵盖对盗用的规制。这在本质上无法有效解决目前司法实践中出现的盗用他人商品化角色的纠纷。如果不及时将盗用行为纳入

---

① 参见孔祥俊：《反不正当竞争法补充保护知识产权的有限性》，载《中国法律评论》2023 年第 3 期。

不正当竞争行为的具体类型，遇到关于盗用的纠纷就只能适用《反不正当竞争法》的第 2 条，将会导致《反不正当竞争法》一般条款的滥用。同时，一般条款以诚实信用和商业道德为核心依据，但这两点具有高度的抽象性和模糊性，缺乏确切的适用标准，法官对这两点的价值判断的差别会导致同案不同判的后果。① 因此，笔者认为，有必要及时补充反不正当竞争法的盗用条款，明确盗用为一种具体的不正当竞争行为。盗用条款的规制对象不应仅限定在名人形象领域，还应当包括知名角色及其特征。

一、明确仿冒条款对名人形象和知名虚拟角色的保护

我国《反不正当竞争法》第 6 条规定了禁止仿冒规则，禁止的是混淆行为，即令人误以为是他人商品或者与他人存在特定联系的行为，也就是所谓的来源混淆和认可混淆。仿冒条款前 3 项类型化规定了对商业标识的保护，包括“具有一定影响力”的商品名称、包装、装潢、企业名称、社会组织名称、姓名、域名主体部分、网站名称以及网页等。第 4 项是一个包含其他混淆行为的兜底条款。有学者认为，第 4 项不仅包含商业标识的市场混淆，还包含商业标识之外的市场混淆，比如市场活动的混淆。②

《反不正当竞争法》第 6 条对商业标识仿冒情形的解读，很大程度上包含了可商品化的角色特征，比如作品名称和人物姓名，但是，该条款并没有全面覆盖商品化的角色，比如名人的肖像、声音、经典动作、签名等其他形象特征，知名虚拟角色以及角色名称。这与国际上的主流保护趋势存在差别。《反不正当竞争示范条款》的第 2 条专门提到了混淆对象涵盖“知名人士或知名虚构角色”，这与其他的商业标识并无差别。虽然学术界和实务界普遍将知名形象和角色视为商业标识，但在仿

① 参见张永忠、沈玩辉：《我国不正当竞争行为的规制路径及其优化》，载《法治社会》2019 年第 5 期。

② 参见孔祥俊：《知识产权强国建设下的反不正当竞争法适用完善——基于行政规章和司法解释征求意见稿的展开》，载《知识产权》2021 年第 10 期。

冒条款中并未将知名形象和角色类型化和具体化，这背后的缘由令人困惑。虽然《反不正当竞争法》第6条第4项能够涵盖名人形象和知名角色的混淆行为，但在司法实践中法院却鲜少适用这一条。因此，笔者更倾向于在现行《反不正当竞争法》第6条的基础上增加一个条款："未经许可使用了他人具有一定影响力的形象特征和虚拟角色特征，引人误以为是他人商品或者与他人存在特定联系。"

二、确立禁止盗用规则

在历史渊源上，禁止盗用规则是基于侵权行为理论演变和发展的。因此，在具体规则的设计上，应当参照侵权要件分析方法，从盗用的行为要件、主观要件、因果关系以及损害结果展开分析。① 上述要件在反不正当竞争法的适用上，通常对应的是竞争关系、竞争行为和竞争后果这3个方面。

首先，关于竞争关系是否为禁止盗用规则适用的前提条件，学界存在争议。一种观点认为，只有存在具体的竞争关系，才能认定构成不正当竞争行为。② 比如，在"Loeb v. Turner"案中，凤凰城一家广播电台就得克萨斯州一家广播电台盗用了自己的汽车比赛的新闻，起诉得克萨斯州广播电台未经许可盗用了时效信息。然而，法院认为两个电台在传送的广播信号地区没有重叠，缺乏直接竞争关系，被告不构成盗用。③ 另一种观点则认为，竞争关系不是盗用行为成立的前提，盗用可以发生在竞争者之间或非竞争者之间。④ 只要未经许可使用他人商品化角色的行为对竞争秩序造成了不良的影响，就属于禁止盗用规制的范围。⑤

---

① 参见欧阳福生：《适用反不正当竞争法一般条款应以构成"侵权行为"为前提》，载《人民法院报》2014年9月10日。

② 参见黄武双：《不正当竞争的判断步骤》，载《科技与法律（中英文）》2021年第3期。

③ See Loeb v. Turner, 257 S. W. 2d 800 (Tex. App. 1953).

④ 参见冯术杰：《"搭便车"的竞争法规制》，载《清华法学》2019年第1期。

⑤ 参见谢晓尧：《在经验与制度之间：不正当竞争司法案例类型化研究》，法律出版社2010年版，第43~45页。

笔者认为，竞争关系不是规范盗用行为的要件，只是判断主观过错和损害结果的重要参考因素。早期的不正当竞争行为之所以聚焦于竞争关系要件，是因为当时的商业贸易关系并不复杂，商品或服务的经营领域也比较少。然而，随着商业关系日趋复杂，认定竞争关系未必就能解决实际的问题。比如，在关于角色商品化权的纠纷中，很难判定原告和被告之间存在竞争关系。通常对名人形象或知名角色盗用的主体未必是与名人或角色主体从事相同领域的人。倘若一味将竞争关系要件作为判断盗用他人角色商誉的标准，那么会导致大量的盗用行为无法受到法律的制裁。这对于权利人而言，将是一种无法估量的损失。竞争关系要件应用的场景也应当有所不同。比如，竞争关系在信息盗用的案件中是必备条件，[①] 但这未必能够类推适用在角色商品化权领域。角色形象价值相比于商业信息来说更为具体，只要他人对权利人的商誉造成了损害，影响了自由竞争或自由模仿，权利人就可以援引禁止盗用规则。另外，从域外法律规范上看，世界知识产权组织的《反不正当竞争保护示范规定》建议对不正当竞争行为的认定不需要以竞争关系为条件；美国的形象权法也不要求原告在侵权之诉中证明竞争关系；法国就盗用还规定了发生在非竞争者之间的“搭便车”行为（agissement parasitaire）。[②] 当然，这并不意味着忽略对竞争关系的考虑，只是需要弱化这个要件。竞争关系可以成为竞争后果的重要参考因素，也有助于分析行为人的过错。如果当事人具有直接的竞争关系，那么比较容易推定行为人对同业竞争者的商业价值是知晓的，容易给同行造成竞争损害。

其次，禁止盗用规则的竞争手段应当是挪用。挪用就是未经角色商品化权人许可，行为人通过不劳而获的方式使用他人的形象或角色。这里对于挪用的对象、方式和比例也应当给予限制条件。第一，挪用的对象应是具有知名度的角色或角色特征。对于知名度较低的形象或角色，通过禁止盗用的行为进行规范缺乏实质性意义。正如本书第二章所提到

---

① See National Basketball Association v. Motorola, Inc., 105 F. 3d 841 (2nd Cir. 1997).

② 参见冯术杰：《“搭便车”的竞争法规制》，载《清华法学》2019 年第 1 期。

的，盗用行为强调挪用形象或角色中的关联性价值或商誉。只有具备较高的知名度，商品化的角色才能产生“竞争优势”。[①] 正如热点新闻的竞争属性表现为时效性，商业秘密的竞争优势在于包含经济价值的秘密信息。[②] 第二，挪用的方式必须是商业使用。倘若对他人形象或角色的使用旨在描述或指示某个特定的商品或服务，则会落入不受规制的叙述性使用和指示性使用。第三，挪用的比例要高，只有这样才容易构成不正当竞争，从而排除附带性使用的抗辩事由。如果挪用的部分微乎其微，就不属于不当使用，也不会对他人角色商品化权造成损害，完全可以落入自由竞争的范畴。

最后，禁止盗用规则的竞争后果应当是实质性损害或即将发生的实质性损害。对于实质性损害的认定应当采用市场替代性标准，可以从行业属性、客户群体、经营范围和商业模式等方面展开分析。当原告和被告提供的产品或服务具有相似性时，被告容易分走原告的市场，满足实质性损害的结果。[③] 市场的替代性不仅需要考虑现有的市场，还需要考虑商品或服务未来扩张的范围。[④] 倘若原告举证被告即将进入自己的潜在市场，那么被告的产品或服务大概率会分走原告的客户群体，允许被告继续实施盗用行为很有可能会给原告带来实质性损害。[⑤]

综上所述，在分析盗用的构成要件时，应当仔细判断竞争行为和竞争结果，在两个要素之间形成一个动态的系统判断。同时，还应考虑规制行为与自由竞争的边界。应当注意的是，对于不受法律保护的公有领域，不宜强行适用禁止盗用规则。

---

① See Wendy J. Gordon, *On Owning Information: Intellectual Property and the Restitutionary Impulse*, 78 Virginia Law Review 149 (1992).

② 参见王文敏：《反不正当竞争法中的禁止盗用规则及其适用》，载《现代法学》2021年第1期。

③ 参见上海汉涛信息咨询有限公司与爱帮聚信（北京）科技有限公司不正当竞争纠纷上诉案，北京市第一中级人民法院（2011）一中民终字第7512号民事判决书；NBA v. Motorola, Inc., 105 F. 3d 841 (2nd Cir. 1997)。

④ See Shyamkrishna Balganesh, *Foreseeability and Copyright Incentive*, 122 Harvard Law Review 1569 (2009).

⑤ See Wendy J. Gordon, *On Owning Information: Intellectual Property and the Restitutionary Impulse*, 78 Virginia Law Review 149 (1992).

第三节　考虑形象权法对真实人物形象特征的补充保护

真实人物的姓名、肖像、荣誉、隐私等人格特征主要依靠民法中的人格权保护。然而，人格权只能保护自然人自身的人格特征不受侵犯，却难以阻止他人对自然人姓名、肖像、声音或其他形象特征的商品化利用，尤其在模仿名人形象特征方面存在局限。模仿名人形象的主要目的是借助名人的知名度来开拓市场，这一“搭便车”的行为也不能不受法律的规制。人格权具有人身专属性，由于模仿并不是直接或实际使用自然人的人格特征，因此自然人难以通过人格权侵权诉讼解决问题。[①]此外，人格权开始于自然人出生，终结于自然人死亡。名人的形象价值并不一定在名人本人死后就随之消亡，极有可能继续为商家带来商业利益，[②] 人格权无法对名人死后的形象价值提供延伸保护。因此，有必要考虑形象权法对真实人物形象特征的补充保护。

一、弥补人格权法保护的空白地带

我国《民法典》人格权编对自然人的姓名、肖像、声音等人格要素提供保护。其中，第 1014 条、第 1017 条、第 1018 条以及第 1023 条在一定程度上保护了名人的姓名、肖像和声音。例如，第 1014 条提供了禁止干涉、盗用和假冒他人的姓名的规定；第 1017 条不允许他人使用具有一定知名度的姓名（包括艺名、网名、笔名、译名）并足以造成公众混淆的行为；第 1018 条通过肖像权保护“自然人可以被识别的外部形象”；第 1023 条提到对自然人声音的保护可以参考肖像权的保护。然而，上述条款都无法为权利人提供充分的救济。

---

① See Song Hongsong, *Additional Protection of Celebrity's Personal Features by Unfair Competition Law: China's Perspectives and Practices*, European Intellectual Property Review, 2015, Issue 1.

② 参见李阁霞：《角色商品化权再论》，载《知识产权》2017 年第 3 期。

首先，《民法典》第 1014 条和第 1017 条无法解决模仿名人姓名的问题，比如使用名人姓名的同音异义字词。例如，贵州安顺第一制药厂将与艺人谢霆锋的姓名同音异义的词汇“泻停封”作为泻药的名称和商标，通过借谢霆锋名气的方式迅速取得了药品的市场份额。谢霆锋无法通过主张侵犯姓名权获得救济，因为制药厂并没有直接使用谢霆锋的名字，而是模仿使用了他的姓名。[①] 倘若谢霆锋主张制药厂侵犯形象权，那么谢霆锋可以获得禁令或损害赔偿的救济，因为制药厂未经许可使用谢霆锋姓名的行为构成对谢霆锋形象权的侵犯。

另一个典型的案例是迈克尔·乔丹诉乔丹体育公司案。该案的原告为 NBA 知名球星迈克尔·乔丹（Michaela Jordan），经原告的许可，耐克公司自 1991 年开始在中国将原告的英文姓氏“Jordan”在第 25 类商品上注册为商标。被告是乔丹体育公司，将迈克尔·乔丹的中文音译姓氏“乔丹”以及“Qiaodan”在第 25 类商品上注册为商标。迈克尔·乔丹以侵犯姓名权为由起诉了乔丹体育公司。然而，原告的起诉被法院驳回，因为乔丹体育公司并没有直接注册迈克尔·乔丹的姓氏“Jordan”，而是注册了迈克尔·乔丹中文姓氏的音译词汇“乔丹”和汉语拼音“Qiaodan”。而且“Jordan”是一个非常普遍的外国姓氏，未必翻译过来就能指代迈克尔·乔丹本人。[②] 事实上，乔丹体育公司的行为构成恶意注册商标以及“搭名人姓名的便车”。对于恶意注册商标，商标权利人或利害关系人可以向商标评审委员会申请撤销该商标，但是会受到 5 年期限的限制，即必须在恶意注册的商标注册之日起 5 年内请求撤销恶意注册的商标。[③] 该案中的商标“乔丹”和“Qiaodan”于 2003 年注册，而迈克尔·乔丹于 2012 年起诉，这显然无法满足撤销商标的前提条件。除非原告举证“Michaela Jordan”为中国的驰名商标，并且

---

① 参见杨立新、林旭霞：《论人格标识商品化权及其民法保护》，载《福建师范大学学报（哲学社会科学版）》2006 年第 1 期。

② 参见迈克尔·杰弗里·乔丹与国家工商行政管理总局商标评审委员会、乔丹体育股份有限公司商标争议行政纠纷再审系列案，最高人民法院（2016）最高法行再 15、20、25 ~ 31、33 号行政判决书。

③ 参见《商标法》第 45 条第 1 款。

"乔丹"和"Qiaodan"是该驰名商标对应的中文翻译。因为根据《商标法》的规定，对于恶意注册他人驰名商标的撤销，可以不受5年期间的限制。[①] 但是，主张上述两点着实存在困难。倘若原告主张适用形象权法，只要公众能够在"迈克尔·乔丹""Michaela Jordan""乔丹""Qiaodan"之间建立对应关系，那么乔丹体育公司未经许可的使用行为就构成对迈克尔·乔丹姓名的侵犯。

其次，肖像权在名人形象的保护上能发挥的作用十分有限。虽然《民法典》第1018条可以保护名人的肖像，但能否包括名人的表演形象、局部面部特征以及模仿的形象并不明确。例如，在"章金莱与蓝港在线北京科技有限公司人格权纠纷"案中，在网络游戏中商业使用的六小龄童扮演的美猴王形象就属于名人的表演形象。由于美猴王的面貌特征与六小龄童的真实面貌差别较大，因此即使游戏中的形象能够被公众认出，也不属于自然人本身的外部形象。因此，六小龄童没有办法以肖像权为基础进行对抗。[②] 此外，当有人刻意模仿某知名人士的肖像做商业宣传或推广时，知名人士难以主张肖像权的侵犯。因为模仿者使用的是自己的肖像，并非知名人士的肖像。[③] 形象权对于名人形象的保护就更为全面，并不受制于专属于自然人的肖像，还可以保护名人的表演形象和局部面貌特征，亦能对抗他人对名人形象的模仿。

最后，人格权法无法全面覆盖对名人其他形象特征的保护。虽然《民法典》第1023条提供了对自然人声音的法律保护，但是人格权法在处理模仿名人声音或配音的问题上并不清晰。从规定的字面意思理解，人格权法只保护名人的声音，排除了模仿者的声音以及配音。比如周星驰在喜剧电影里吸引观众的地方在于他独特的配音，如果有人模仿了电影中周星驰的配音加以商业利用，那么周星驰本人很难主张对自身声音的保护，因为配音并不是周星驰真实的声音。此外，名人形象特征具有

---

① 参见《商标法》第45条第1款。

② 参见章金莱诉蓝港在线（北京）科技有限公司，北京市第一中级人民法院（2013）民终字第05303号民事判决书。

③ 参见李阁霞：《角色商品化权再论》，载《知识产权》2017年第3期。

多样性，除了姓名、肖像和声音，还包括经典动作、口头禅、签名等。上述形象特征都无法通过人格权法得到保护，这恰好体现了传统民法在保护手段上的不足。因此，有必要通过形象权法来弥补人格权保护的空白地带。

二、考虑设置死后形象价值的保护期限

人格权不能转让和继承，这就决定了人格权的保护是有一定期限的。由于人格权的保护期限终结于自然人死亡的那一刻，所以人格权无法保护名人死后的形象价值。[①] 但名人的形象价值属于一种财产性利益，并不会随着名人的死亡而消亡，应在名人去世后的一段时间仍获得保护，名人的继承人仍然可以主张相应的权利。需要注意的是，名人死后的形象价值并不需要获得永久性的保护，因为任何的财产价值都有消耗殆尽的时候。正如版权和专利权一样，它们都有一定的保护期限，法律不允许权利人对财产价值享有无限期的垄断。正如本书第三章论述的那样，形象权的保护期限并不固定，主流的观点认为该期限为权利人生前加死后 50 年，这是参考了版权法对作品的保护期限。事实上，虚拟角色商品化权的保护期限也是按照版权法的保护期限来设定的，保护期限届满的虚拟角色或角色特征会进入公有领域。[②] 真实人物商品化权的保护期限也可以设置为自然人有生之年加死后 50 年，这有利于协调和平衡角色商品化权的保护体系。当然，名人死后形象价值是否能够获得 50 年的保护，还要考虑该名人是否能够持续保持 50 年的知名度。

第四节　限制知识产权专门法对角色商品化权的保护

司法实践经常适用知识产权专门法保护角色商品化权，这似乎是将

---

① 参见《最高人民法院关于确定民事侵权精神损害赔偿责任若干问题的解释》第 3 条。

② 参见孔祥俊：《反不正当竞争法补充保护知识产权的有限性》，载《中国法律评论》2023 年第 3 期。

角色视为了知识产权的保护客体，甚至将角色商品化权视为一种新型的知识产权类型。然而，知识产权专门法在保护的力度上似乎呈现了过度扩张的趋势。在著作权保护方面，主要存在两个问题：第一，将角色名称和作品标题视为著作权的衍生利益，将原本排除保护的思想纳入作品的保护范畴；第二，虚拟角色模仿的实质性相似判定充满抽象性和不确定性，会出现同案不同判的法律后果。在商标法保护方面，主要的问题体现在商标注册审查过程中，实务界对在先权利条款的理解存在误区，对角色知名度波及范围的认定过于宽泛。具体而言，《商标授权确权规定》第 22 条第 2 款对角色名称和作品名称的商标法规制以“误认”为标准，但禁止误认的范围不是“类似商品”而是“相关商品”。这就导致很多非类似的商品类型也被纳入了相关商品的范畴，超越了商标混淆规制的边界。因此，有必要在厘清知识产权保护门槛和保护标准的基础上，限制知识产权法对虚拟角色的保护。

一、谨慎适用著作权法保护虚拟角色及其特征

首先，司法实践将角色形象、角色名称和作品标题纳入著作权的保护领域，实际上是受到激励理论的影响。激励理论是《著作权法》的立法宗旨，通过激发创作者的热情来推动文学和艺术领域的发展。[①] 有些裁判就援引了激励理论来保护角色商品化权。例如，在“功夫熊猫”案[②]的二审裁判[③]中，法院认为，将知名角色形象、角色名称和作品标题中的商业价值作为予以保护的民事权益，会鼓励对智力成果的创作激情和财产投入，促进文化事业的繁荣和发展。然而，角色名称和作品标题等不属于著作权或著作权的派生利益，因为角色名称和作品标题等短小单一的表达方式不符合独创性的要件。虽然《商标授权确权规定》

① 《著作权法》第 1 条。

② 参见梦工厂动画影片公司与商标评审委员会商标异议复审行政纠纷案，北京市第一中级人民法院（2014）一中行（知）初字第 4257 号行政判决书，北京市高级人民法院（2015）高行（知）终字第 1969 号行政判决书。

③ 参见北京市第一中级人民法院行政判决书，（2013）一中知行初字第 1922 号。

和“葵花宝典案”的判决将《著作权法》第10条第1款第17项作为角色名称、作品标题等的保护前提，但这实则是对角色名称和作品标题商品化问题的误认。角色名称和作品标题的商品化行为应当是脱离作品本身的，角色名称和作品标题的知名度的获取应当是对作品的二次开发和利用，即通过额外的商品化行为使消费者认可角色名称和作品标题的商誉。虽然作品本身源自作者的智力创作，但作品元素的商业价值并不是靠简单的文学创作就能取得的，即虚拟角色自身并不因原作品的知名度而当然享有权益。[①] 因此，有关虚拟角色商品化权的保护不应当在著作权的框架之下探讨。笔者建议删除“在著作权保护期限内”的前置条件。

其次，利用著作权侵权去解决角色商品化权纠纷的成本较高。正如本书第四章中提到的，原告需要在著作权侵权中证明被告的行为满足接触和实质性相似。法院在审理的过程中，首先要过滤掉不属于著作权保护的部分，即判断争议的商品化角色是否满足独创性要件，并且是否属于“思想—表达”二分法中的思想。对于文学作品中的角色，司法实践并没有统一的标准来判断角色的可版权性，也无法精确地区分思想与表达的界限。这就导致法官在实质性相似比对的过程中，很有可能将被排除的“思想”领域纳入了考虑范围。因此，在著作权侵权判定中，法院极有可能出现同案不同判的结果，这将导致版权法对角色商品化权的保护充满抽象性和不稳定性。具体到司法实践，在“金庸诉江南”案的二审判决中，广州知识产权法院降低了虚拟角色可版权性的标准，通过人物群像的概念认定虚拟角色的可版权性。只要知名文学角色的人物群像体现了作者的智力成果上的选择和安排，已经足够充分描述，就属于著作权保护的表达。[②] 然而，笔者却认为这一做法是著作权法过度延伸的表现，会造成重复激励和限制创作自由的结果，不利于平衡角色创作者与公众使用者之间的利益关系。文学角色的抽象性和非可视性意

---

① 参见孔祥俊：《作品名称与角色名称商品化权益的反思与重构——关于保护正当性和保护路径的实证分析》，载《现代法学》2018年第2期。

② 参见广州知识产权法院民事判决书，（2018）粤73民终3169号。

味着文学角色难以成为被感知的表达，即使成为被具体描述的人物群像，也未必能独立于原作品而存在，极有可能落入思想与表达的混同区域。不受著作权保护的对象，理应归入公有领域。因此，不应当放宽著作权法的规制范围，这将导致著作权法对虚拟角色的过度保护。

二、防止不当解读商标法中的在先权利

北京知识产权法院曾在一份调研报告中指出："作品名称和角色名称知名度所波及的商品范围，并不局限于作品所属领域，也可以是日常生活领域。"[①] 在部分判决中角色商品化权益的禁止范围已经包括《尼斯分类》中的第 11、12、16、17、18、21、25、27、34、44 类，大有超越驰名商标进行全类别保护的趋势。[②] 然而，有些衍生品的类别本质上与作品所属的领域相差甚远，也被法院认定为混淆，这实质上是一种前后矛盾的做法。比如，在"英雄联盟"（League of Legends）案中，法院认为英雄联盟游戏所在的商品或服务类别是计算机软件、游戏和娱乐服务，这与注册商标"League of Legends"所适用的服装领域完全不同。按照常理，此种情况不会导致相关公众对诉争商标的注册和使用产生混淆。然而，法院却认为服装属于日常生活领域以及英雄联盟游戏的衍生品范围，仍然会导致公众误认英雄联盟名称的权利人与服装产品存在特定联系。[③]

根据我国商标侵权中混淆可能性的判定因素，混淆容易发生在类似商品或服务上，即原告和被告商品或服务的类别比较近似，使用相同或相似的商标才容易导致消费者混淆。倘若两者的商品或服务类别相差甚远，那么使用相似的商标也不容易造成混淆。除非商标满足了驰名商标的要件，才能获得跨类保护。由于角色名称和作品标题的商品化权保护

---

① 北京知识产权法院：《保护文化产业创新规制商标恶意注册——关于涉作品名称即角色名称在先权益保护商标案件的调研报告》，载《人民法院报理论周刊》2021 年 4 月。

② 参见赵明：《作品名称、作品中的角色名称保护路径再探索——兼述"冰雪奇缘"系列商标确权案》，载《中华商标》2020 年第 7 期。

③ 参见北京知识产权法院行政判决书，（2018）京 73 行初 10121 号。

不需要角色名称和作品标题达到驰名商标那样的知名度，所以没有必要将规制的商品范围波及太广。因此，笔者建议，将知名角色名称和作品标题的误认范围限定在类似商品上。

此外，商标注册阶段的商品化行为，完全可以适用我国《商标法》第 32 条的后半段“不得以不正当手段抢先注册他人已经使用并有一定影响的商标”。其一，获得商品化权保护的角色名称和作品标题只有具有一定影响力，才容易成为他人抢注的对象。在诉争商标中使用知名的角色元素完全满足以不正当手段抢注他人商标的条件。其二，非商标注册阶段的商品化行为，可以适用我国《反不正当竞争法》第 6 条，因为这条规定所要求的“具有一定影响力”与《商标法》第 32 条的后半段是完全吻合的。[①] 综上所述，角色商品化权益的混淆问题完全可以依靠现行的《商标法》和《反不正当竞争法》解决，《商标授权确权规定》第 22 条第 2 款似乎没有存在的必要了。因此，笔者建议，应当删除《商标授权确权规定》第 22 条第 2 款。

---

① 参见虞婷婷:《作品元素商品化利用的法律规制——兼论对独立商品化权益的否定》，载《财经法学》2024 年第 1 期。

结　语

商品经济的发展推动了角色商品化活动的出现。角色商品化包括对真实人物形象特征和知名虚拟角色的商品化。角色商品化权涉及反不正当竞争法、人格权法、形象权法和知识产权法等诸多领域。对于角色商品化权，最早是适用反不正当竞争法的保护模式，通过制止仿冒、盗用、虚假广告、商誉诋毁、淡化等方式提供对角色商誉的保护。对于真实人物形象特征的商品化，后来发展出了隐私权和形象权的法律保护模式，但隐私权对名人的形象特征的保护具有不足之处，无法解决未经许可商业使用名人形象的问题。相比于隐私权，形象权在保护名人形象的商业价值上更具有针对性，只要相关公众能够识别出特定的形象特征，对于可商品化的形象就应提供保护。同时，形象权法还对名人死后的形象价值提供一定的保护期限，这比通过人格权保护名人形象更具有优势。对于虚拟角色的商品化，还演变出了知识产权专门法的保护模式，但版权法无法提供对部分虚拟角色、角色名称、作品标题单独的保护，虚拟角色模仿的实质性相似判定充满抽象性和不确定性。在商标法保护方面，主要的问题体现在商标注册审查过程中，对在先权利条款的理解存在误区，导致对角色知名度波及范围的认定过于宽泛。关于角色商品化权的保护路径优化，应当在反不正当竞争法的基础上保护真实人物形象以及虚拟角色。只有确立禁止仿冒规则和禁止盗用规则的正当性地位，才能缓解角色商品化权的保护困境。同时，还应当通过形象权的基本规则弥补人格权对商品化角色保护的不足，考虑设置名人死后形象价值保护的期限。当然，也需要限制知识产权专门法对角色商品化权的保护，谨慎适用著作权法保护虚拟角色以及防止不当解读商标法中的在先权利保护。唯有厘清角色商品化权的保护模式问题，才能更好地发挥商品化角色的市场价值，从而给人类带来更大的经济收益。

后　　记

本书来自我博士求学期间的部分研究成果。随着角色商品化活动的推广，未经许可使用他人形象或角色的情形时常发生。在司法实践中，有多种方式可以保护商品化的角色，但它们之间的保护界限未必非常清晰，这就导致大家对角色商品化权众说纷纭。为了梳理清楚这个问题，首先要从历史发展的角度，通过追根溯源的方法确定角色商品化权保护的正当性基础和路径。通过梳理国内外相关文献发现，尽管学术界和实务界对此已经研究了不少，但总有无法解决的问题，也有产生误认的地方。这让我对角色商品化权制度研究问题产生了浓厚的兴趣。

角色商品化权制度研究这个题目，是我的领导宋红松教授帮我决定的。我一开始没有信心论证这个题目，担心自己的能力和精力有限，但宋老师的支持和引导给予了我自信。宋老师是我大学时代的启蒙老师。宋老师不仅引领我走进知识产权的世界，还在我赴美求学的道路上提供了很多的帮助。同时，自我入职烟台大学知识产权研究中心后，宋老师对我关怀备至，提供了良好的教学和科研平台。这篇书稿，从选题到框架，再到具体观点的梳理，我都曾与宋老师多次探讨。宋老师在反不正当竞争法保护名人形象方面的研究比较深入，所以文章中有关名人形象保护的不少内容也是源自宋老师的建议。因此，我首先要感谢宋老师对我的鼓励和支持。

这篇书稿的写作，并非一件容易的事情。在创作的过程中，我经历了多次肯定、否定以及再肯定的过程。为了顺利完成书稿，我花费了不少的时间收集和整理国内外文献资料，对书稿的框架和内容，我推倒重来了无数次。自 2022 年工作以来，我就在思考如何研究这个题目，期间也有过放弃的想法，总质疑自己是否有能力论证好这个题目。庆幸的是，在家人、领导、同事和朋友的鼓励和支持下，我顺利地完成了书稿的撰写。

感谢家人的陪伴与支持，尤其要感谢我先生曹鹤腾的鼓励。新婚燕尔，我先生为我承担了大部分的家庭事务，感谢他无私的付出。感谢我的父母和公婆，感谢他们支持我的科研事业，能够理解我在写作过程中的压力。感谢北京大学法学院的刘银良教授，为我提供了一个宝贵的进修机会。无论是平时的课题撰写，还是论文的修改及完善，刘教授都给予了我莫大的帮助。感谢烟台大学法学院的樊静教授、宋振武教授、张玉东教授、李阳阳老师、王洪根老师、文丽花老师等人的支持和鼓励，正是和你们的交流，才使我的书稿得以不断完善。感谢王瑞新同学、陈韵如同学、于凤林同学在资料收集和整理过程中的付出。

2024 年 3 月 30 日